L2 Lexical Co-selection Patterns and
Teaching Design:
A Corpus-based Study

二语词语的共选型式
研究与教学设计

陆军 等著

上海交通大学出版社
SHANGHAI JIAO TONG UNIVERSITY PRESS

内容提要

本书以语料库驱动的研究思想为指导、以外语教师语料库素养培育为目标、以词语共选型式的教学设计为抓手、以我国现行外语教育人才培养模式为契机,首创性地开发了"学习者语料库驱动的二语教学设计"的教学研究范式,力图为打通语料库研究成果向教学实践应用转化的"最后一公里"提供方法和路径。本书主要涵盖了语料库词语行为研究的核心概念、技术方法,以及语料库驱动的教学设计范式和应用样例。本书适用于教学一线的大中小学外语教师、语言学方向的研究生等,特别可为外语学科方向的教育硕士提供毕业论文写作指导。

图书在版编目(CIP)数据

二语词语的共选型式研究与教学设计/陆军等著
. —上海:上海交通大学出版社,2022.1
ISBN 978-7-313-24751-3

Ⅰ.①二… Ⅱ.①陆… Ⅲ.①第二语言—词汇—教学设计 Ⅳ.①H003

中国版本图书馆 CIP 数据核字(2022)第 029989 号

二语词语的共选型式研究与教学设计
ERYU CIYU DE GONGXUAN XINGSHI YANJIU YU JIAOXUE SHEJI

著　者:陆　军 等
出版发行:上海交通大学出版社　　　　　　地　址:上海市番禺路 951 号
邮政编码:200030　　　　　　　　　　　电　话:021-64071208
印　制:江苏凤凰数码印务有限公司　　　　经　销:全国新华书店
开　本:710mm×1000mm　1/16　　　　　印　张:14.5
字　数:264 千字
版　次:2022 年 1 月第 1 版　　　　　　　印　次:2022 年 1 月第 1 次印刷
书　号:ISBN 978-7-313-24751-3
定　价:98.00 元

Preface 前 言

　　当下，人类已迈入大数据时代。作为一种新型生产要素，大数据已经悄然登场亮相，对我们的学习、工作和生活产生了巨大影响。语料库建设和语料库软件开发是大数据技术革命在语言研究等领域的具体体现，对语言教学、学习和研究产生了根本性影响。在这样的背景下撰写本书，目的很明确，就是尝试促进语料库研究成果向教学实践转化，试图帮助语言教师和学习者分享到语言大数据的红利。

　　作为一名长期奋斗在教学一线的外语教师，我切身感受到外语教学和学习的不易和艰辛。我们花费大量时间和精力教授词汇、操练语法规则，但学生总会有很多表达不符合目标语习惯，如 learn knowledge*①、master meaning*、grasp skill*、life expectancy is . . . years old* 等；我们记忆了大量近义词，但是很难区分其用法上的差异，如 master skills vs grasp skills*、reject the idea vs refuse the idea*、tolerate high temperature vs endure high temperature* 等表达地道与否，也难以区分命题意义接近但态度意义近乎对立的表达，如 persistent effort（趋于"厌烦、反对"）vs constant effort（趋于"欣赏、赞成"）等。这些特征对语言表达的准确性和地道性至关重要，是影响二语学习和表达的关键因素之一。更为重要的是，此类语言现象普遍存在，但在二语教学和学习中难以区分。

　　作为一名长期从事语料库语言学研究的学者，我切身感受到语料库研究在反映语言使用特征、揭示二语学习规律，以及解决二语学习困难等方面具有空前的便利性。试想一下：如何区分汉语中"二"和"两"的用法？这两个词都与英语单词 two 高频对应，习惯性地被视为同义词或近义词。平行语料库数据显示，two cars、two bottles of wine 和 two rooms 分别倾向于翻译为"两台车""两瓶酒"和"两间房"，而基本不译为"二台车*""二瓶酒*"和"二间房*"。再试想一下，

---

① 本书中的星号"＊"如无特殊标注，均用于表示非典型表达。

1

"怀疑"一词表示"相信"还是"不相信"？大多数读者的第一反应可能是后者,倾向于拒绝前者。然而,"怀疑里面有猫腻"之类的表达(此处的"怀疑"趋于表达"相信"之义)在汉语语料库中也高频出现,我们在理解上基本不会产生歧义。上述情形分别涉及普遍存在的同义词现象和一词多义现象,反映了传统语言学中的典型意义模型,即同义词(thesaurus)和词典(dictionary)(Sinclair 1991: 6 - 7)。不过,依靠传统的词典和同义词词典不容易说清楚"怀疑"之类的多义词在什么情形中表达何种意思,也难以区分"二"vs"两"之类的近义词的用法特征。作为母语者,我们也很难显性描述这些词语的具体使用规则或搭配规律。这意味着即使依靠本族语者语言直觉也未必能够解决好二语教学和学习中的词语搭配或行为问题。值得庆幸的是,这些问题都能够在语料库语言学中得到很大程度的解决(参见本书第5、6、7等章;Tognini-Bonelli 2001;陆军、卫乃兴 2012;陆军 2019)。

近年来,基于语料库的二语学习语言研究已经取得长足的发展。在国际上,格兰杰(Granger 1996, 1998a)首次建立大规模学习者英语语料库,并提出中间语对比分析法(contrastive interlanguage analysis, CIA)。这一里程碑式的成果催生了一大批基于语料库的学习者语言研究,如格兰杰(Granger 1998b)、内塞尔豪夫(Nesselhauf 2003, 2005)、托诺(Tono 2004)、吉尔坎(Gilquin 2000/2001, 2008a,b)、帕科(Paquot 2013, 2019)等,研究数量高达 2 000 篇(部)(Tono 2018)。在我国,桂诗春、杨惠中(2003)开发和建设了"中国学习者英语语料库",开创了中国学习者英语语料库研究的先河。大量语料库调查发现,中国英语学习者在词语搭配、类联接、语义趋向、语义韵等词语(共选)型式特征方面都与英语本族语存在偏离,普遍倾向于依靠母语与目标语对应词的联系选择词语和语法结构(参见濮建忠 2003;娄宝翠 2004;李文中 2005;卫乃兴 2006;陆军、卫乃兴 2014;陆军 2018 等)。与此同时,何安平(2004,2009,2010,2013)和何安平、许家金、张春青(2020)等一直致力于使用语料库开展外语教学研究。尽管如此,真正意义上基于语料库研究成果的课堂教学实践还非常有限,基于学习者词语共选型式调查结果的教学实践尤为罕见。由此可见,语料库研究成果向教学实践转化还有一段距离。

如何才能解决这一问题呢？新近提出的外语教师语料库素养理念(corpus literacy)为我们提供了思想指导。所谓语料库素养,就是要求教师具有能够使用语料库语言学技术来研究语言并促进学生语言发展的能力(Heather & Helt 2012)。卡利斯(Callies 2019)将教师语料库素养概括为四点,即不仅要理解语料库的基本概念、掌握语料库的基本操作、能够诠释语料库数据,还要利用语料库开发教材和教学活动。其中,前三点与希瑟、黑尔特(Heather & Helt 2012)的第一部分内容相当,即具有语料库研究能力,而第四点则与第二部分相当。由此可见,教师若要能够有效地开展语料库教学研究,不但需要具有利用语料库开展教学的能力(如能够使用好语料库教学案例),还要具有语料库语言研究能力(如能够开展基于语料库的目标语、学习者语言研究),更需要在语料库语言研究的基础上开展语言教学(如根据语料库研究揭示的语言特征和学习规律开发学习任务、设计教学活动等)。这三者道破了上述"一段距离"的问题实质:需要培养具有上述三方面能力的语言教师,三者缺一不可。

基于上述分析,本书的撰写主要作了以下三方面的思考。

(1) **本书以外语教师语料库素养培育为目标,在内容构成上尽可能满足教师三方面语料库能力培养的需要**。本书第 1 章至第 3 章介绍了语料库语言学词语共选型式研究的基本概念。第 4 章介绍了二语共选型式研究的基本语料库技术,力图满足语料库素养的前两个要求。第 5 章到第 11 章都由两大部分构成:前半部分分别从实词和语法词的共现型式阐释本族语和学习者语料库数据,揭示语言使用特征和学习规律,力图满足培养教师开展语料库语言研究的能力的需要;后半部分都是在相应语料库调查的基础上进行教学设计探讨、创设相关教学任务和活动,本书称之为"学习者语料库驱动的教学设计"或"基于语料库的教学设计"。这部分也是本书的主要特色所在,不仅仅充当语料库教学案例的角色,更重要的是帮助教师知其然并知其所以然,即在开展学习者语料库语言研究的基础上进行教学设计和实践探索。一言蔽之,上述内容构成力图满足**语料库素养培养的需求**。

(2) **本书以词语共选型式的教学设计为抓手,诠释基于语料库的二语教学研究思想**。语料库研究的方法有"语料库参照的方法"(corpus-informed/illustrated approach)与"基于语料库的方法"之区分(corpus-based approach)(McEnery & Hardie 2012)。前者具有数据真实性优势,但可能有很大的偶然性,后者除了具有真实性优势以外,还具有比较好的典型性和代表性,有助于较为客观地揭示典型语言型式和使用规律。典型词语共选型式是真实语言使用中的主要意义单位,需要采用基于语料的研究路径才能发现(Sinclair 1991, 1996; Hoey 2005)。不过,需要指出的是,即使是基于语料库的研究成果,也未必可以直接用于教学活动。这是因为二语学习有其自身的规律。就词语型式学习而言,学习者的主要困难存在于双语不对应部分,而很多对应部分可能不需要专门讲授或学习(Bahns 1993)。这意味着并非所有的典型语言结构都是二语教学的重心。相比之下,二语学习或使用中存在主要困难的部分,特别是常规教学方法难以克服的难点,更应该是二语教学的主要关注点。肯普(Kemp 1971)等强调,教学设计活动要开展"系统性需求和问题分析"。相应地,发现二语学习和使用困难是相关教学设计需求分析的主要目的。基于此，我们提出了基于语料库的二语教学设计思想。其核心内容包括基于语料库开展二语学习困难和需求分析、基于分析结果开展二语教学设计。一定意义上讲，**基于语料库的二语教学设计旨在把语料库研究与二语教学实践应用进行系统整合**，而不是简单地利用语料库数据开展教学设计，也不同于把语料库调查结果直接拿来开展教学设计。

（3）**本书以我国现行外语教育人才培养模式为契机，促进语料库语言学研究成果向外语教学实践转化、推广**。真正意义上践行语料库素养理念和二语教学设计思想、把语料库语言学研究成果转化为教学实践应用是一项要求很高的使命，很难在一线外语教师中直接推广。不过，我国研究生教育专门设置了教育硕士专业学位（Ed. M），主要目的是培养具有现代教育观念、具备较高理论素养与实践能力的骨干教师。其中，外语学科教学方向的教育硕士培养已经成为当下中小学外语师资的主要来源。他们在攻读学位期间需要专门培养教学与研究能力。其中，开展教学设计研究对提高他们的教师素养和课堂教学能力都具有重要价值，是必不可少的环节。在研究生教育阶段引导他们开展基于语料库的二语研究（有助于培养学习者语料库语言学研究能力）、利用研究发现指导教学设计（有助于培养他们在科研成果指导下进行教学实践的能力），不失为**培养连接语料库语言学研究与外语教学实践的桥梁人才**、解决诸多中小学外语词汇语法教学瓶颈问题的有效路径。本书正是为培养上述桥梁人才、满足当下的外语教学需求准备条件。

本书一共由11章构成。其中，第1章至第5章由陆军完成，第6章和第7章由陆军、卫乃兴合作完成，第8章由陆军、官丽丽合作完成，第9章由陆军、吴慧思合作完成，第10章和第11章由杨卉卉、唐少华、刘建娟、陆军合作完成。第5章至第11章的共同之处在于：首先基于语料库开展学习者语言特征和规律调查研究，然后以语料库研究结果为指导深入开展相关词汇语法型式的教学设计，力图做到研究与应用相结合。这些章节的具体研究过程都由教学一线的老师全程参与，在保证一定理论高度的同时也确保其在实践中的可操作性，可为学习者语料库教学研究方向的教育硕士毕业论文写作提供参考。

拙作付梓之际，心存无限感激。由衷感激北京航空航天大学卫乃兴教授的谆谆教诲。卫乃兴教授的科学数据观和语料库语言学思想一直引领和指导着我探索语言的奥秘，特别是利用语料库开展外语教学研究令我受益匪浅。本书中的研究问题提出、研究方法论证、语料库数据分析以及教学任务设计等都得益于卫乃兴教授直接或间接的指导。需要着重指出的是，本书并非把语料库数据或研究成果直接用于教学，而是根据学习者语料库数据调查首先开展需求分析，然后设计教学任务，这种"学习者语料库驱动的二语教学设计"思想尤其得益于卫乃兴教授数据驱动理念的启迪。本书的撰写还得益于上海交通大学语言文字工程研究所的各位兄弟姐妹们多年来的合作和帮助;得到了扬州大学外国语学院俞洪亮教授、秦旭教授、王金铨教授、于建华教授、周卫京教授、王洪刚教授和缪海涛教授等领导和同事们的帮助和支持。上海交通大学出版社编辑部的老师们对本书的出版给予很大的支持。在此一并表示衷心感谢!

　　本研究为江苏省社科基金项目"语料库驱动的隐性、显性知识接口研究"(13YYB006)的阶段成果,由扬州大学出版基金资助。由于本人才疏学浅,书中疏漏之处在所难免,敬请各位专家和同行、各位老师和同学批评指正!

陆　军

2021 年 8 月

Contents 目　录

第 1 章

绪　论

1.1　引言

当下,人类已迈入大数据时代。大数据给我们的学习、工作和生活带来了前所未有的影响,诸多领域正面临着革命性挑战,语言教学与研究领域也不例外。作为语言大数据的典型代表,电子语料库的规模已从第一代百万词次的语料库(如 LOB)发展到现在的亿万词次级别,在科学研究和语言教学领域发挥着空前的作用。本书主要开展基于语料库的二语词语共选型式调查与教学设计研究。具体而言,是以基于语料库的二语词语共选型式研究为基础,探讨如何利用语料库研究发现系统评估学习者困难和分析教学需求、指导并开展相关教学设计(即基于语料库的教学设计)。其直接目的在于促进语料库语言学研究成果向教学实践转换,打通语料库语言学研究与教学实践相结合的"最后一公里",解决外语词汇和语法教学的若干瓶颈问题。

作为全书的开篇之章,绪论部分首先简要介绍语料库语言学的发展现状,然后着重讨论语料库语言学和外语教学研究所面临的热点或前沿问题:一是语料库语言学的词语共选"型式"(pattern)与认知语言学的"构式"(construction)有何区别联系?二是如何认识语料库语言学词语共选型式研究的系统性与简单重复罗列?三是如何区分"参照语料库的教学设计"与"基于语料库的教学设计研究"?四是学习者语料库语言学如何能够为(外语)学科教学方向的教育硕士研究生培养服务?在逐一回答上述问题的同时,还明确了本书的理论立场,介绍了本书的篇章布局,区分了相关研究方法,阐述了本书的主要编写宗旨以及研究成果的转化路径。

1.2　语料库研究概略

21世纪以来,大数据技术应用日益广泛,发展势头空前迅猛。语料库语言学作为语言大数据的重要研究领域,其发展更是如火如荼。从20世纪末开始开展基于单语语料库(以英语本族语为主)的词语行为或搭配行为研究以来(如Sinclair 1991, 1996;Stubbs 1996;Kjellmer 1987, 1991;Tognini-Bonelli 2001等),先后出现了以二语学习者语言为主要内容的中介语对比分析研究(如Bahns 1993;Granger 1998a, b;Tono 2004;Borin & Prutz 2004;桂诗春、杨惠中2003;卫乃兴2002a, 2006;濮建忠2003;李文中2005;陆军、卫乃兴2014, 2017;陆军2012,2018等)、基于语料库的学术语言研究(如Hyland 1998, 2000, 2005;Lei 2012, 2016;Lei & Liu 2016;Lei & Sheng 2016;李晶洁、卫乃兴2010;卫乃兴2016等)、对比语料库语言学研究(Xiao 2007;Granger & Paquot 2008;卫乃兴2011b;卫乃兴、陆军2014)、语料库翻译学(如Baker 1993;王克非2006, 2012;王克非、黄立波2011;胡开宝2012等)、多模态语料库语言学(如Adolphs & Carter 2013;参见刘剑2017等)等诸多研究分支。

其中,基于语料库的二语学习者语言研究尤为独树一帜。随着首个大规模"国际学习者英语语料库"(International Corpus of Learner English, ICLE)(Granger 1998a)的开发以及中介语对比分析方法(Contrastive Interlanguage Analysis, CIA)(ibid. 1998b)的提出,国内外基于语料库的二语学习者语言研究蓬勃发展。其中,就词语行为方面的调查研究而言,已涉及词语搭配、类联接(colligation)、语义趋向(semantic preference)、语义韵(semantic prosody)等多个方面(参见Howarth 1998;Nesselhauf 2003, 2005;Tono 2004;Borin & Prutz 2004;Paquot 2013;桂诗春、杨惠中2003;卫乃兴2002a, 2006;濮建忠2003;娄宝翠2004;李文中2005;卫乃兴2006;陆军、卫乃兴2014)。与此同时,研究路径还从经典的CIA研究拓展到基于语料库的元话语分析和基于用法的二语研究等方面(参见卫乃兴、陆军2018)。经过30多年的发展,学习者语料库语言学研究显示出其独特的优势。大量真实语言使用数据为揭示二语典型使用特征或语言规律提供了客观的证据,大幅度提高了研究信度和效度;研究结果可直接应用于教学实践,对促进二语教学具有很大潜势。不过,作为新兴研究领域,其概念体系解读、研究方法应用、成果推介和应用前景等方面也难免遇到困难或挑战。为此,下文以"型式"(pattern)vs"构式"(construction)等概念、语料库调查研究的系统性 vs 与所谓的"重复罗列现象"、语料库参照的研究方法(corpus-illuminated/illustrated/referenced approach)vs 基于语料库的方法(corpus-based /

driven approach)以及语料库语言学与学科英语教育硕士培养等方面的问题与挑战进行梳理。

1.3　型式与构式

　　学术交流中常常出现把基于语料库的词语共选型式研究视为构式研究,或是在构式研究中使用型式进行描述的倾向。这些倾向对相关概念和理论体系的理解会有一定影响,对相关研究成果的评估和推介也会有一定妨碍。语料库语言学的"型式"与认知语言学研究的"构式"在描述对象上存在交叉,但具有不同的学科属性和概念内涵,需要加以区分。首先需要指出的是,本书所说的语料库语言学是以英国语言学家约翰·辛克莱(John Sinclair)为主要代表的 Sinclairian Corpus Linguistics(参见 Morley & Partington 2009),以词语共选(lexical co-selection)为指导思想,以真实语言使用中的共选型式(co-selection pattern)为主要描述对象。这与把语料库语言学纯粹当作研究方法的观点不同(参见 McEnery & Hardie 2012)。那么何为共选型式?它与普通语言描述中所使用的 pattern 概念有何差异呢?辛克莱(Sinclair 1991:3)曾指出,"Three major areas of language patterning, besides grammar, could not be comprehensively presented in a dictionary, even an innovative one like Cobuild. These are collocations, semantics, and pragmatics."。这说明,辛克莱(Sinclair 1991)把词语搭配与传统的语法、语义和语用同等视为语言构型(language patterning)的四个主要领域;型式很重要,但是难以归纳和描述。在观察并概括大量语料库数据的基础上,辛克莱(Sinclair 1996)发现:交际中的词语总是倾向于与属于特定语法范畴、带有特定语义特征的词语共现,表达特定的态度意义,实现特定的交际目的。其中,词语与词语共选构成词语搭配,词语与语法范畴共选构成类联接,词语与语义集共选构成语义趋向,整个短语单位与态度意义共选构成语义韵。这四个范畴的共选分别构成相应的共选型式,与辛克莱(Sinclair 1991:3)所提及的四个构型领域趋于对应,它们共同构成扩展意义单位(extended units of meaning)。由此可见,所谓词语共选型式,并不是游离在传统语言描述体系(词汇、语法、语义、语用)之外看似相对独立的、零散分布的词语组合,而是趋向于把词汇、语法、语义和语用整合起来共同构成短语单位(Stewart 2010),因此,词语共选型式都是短语单位的。

　　约翰·辛克莱(John Sinclair)及其团队一直围绕共选型式开展研究(如 Louw 1993;Sinclair 1991, 1996, 1998, 2003, 2004a, 2007;Hunston & Francis 2000;Partington 1998;Partington et al. 2013;Tognini-Bonelli 2001;卫乃兴 2001,2011a, 2011b 等)。Pattern 这一术语甚至成为相关研究成果的标志。例

如,帕廷顿(Partington 1998)和帕廷顿(Partington 2013)这两部专著的标题分别为 *Patterns and Meanings*：*Using Corpora for English Language Research and Teaching* 和 *Patterns and Meanings in Discourse*,都在突显型式与意义的密不可分。霍斯顿、弗朗西斯(Hunston & Francis 2000)主要从类联接入手考察共选型式,并以 *Pattern Grammar* 为专著主标题。她们在书中指出,与"型式语法"在概念上关系最为密切的先驱研究可以追溯到阿尔伯特·悉尼·霍恩比(Alfred Sydney Hornby)于 1954 年出版的 *A Guide to Patterns and Usage in English*（ibid.：3）。霍恩比(Hornby 1954：vi)对 pattern 有如下描述："When ［the learner］ learns the meanings of the adjective he should also learn its patterns：'*anxious about his son's health*' '*anxious for news*' '*anxious*（= *eager*）*to start*'."。霍斯顿和弗朗西斯(Hunston & Francis 2000)指出,"尽管(霍恩比关于 anxious 的型式描述)看似把型式和意义割裂开来,但(……)已经很隐晦地把两者联系起来了。"(ibid. ：4)霍恩比(Hornby 1954：vi)所说的形容词 *anxious* 的 pattern 其实就是其周围的词汇语法环境(environment)(ibid.：32),而霍斯顿和弗朗西斯(Hunston & Francis)的型式语法则是比词语共现抽象层级更高的共选型式,如 *it* V *n to-inf* v-link N *to-inf* 和 *it* v-link ADJ *to-inf* 等。由此可见,语料库语言学的共选型式研究总是与意义描述密不可分。这一点可由辛克莱(Sinclair 1996)提出的扩展意义单位模型(the model of extended units of meaning)以及辛克莱(Sinclair 2007)提出的意义移变单位(meaning-shift unit)思想进一步说明。意义移变思想指出："共选成分的变化引起周围语义(ambient meaning)之改变,改变到一定程度会产生新的扩展意义单位"(ibid.：3)。简言之,共选型式其实是形式、意义和功能的统一体,是短语单位的。

　　语料库数据除了用于共选型式研究以外,还大量用于构式研究。[①]"构式"这一术语由英语中的 construction 翻译而来;而 construction 这一概念可追溯到布卢姆菲尔姆(Bloomfield 1933)的《语言论》(不过,本书中更倾向于表示语言结构)。他根据直接成分分析法区分出"向心结构"(endocentric construction,如 *poor John*)和"离心结构"(exocentric construction,如 *John ran*)两类。此外,他还谈及施事-动作结构(actor-action construction,如 *John ran*)、关系-轴心结构(relation-axis construction,如 *beside John*)等。由此可见,布卢姆菲尔德(Bloomfield)所谓的 construction 是大于单词层级的语言实体,或是词组级的、小句级的,甚至是句子级的,属句法层面的概念。与之相比,认知语言学中的"构式"则是结构与意义之结合体,并非纯句法的概念。例如,莱考夫(Lakoff 1987：467)所使用的语法

---

① 以下两小节引自卫乃兴、陆军(2018)。

构式（grammatical construction）就已经体现了形式和意义配对的思想。戈德堡（Goldberg 1995，2006）将构式明确界定为"形式-意义配对"（form-meaning pairing），且形式或功能的某一方面不能通过构成要素严格预测（not strictly predictable）。根据戈德堡（Goldberg 1995，2003，2006），构式的范围很广，分属不同层级：语素、单词、句法框架、习语、隐喻、稀有用法、被动式等。奥斯特曼（Ostman 2005）甚至还提出了语篇构式（discourse construction）的概念。

基于用法的语言学习研究流派（usage-based approach）认为，语言知识来源于交际中的语言使用，语言学习本质上就是在交际中获取语言结构和规则，即获取构式（Bybee，2010；Goldberg 1995，2006）；二语学习则是在二语输入的基础上获取或归纳相应的构式（Ellis & Wulff 2015：75）。这些观点或路径与拜比（Bybee）和兰加克（Langacker）等人的贡献分不开。拜比（Bybee 1985，2010）强调了频率对语言使用和发展的影响。兰加克（Langacker 1987）则具体地指出，语言结构每使用一次都会得到一定程度的巩固（entrenchment）。

与布卢姆菲尔德（Bloomfield 1933）对 construction 的描述相比，认知语言学中的构式似乎更加强调名物化后缀"tion"（即所谓的"构式化"）对该概念的贡献。换言之，在体现"式"（structure，pattern）的同时，特别强调"形式-意义配对"或"获取""构建"相关结构或规则知识，即看重"构"这一动态认知过程。诚然，个体接触语言现象是一个从无到有、从少到多的发展接触过程；所接触的对象包括语素、单词、句法框架、习语、隐喻、稀有用法和被动式等多个方面。相应地，他们自然会逐步把这些结构（或广义的型式）与相关意义结合起来记忆、存储，形成所谓的构式（Tomasello 2003，2008）。构式在语言能力发展的不同阶段所起的作用并不相同。例如，在初步接触阶段，学习者可能会更多地借助语素、单词、句法框架处理相关语言现象；而在语言使用的熟练阶段，则更多地倾向于把上述相关构式组合起来使用，构成更为复杂的构式。由此可见，构式自然包括了从语素到语法框架、再到习语甚至复杂层次更高的结构，反映了人脑认知、处理语言的复杂特征。不过，它们在语言使用中并不是同等起作用的，因此并不都直接反映交际中的语言使用特征。构式的典型性不得而知，需要通过具体的认知心理实验方可揭示。但可以肯定的是，不同层级的构式并不是平均分布的。根据辛克莱（Sinclair 1991）的成语原则可以推测，在本族语交际中，类似于半构筑预制结构或短语的复杂构式趋于起主导作用，如戈德堡（Goldberg 1995，2006）等所考察的 Causative constructions 等。

以上论述表明，典型的共选型式也颇受构式研究关注，也可采用基于语料库频数统计分析的研究方法。尽管如此，两个概念之间存在着本质差异。首先，它们所涵盖的范围不同，典型型式都可能是构式研究的考察对象，而构式中有很多层级却不属于典型的共选型式(如词素、词、稀有用法等)。其次,型式反映了(词语)结伴使用,说明了意义的可预测性(You shall know a word by the company it keeps, Firth 1957),属于同一型式的不同词语共享部分意义(Hunston & Francis 2000)。基于语料库的型式调查发现,可以根据搭配词、类联接、语义趋向预测节点词的意思;同时,由于节点词与其词汇语法环境共选、共同实现意义,因此可以根据搭配词、类联接和语义趋向预测语义韵。这些都反映了交际过程中的意义实现特征,即话语社团反复使用某一型式、构筑特定的语义韵、形成特定的短语意义单位。这种短语单位具有唯一的语义韵(陆军、吴茜 2019)。与之相比,构式研究则强调多义性、不可预测性(参见 Goldberg 1995:31-32, 2006:5)。构式的多义性说明了构式需要和其他构式共现才能够表达确定的意义,而不能通过构式内部的构成要素进行预测(即所谓不可预测性)。因此,单个构式的意义需要形式—意义配对的个体认知过程形成。

按照上述界定,扩展意义单位是典型的共选型式,但未必是构式。根据成语原则(Sinclair 1991),这些扩展意义单位应该是话语社团共享的语言知识。因此,如果说构式认为话语成员认知存储语素、单词、句法框架、习语、隐喻、稀有用法和被动式等各个方面,则更倾向于反映人类对语言构成要素的认知,主要是记忆和规则训练所获得的具体知识,很多为显性知识;而共选型式则倾向于反映话语社团对词语搭配、类联接、语义趋向和语义韵型式的集体认知,是语言使用中通过统计学习(statistical learning)规律所形成的知识(R. Ellis 2004; N. Ellis 1994; Ellis & Frey 2009; Ellis, Frey & Jalknean 2009),多为隐性知识。

就一语习得研究而言,学习者有大量机会接触语言使用、发生统计学习,这使得观察不同层级构式要素的分布特征及其发展变化特别有意义。但就二语习得而言,词素、单词、语法结构、隐喻、稀有用法、被动式等构式有很多可以通过相应的双语对应结构进行认知和习得,也是传统的二语教学研究的核心关切。然而,由于构式具有多义性,不具有可预测性(Goldberg 1995:31-32, 2006:5),二语学习者即使能够获得大量目标语构式,也未必知道其具体意义和用法、如何对他们进行组合。当二语学习者在表达中缺乏目标构式的组合知识时,倾向于依靠双语对应词联系选择目标语对应词和语法结构进行表达(Jarvis & Pavelenko 2008;桂诗春 2004)。换言之,二语学习者所缺乏的主要知识并不是目标语构式的形式-意义配对知识,更主要的是如何把这些构式要素进行组合,形成符合目标语表达习惯的词语序列(参见 Howarth 1998:36)。相应地,二语学习者语言研究首先需要调查二语表达在组合关系上的特征,即二语词语组合、二语词语与语法组合、二语词语与搭配词语义集组合,以及这些组合与所表达的态度意义的组合是否符合目标语表达习惯。这些都是学习者语料库语言学共选型式研究所关注的内容。本书的第 2 章、第 3 章和第 4 章分别从词语共选概念体系、语义韵理论、相关语料库操作技术等方面进行介绍。

1.4　语料库调查的系统推进性与所谓的"重复罗列现象"

经典的学习者语料库语言学研究往往以特定的词汇语法项为考察对象,以本族语语料库为参照,揭示二语词语共选型式与目标语的偏离程度(多因素分析研究略有不同)。大量研究开展之后,容易给读者造成"所研究的问题差异不大,方法基本一样,都是通过英语语料库、汉语学生写作语料库和汉语语料库来找例子说明问题,不同的是用了不同的视角,……,或用了不同的词"等重复性研究的印象①。此类解读至少反映了两方面的问题:一是学习者语料库语言学研究中确实存在一些简单重复研究,这些研究只是在原来的基础上使用了不同节点词进行词语索引分析,得出相同或相似的结论,充其量只能算是"复制研究";二是相关研究采用了相同或相近的研究范式,通过考察不同(类型)的节点词取得不同的发现,但未能向学界清晰说明或展示研究的新进展。姑且称第一种现象为罗列重复型调查,而后一种则能为系统推进型调查贡献力量。需要指出的是,不同的词语有不同的搭配行为或共选特征,二语学习者在使用中可能出现不同程度的偏离,引起偏离的原因不尽相同(不同英语水平或不同学习背景的学习者会出现不同的使用特征)。因此,即使是复制研究,也应该能够获得不同的发现,应该对二语教学和学习有新的贡献。二语教学研究需要大量开展相关复制性语料库调查研究(而不是重复研究),不断丰富教学素材和提供教学指导,但更需要系统性推进,不断完善二语教学与研究体系。

本书通过 7 个章节开展语料库调查研究,它们在研究问题、研究方法和理论框架等方面有相似之处,但在研究方法、研究发现、理论探讨以及相应的研究应用上都有不同程度的推进。7 个章节的安排循序渐进,体现了一定的系统性。其中,第 5 章和第 6 章是通过英语近义词开展中国学习者英语的共选型式调查。尽管二者都是在考察词语搭配、类联接、语义趋向和语义韵特征,但是在研究方法、研究发现,以及相应的教学设计探讨方面有不同侧重。首先,第 5 章分别考察非英语专业低年级、非英语专业高年级、英语专业低年级和英语专业高年级学习者写作中使用 CAUSE 类近义词(CAUSE、LEAD to、RESULT in/from 和 BRING about)的共选特征,揭示不同学习阶段或不同英语水平的学习者在英语近义词使用上的共同特征和变化趋势。一定意义上讲,该调查可视为一个历时

––––––––––––––––––––

① 引自某系列学习者语料库研究论文的评审反馈。

动态研究,反映了二语共选行为偏离目标语的普遍性以及其与二语水平的负相关性。与之相比,第六章则以 NEGLECT & IGNORE、GRASP & MASTER 和 ENDURE & TOLERATE 三组英语近义词为考察对象,同时参照英、汉本族语语料库证据,从共选视角揭示了二语交际中的词语知识构成特征。第 5 章采用了以英语本族语语料库证据为参照的多重比较,而第 6 章则是同时采用了以英、汉本族语双重语料库证据为参照的多重比较。如果说第 5 章在一定程度上揭示了母语影响,充其量只能是一个推测。与之相比,第 6 章则比较可靠地确定了母语影响,同时在相当程度上揭示了母语影响的方式。相应地,第 5 章的发现指导我们开展基于语料库证据的近义词区分教学设计研究,而第 6 章则启示我们根据目标语和母语语料库证据开展目标词语共选知识教学设计研究。从整个研究的体系安排来说,这两章又共同开启了全书的核心模块之一:基于语料库的二语词语行为与教学设计研究。辛克莱(Sinclair 1991:6-7)指出,传统的词典和同义词词典构成了传统语言研究的两大基本模型。这两个模型对外语教学和学习的影响根深蒂固,使得依靠双语对等词联系和目标语近义词联系成为外语学习的主要手段。第 5 章和第 6 章分别针对以上两大倾向开展调查研究,有一定的系统性。

第 7 章、第 8 章和第 9 章分别调查了二语学习者语言中的 MAKE/LET 使役结构、定冠词 THE 和(be)+V-ed 型式的使用特征。与前两章相比,这三章可视为基于语料库的二语语法知识研究(其实质是从类联接层面着手的词语共选研究),是学习者语料库语言学中相对较少的研究。一定程度上讲,这与雷努夫和辛克莱(Renouf & Sinclair 1991)所探讨过的"搭配框架"(collocational framework)也就是辛克莱(Sinclair 2004a)中提到的短语项(phraseological items)有密切关联。与定冠词 THE 和(be)+V-ed 型式相比,使役结构与动词 MAKE 和 LET 的非词语化(delexicalization)或语法化(grammaticalization)倾向有关,既有实词 MAKE 和 LET(有比较稳定的对应词),同时又形成了比较固定的语法结构(如 MAKE+NP+VP、MAKE+NP+AP、MAKE+NP+NP 和 LET+NP+VP)。相比之下,定冠词 THE 和(be)+V-ed 型式在汉语中并没有特别稳定的对应型式(详见第 8 章和第 9 章)。相应地,第 7 章以学习者语料库为主要调查对象,同时采用英、汉本族语语料作为参照,而第 8 章和第 9 章都只采用了英语本族语语料作为参照。这三章在研究发现上也有很大的区别。例如,二语使役态的使用受到母语使役结构(特别是态度意义)的影响,二语定冠词 THE 则更多受到目标语词语搭配和类联接的影响,二语被动式则受到"主动句 vs 被动句转换"等显性二语教学行为影响等。这些发现促使我们采用不同的理念开展相关词汇语法项的教学设计研究。其中,使役态主要基于平行语料库证据对比它们在英汉语言中的对应关系开展教学设计研究;定冠词 THE 则首选基于语篇的真实语言使用开展教学设计研究,并辅以目标语中有、无定冠词的高频词语序列使用和学习者英语中的定冠词使用失误数据开展显性教学;而(be)+V-ed 型式则首选基于平行语料库证据的中英语被动式和汉语被字句与相应译文的对比开展教学设计研究,但是限于平行语料库语料的可获得性和容量较小等特征,只能退而求其次,更多地让学习者接触大量本族语语料开展隐性学习,并与观察学习者被动式失误数据等显性学习相结合开展教学设计研究。

第 5 章到第 9 章都倾向于基于大规模语料库数据开展调查研究。然而,对于教学一线的语言教师和研究者而言,实际教学中的听、说、读、写和翻译等技能培养所关注的语料往往非常有限,因此,这些研究容易给他们造成学习者语料库研究方法和思想可望而不可即的错觉。本书的第 10 章和第 11 章主要针对课堂教学问题进行探讨:通过穷尽小规模语料库中的词语搭配开展二语词语共选型式研究。其中,第 10 章揭示了学习者在写作中的搭配丰富程度、复杂程度、搭配失误特征,以及它们与英语水平和母语依赖策略使用的相关性。第 11 章进一步取得新的发现:不仅低水平学习者容易出现搭配失误,高水平写作中同样会出现失误,在数量上甚至可能会高于低水平学习者;高频词的搭配行为可能更倾向于反映低水平学习者的词语使用。该发现提出重要警示:写作评估不能单纯依据(搭配)失误的数量,更需要考察词语搭配的正确使用和意义功能表达适切等维度。相应地,第 10 章的研究发现指导我们以基于主题词建立写作所需要的词语搭配集合和基于词语搭配失误实例的显性教学为抓手,开展写作教学设计研究。第 11 章的研究发现则促使我们通过写作中的词频分布和词汇密度统计、词语搭配特征分析、词语组合的搭配强度分析、写作言语失误分析、中低频节点词搭配行为分析为主要参数,开展英语写作形成性评估设计研究。总体来看,本书的七个语料库调查专题研究沿着从二语词汇、到语法、再到穷尽词语序列(适用于课堂写作教学的小规模语料库)这条调查主线,循序渐进、各有侧重地开展。在研究问题设置、研究方法开发与使用、研究发现与讨论以及成果应用探讨等方面尽量构成一个有机体系,既可供初始入门的读者循序渐进地学习,同时也为研究者深入探索设定新起点。

1.5 语料库参照的教学设计与基于语料库的教学设计研究

人类进化的历史显示,文明的发展程度与生产工具的发展水平密不可分。每一次生产工具的变革都会引起巨大的社会变革。如今进入了大数据时代,大数据作为一种新型生产要素已经悄然登场亮相,对我们的学习、工作和生活都产生了巨大影响。语料库以及语料库软件的开发与建设是大数据技术革命在语言研究领域的具体体现,对语言研究正在产生着根本性影响。语料库作为大量真实语言使用数据的集合,除了可以像传统语言载体一样提供语言使用实例、实现反映语言使用特征的"平面镜"功能之外,也可以像用望远镜瞭望浩瀚无边的天空一样,把看似广袤无垠的语言星空通过技术手段快速概括抽象、尽收眼底,还可以像用显微镜观察变幻莫测的微生物世界一样把看似微不足道、捉摸不透的语言细节通过语料库检索、"放大"成某一类或某几类具体的语言型式(参见Stubbs 2009)。然而,若仅从共时角度去观察平面镜、望远镜和显微镜,则难以还原它们在历时变革中所取得的巨大影响。同理,"从英语语料库、汉语学生写作语料库和现代汉语语料库来**找例子说明问题**"等评价表述启示我们:语料库语言学研究汇报首先需要清楚阐述语料库研究方法,特别需要凸显出其与传统例证法中的"找例子说明问题"有何所谓的革命性差异,从而促使学界关注、重视并开发其"显微镜"和"望远镜"性质的发现功能,增加不同学派的合作、碰撞和争鸣。

毋庸置疑,从真实语言中取出例词、例句进行分析说明的例证说明法源远流长,历来被语言研究普遍使用,甚至是主流的研究方法之一。诚然,该方法在语言研究的伟大历程中起着举足轻重的作用。但是不排除研究者会有意、无意选取"友好"例证而尽量回避反例的倾向(即所谓的 cherry picking 倾向),或以"凡规则都有例外"的解释方式忽略反例。事实上,有些反例恰恰能够帮助揭示一些不为人们所知晓的重要规律。例如,惠齐特(Whitsitt 2005)通过 solve the problem 等所谓的反例揭示了人们对语义韵的解读偏误。从文章、书本中取出或选取例证的传统方法同样适用于从电子语料库中找例子进行说明或分析。因此,把语料库研究简单用作"找例子说明"的方法也就不足为奇了。不过,传统的纸质媒介很难穷尽目标材料或例证;也很难评估目标文章或书本的代表性。在这种意义上讲,"找例子说明问题"的研究方法可能会带有较强的偶然性、主观性和目的偏向性,相关研究结果也就可能带有较大的偏误(bias)。

与之相比,如果采用合适的方法从电子语料库中选取数据,则能够在很大程度上克服上述瓶颈问题。一方面,语料库是按照特定抽样标准选取的真实语言使用的电子数据集合,具有真实性、代表性和规模性等特征(McEnery & Hardie 2012)。因此,只要所选用的语料库合适,就能够在很大程度上代表目标语言,即语料选取的代表性能够得到保证。另一方面,可采用随机抽样法、等距离抽样法、分层抽样法等手段(详见第四章)从电子语料库数据中快速检索目标结构,有助于获取代表性较好的例证,发现典型结构,真正体现或反映真实语言的分布特征和使用规律。基于上述原理,语料库语言学研究一般采用基于语料库的方法或语料库驱动的方法(corpus-based/driven approach)(McEnery & Hardie 2012;

Tognini-Bonelli 2001)。二者的区别在于:前者使用语料库获取有代表性的证据,检验既有研究假设;而后者则趋向于根据语料库中所抽取的代表性数据发现新的语言使用规律。简言之,这两种方法都能够在很大程度上减少或避免主观选取或挑选例证所产生的偏误(bias)或偶然现象。

当然,也有一些研究并没有严格的抽样方法,而是与传统的选取例证说明法相似,不同之处只在于借助语料库获取例证而已,麦克内里和哈迪(McEnery & Hardie 2012:17)称之为"语料库参照的研究方法"(corpus-informed research)。与生造的例证或数据相比,这些从语料库中选取的例证具有真实性,但可能有很大的偶然性。与之相比,语料库驱动的方法和基于语料库的方法除了具有真实性优势以外,还具有典型性、代表性优势,有助于较为客观地揭示语言使用规律。例如,在《现代汉语词典》第 7 版中,"怀疑"一词主要有两个义项:①疑惑、不太相信;②猜测。但并没有说明,何时表示"不太相信"、何时表示"猜测",也没有对"疑惑"和"猜测"加以区分。基于语料库的调查则发现,当"怀疑"与表示中性、积极意义的名词短语或句子共现时,倾向于委婉地表示"不相信";而当它与表示消极意义的名词短语或句子共现时,则倾向于表示"相信、认为、猜测"(陆军、卫乃兴 2012)。由此可见,"找例子说明问题"是一个颇为宽泛的方法描述,而基于语料库的研究路径则具有一套严格的科学抽样标准,更能够较为全面地反映真实使用的语言特征。需要指出的是,在实际研究中像辛克莱(Sinclair 1991,1996)等纯粹从数据观察出发、取得全新研究发现的语料库驱动研究实属凤毛麟角、少之又少。有鉴于此,实际研究中并不对语料库驱动的研究和基于语料库的研究作严格区分。为了便于传播,目前学界更倾向于使用"基于语料库的研究方法"作为二者的总称。

在二语学习研究中,基于语料库的学习者语言研究普遍开展(如 Granger 1998a, b; Nesselhaulf 2003, 2005 等)。不过,这类本体研究并非终极目标。就语言教育领域而言,相关研究发现应该用于课堂教学、教材大纲编撰以及语言测试评估等多个领域。其中,课堂教学中的语料库研究与应用有望是规模最大、内容最多、影响最深远的一项事业。我国学者何安平教授从本世纪初开始就一直致力于探讨使用语料库数据进行教学设计。例如,何安平(2004)专门探讨了把语料库用于词汇、语法、语音、文体学和阅读分析课的教学设计,随后又从语料库视角探讨了高中英语教材与教法(何安平 2009)。当下,基于语料库的外语教学设计已经具有比较充分的软件和硬件条件。我国香港特别行政区的高校在语料库与外语教学相结合的实践应用研究方面已经有比较丰富的积累。例如,香港教育大学语言学与现代语言研究系于 2021 年春季举办了系列工作坊(*Workshop Series 2021 Spring*, Department of Linguistics and Modern Language Studies, The

Education University of Hong Kong 等）。

　　教学设计是课堂教学的重要环节,基于语料库开展教学设计研究具有重要价值。首先有必要界定什么是基于语料库的教学设计。如果把语料库语言学仅仅理解为一种研究方法,那么基于语料库的教学设计似乎只需要通过语料库数据获取有代表性的教学材料,就能够解决教学问题。然而,尽管何安平(2004,2009)等的著作中非常系统地提供了丰富的语料库教学设计案例和详细的技术指导,国内真正使用语料库开展教学活动的高校和中小学仍然数量不多(香港特别行政区除外,与其本身具有英语语言环境等特色有关)。国外以 corpus-based teaching 或 corpus-based instruction 为关键词的报道也为数不多。当然,上述现象的影响因素是多方面的。其中一个主要原因在于研究者与实践者之间的隔阂或差距(the gap between researchers and practitioners)。例如,无论词语索引多么典型或多么具有代表性,倘若教学实践者没有经过专业的语料库研究训练,仍然很难从一系列词语索引中发现目标词语或语法结构的使用规律。况且,即使是本族语者也未必能够从这些词语索引中发现规律,尤其是语义趋向和语义韵等高度抽象的共选规律,更不用说普通外语教师。另一个重要原因在于不是所有的目标语知识都需要呈现给学生,学习者在很多情况下可借助母语自然习得相关规律(Bahns 1993;Nesselhauf 2003;卫乃兴 2006;陆军 2018)。由此可见,使用语料库提供有代表性的词语索引进行教学设计并不等于能够有效地开展二语教学设计。

　　事实上,真正意义上的基于语料库的教学研究并不是通过语料库操作技术培训就能够根本解决的。如前文所述,其所面临的最大挑战之一是研究者与教学实践者之间的隔阂或差距。具体而言,既然二语学习的重点是目标语词语或语法结构的某些方面(而不是全部内容),教学设计研究的第一步应该是基于语料库开展调查、锁定具体困难所在,然后再去解决如何在教学中科学使用语料库证据,有效解决这些困难。开展基于语料库的二语共选型式研究是实现这一步的重要路径,研究活动的目的是为教学设计提供指导。这些问题的解决需要教学实践者既具有一定的语料库语言学素养,同时也要具有一定的教学实践经验,才能基于语料库数据确立具体教学目标,并利用所取得的发现指导教学设计。在这种意义上讲,基于语料库的教学设计是在基于语料库的二语调查研究基础上的教学设计,而不是把语料库数据简单加工后用于教学。后者更多的是参照语料库数据的教学设计。上述分析在一定程度上揭示了语料库研究成果未能够广泛应用于外语课堂教学的根本原因。为此,本书首先用三个章节介绍语义韵研究的相关概念理论体系和操作技术,继而通过七个专题分别开展相关词汇语法序列的语料库调查研究,揭示相关词汇语法项学习的困难所在及其影响因素,并在所取得发现的指导下探讨如何基于语料库数据开展相关内容的教学设计。这十个章节旨在打通学习者语料库语言学研究与外语教学实践相结合的最后一公里,为系统开展基于语料库的教学设计研究探讨路径。

1.6　语料库语言学与(外语)学科教学方向的教育硕士培养

　　21 世纪以来,学习者语料库语言学在我国生根发芽并发展壮大。一定意义上讲,这与我国高等教育事业尤其是研究生教育的蒸蒸日上密不可分。其中,大批硕博士研究生纷纷利用语料库开展学术研究,他们中有相当一部分专攻学习者语料库语言学研究,大大促进了国内语料库语言学的发展。然而,尽管学习者语料库语言学研究已经有 20 多年的发展历程,但在教学实践中远未充分开花结果,中小学英语教学中鲜有直接应用语料库语言学研究成果。利用语料库开展教学设计是语料库研究成果与教学实践相结合的主要切入点。不过,如前文所述,高校往往拥有一定规模的研究团队,基于语料库的学习者语言研究主要在高校开展,要广泛推广,特别是向中小学教学推广相关研究成果仍有很大的难度。

　　值得注意的是,我国研究生教育中早已设置教育硕士专业学位(Ed. M)。其目的是培养具有现代教育观念,具备较高理论素养与实践能力的教育管理干部和骨干教师(参见 https://baike. baidu. com/ item/教育硕士)。其中,学科教学(英语)方向的教育硕士培养已经成为当下中小学外语师资的主要来源。与英语教育专业的本科生不同,教育硕士隶属研究生教育,在攻读学位期间需要专门培养教学和研究能力。对他们来说,开展教学设计实践和研究是必不可少的环节。理论上讲,教学设计研究无论是对提高教师素养,还是提高课堂教学效果都具有不可低估的重要价值,一度成为教育硕士学位论文写作的重要选题。然而,由于这类论文呈现出明显的程序性或套路特征,使得很多研究生在论文撰写过程中容易把注意力集中在教学设计的外在形式或步骤,而忽视了"内容研究"这一核心环节。结果,由于形式化倾向过强而出现了"重套路""轻研究"的本末倒置现象,严重影响了培养效果,还导致教学设计成为教育硕士论文写作中的"风险选题"。

　　如前文所述,学习者语料库语言学研究的最终目标之一是为了改良和优化二语教学、提高学习效率和效果,因此,对解决教学设计研究中出现的"重套路""轻研究"之类的问题有义不容辞的责任。这也是笔者撰写本书的初衷。教学设计的概念有多种界定。其中,肯普(Kemp 1971)等特别强调了设计活动要开展"系统性需求和问题分析"。他指出,"教学设计是运用系统方法分析和研究教学过程中相互联系的各部分的问题和需求。在连续模式中确立解决它们的方法步骤,然后评价教学成果的系统计划过程。"(转引自百度百科)在传统课堂教学条件下,限于硬件和软件条件,单个教师难以做到真正意义上的系统性教学需求分析,充其量只能在内省的基础上参照一些案例数据进行分析,即数据参照的分析。因此,尽管肯普(Kemp 1971)的界定很科学,但并不接地气,难以充分践行。与之相比,本书所提出的基于语料库的二语教学设计思想则有助于这一理想化设想**变得切实可行**。例如,针对教学目标开展基于语料库的调查研究是一种系统方法,能够发现二语学习在某些方面的主要困难和需求,揭示主要影响因素;利用相关研究发现指导和开展基于语料库的教学设计,有助于促进语料库研究发现与外语教学实践相结合,解决相关困难和需求。在这种意义上讲,基于语料库的二语教学设计的核心内容包括基于语料库开展二语学习需求分析,并利用分析结果指导教学设计,而不只是基于教师自身教学经验或某(些)语言理论的教学设计,也并非只是简单使用语料库数据进行教学设计。这要求教学设计研究的主体既要能够从事学习者语料库语言学研究,同时也要具有一定的教学兴趣、技能和经验,与(外语)学科教学方向的教育硕士培养相吻合。

综上可见,要使基于语料库的教学设计研究真正意义上惠及广大外语教师和英语学习者,首先需要培养连接语料库语言学研究与外语教学实践的桥梁人才(bridging the gap between researchers and practitioners)。显而易见,在教育硕士培养中,吸引部分感兴趣的研究生开展基于语料库的英语教学设计研究、培养这方面的专业人才既具有可行性又有必要性,是解决上述桥梁人才问题的权宜之计。通过他们把新的理论、技术和教学理念带到教学实践并与一线教师分享,是把语料库研究成果向教学实践应用和推广的有效途径。为此,本书提出了先开展基于语料库的二语研究(有助于培养学习者语料库语言学研究能力),然后利用研究发现指导教学设计(有助于培养他们在科研成果指导下进行教学实践)的研究范式。该范式也能够在一定程度上克服现有教学设计论文写作中"重套路、轻研究"的弊端,同时也有助于利用语料库研究成果解决词汇语法教学所面临的诸多瓶颈问题,可作为外语专业教育硕士研究生论文写作的新型选题。

第 2 章

词语搭配概念体系

2.1　引言

　　本章主要介绍后续章节所涉及的主要概念体系。它们分别是词语搭配、搭配范围(collocational range)、搭配行为(collocational behaviour)、二语透明和半透明搭配(congruent & incongruent L2 collocations)、隐性和显性搭配知识(implicit and explicit collocational knowledge)、语义趋向(semantic preference)、二语近义词的区别性语义趋向特征(distinctive semantic preferences of L2 near-synonyms)、语义韵(semantic prosody)。这些概念从具体到抽象,反映了不同抽象度的词语共选型式,构成本书的主要理论框架。

2.2　词语搭配

2.2.1　二语教学中的词语搭配认识

　　21 世纪以来,词语搭配日益成为语言学、应用语言学以及相关应用研究领域关注的热点。在我国,基于语料库的大学生英语词语搭配使用研究大量开展,取得了很多重要发现。相比之下,中小学学习者英语的词语搭配研究则凤毛麟角。尽管相关调查主要反映了大学英语学习者的词语搭配使用问题,但是有很多"问题"起源于中小学阶段的学习。然而,中小学英语教学却很少系统关注或探讨词语搭配(collocation)的概念体系和操作方法。例如,在江苏版的《牛津初中英语》系列教材中,collocation 这一术语几乎从未出现,而 phrase(短语)一共只出现三次,其中两次是用来描述标点符号的用法,一次指称实现过渡作用的词语序列。不过,笔者与中小学教师交流时发现,他们倾向于频繁使用"词语搭配"这一术语的,主要指代像 look at、look for、look into、look out 等短语动词(即他们所谓的

"固定搭配")。之所以为固定搭配,主要是由于这些词语序列有一个共同特征:所承载的意义并不是构成词意思的简单相加。这种特征促使他们把无法通过语义或语法规则解释构成理据的词语序列归类于固定搭配或词语搭配。相应地,当解释为什么使用 take medicine 而不用 eat medicine* 时,则归因为"固定搭配",至于 drink milk、cook dinner、go to school 等与汉语词语序列趋于一致的表达则不在其所理解的搭配范围之内。由此可见,语言学研究中的 collocation 概念与他们在教学实践中所指的"搭配"并不完全对等,这妨碍了语料库词语搭配研究成果向教学实践转化。

简言之,在外语教学实践中,"搭配"偏向于用作描述一些看似怪异、不合常理的词语序列(特别是那些不能使用常规词汇、语法规则解释的部分),主要由教师根据自身的直觉或经验判断。然而,究竟什么是词语搭配、如何确定或提取搭配、如何在外语教学中开展词语搭配研究等问题似乎还没有引起足够的兴趣。事实上,学界的词语搭配界定主要指真实语言中普遍出现、占据文本主要部分的词语共现现象(Erman & Warren 2000;Kjellmer 1987),远远超出那些所谓的特例。其在教学、研究和其他相关领域的应用潜能远远超出上述特殊词语组合。因此,系统了解搭配的定义、提取方法以及分析路径是充分实现其二语教学价值的前提条件;从中小学英语教学着手开展词语搭配教学研究,有助于从源头上解决二语学习者的词语搭配使用问题。相应地,帮助中小学英语教师重新认知词语搭配概念体系和词语搭配的价值有必要从词语共选型式入手。

2.2.2　词语搭配界定的思想

语料库语言学中的 collocation 这一概念可追溯到弗斯(Firth 1957)的词语结伴说。他指出,相互结伴使用的词语形成搭配,构成一种意义方式(mode of meaning);搭配意义是组合层面上的抽象,与单词概念意义(the idea or conceptual approach to the meaning of words)并无直接关联。例如,dark 与 night 经常结伴使用,构成 dark night 搭配;其中,dark 的部分意义来自 night,而 night 的部分意义也来自 dark。弗斯(Firth)的词语结伴说主要从定量的角度描述搭配(参见 Krishnamurthy 2000:32)。戈林鲍姆(Greenbaum 1974)进一步明示了这一理念,将搭配描述为"语言中频繁共现的两个词项所构成的词语序列"(a frequent co-occurrence of two lexical items in the language)(ibid.:82)。波利和西德尔(Pawley & Syder 1983:196)等强调了词语搭配在语言表达中的"整存整取"作用或价值。他们认为,本族语者记忆了大量的搭配,用于表示熟悉的概念和言语行为,可以在语言表达中整体调用和拼接,这是影响本族语流利度和准确率的关键因素。然而,不管是弗斯(Firth 1957)等的意义方式和词语结伴使用观,还是波利和西德尔(Pawley & Syder 1983)的流利度和准确度描述,其本质都是基于经验所提出的粗线条描述,虽具有重要指导价值,但并没有说明词语共现达到怎样的频数才能够算搭配,因此不容易在实践中精准操作。事实上,他们在界定的定性标准上也有所不同。例如,根据戈林鲍姆(Greenbaum 1974)和波利和西德尔(Pawley & Syder 1983)的描述,look at、look for、look into、look out、put off、put up、put on 等短语动词(phrasal verb)也可在一定程度上视为搭配,但是根据弗斯(Firth 1957)的意义方式标准来看,可能还算不上严格意义的搭配,因此,有些研究将之分类为语法搭配(grammatical collocation)。

　　针对这一问题,语料库语言学研究提出了可以在一定程度上精准量化、简单易行的界定。例如,克吉尔默(Kjellmer 1987: 133)指出,词语搭配是指那些语法结构完好、在语料库中以同一形式出现一次以上的词语序列。辛克莱(Sinclair 1991: 170)认为,搭配是文本中邻近距离共现的两个或两个以上的词语。霍伊(Hoey 1991: 6–7)把推断性统计模型引入词语搭配的认定,指出只有实际共现概率显著高于随机共现概率的词语组合才能视为搭配("with greater than random probability in its (textual) context")。(辛克莱(Sinclair 1991: 170)通过补充说明的方式强调,语言学中所说的搭配通常要求邻近共现频数达到显著统计意义)可以看出,克吉尔默(Kjellmer 1987)、霍伊(Hoey 1991)和辛克莱(Sinclair 1991)的界定都突出了搭配在真实文本中的复现频率特征,而辛克莱(Sinclair 1991)则着重强调了搭配词之间更为灵活的句法或位置关系,既可以是连续词语序列,也可能是非连续序列。这一点由其后来提出的扩展意义单位模型进一步说明:真实交际中的词语总是倾向于与带有特定语义特征、属于特定语法范畴的词语共现,表达特定的态度意义。其中,词语共现构成搭配;词语与语法范畴共现构成类联接(colligation);词语与特定的语义特征共现构成语义趋向(semantic preference);整个短语单位与特定的态度意义共选,构成语义韵(semantic prosody)(详见下文相关条目)。例如,naked eye 倾向于与 invisible 等大量表示"不易看见"的词汇共现,构成"difficulty"的语义韵(Sinclair 1996);"洪荒之力"倾向于与表示"抑制不住"、"爆发"等 VP 搭配词共现,表达"无法驾驭"的语义韵,而与"使用""用尽"等 VP 搭配词高频共现,则趋于表达"主观努力、竭尽全力"的语义韵(陆军、吴茜 2019)(第 3 章将系统介绍语义韵理论和研究路径)。

　　总之,相对于人们对搭配的一般认识而言,搭配概念在宽泛程度上有所不同:一方面,短语动词或语法搭配并不是词语搭配的主要内容;另一方面,词语搭配包括了很多能够通过字面意思理解的词语序列,例如,drink milk、drink water、learn English 等。不过需要指出的是,有些研究倾向于把这一类表达称为自由组合(free combination),而把语义不完全透明的称为搭配(参见卫乃兴 2001)。这种划分对于区分语义透明性具有一定价值,但是并不完全符合词语搭配的理念。这是因为,根据弗斯(Firth 1957)词语结伴知其义的论断,所谓透明或半透明其实是由搭配义所决定的,词语本身并没有所谓的字面意思,只有人们在其结伴使用后的归纳抽象。再者,对于二语教学者而言,所谓的透明性在很多情形下只是双语对应关系的巧合(人们在对应高频序列中抽取了共同的词义),殊不知,所谓的同义词有很多。例如,在英语中,SWALLOW 和 SIP 与 DRINK 都共有部分意义。当然,这种概念范围的调整能够促使我们改变对词语搭配的认识,但还不足以区分搭配与非搭配,后者可借助语料库和相关统计技术实现。

2.2.3 词语搭配界定的操作方法

上述阐述说明,语料库语言学所说的词语搭配至少有两种层次的理解。一种是指文本中高频复现的共现词语现象(如 dark night、"洪荒之力"等词语序列),它们常常具有良好的语法关系,用于表示特定的意义和功能。这些主要是典型的共现词语或典型词语搭配,不妨称之为狭义的词语搭配,往往通过相互信息值(MI score)、Z 值、T 值、log-likelihood 等统计模型并根据所表达的意义功能确定其典型性(AntConc 等检索软件提供相关统计功能,参见本书 4.5 节)。例如,以 commit 为节点词检索 COBUILD 语料库数据显示,以 Z 值 2.0 为阈值,可以获得 commit crime、commit offense、commit suicide、commit murder 和 commit abuse 等典型搭配(参见卫乃兴 2006:51)。这种统计模型通常是以搭配词的共现频数是否显著高于随机共现频数为依据,因此,相应的词语组合也称为显著搭配。再如,以 f>100 和 MI>3 为阈值,可从 BNC 中提取到 recent year、mental health、grow crops、young people 和 terrible things 等显著搭配(参见陆军、卫乃兴 2018:894)。本书第 4 章介绍了如何使用 AntConc 检索软件自动计算 MI 值等搭配强度统计数。

肖忠华和麦克内里(Xiao & McEnery 2006)以 f>20 和 MI>3 为阈值,从 BNC(British National Corpus,英国国家语料库)等语料库中提取了近义词 RESULT、OUTCOME、CONSEQUENCE 和 AFTERMATH 的相关搭配词,开展了近义词搭配行为和语义韵精细型比较研究。例如,表示 CONSEQUENCE 特征的搭配词有 serious、important、disastrous、adverse、dire、far-reaching、damaging、negative、profound、unintended、major、unfortunate、tragic、fatal、new、severe、significant 等。而 AFTERMATH 符合条件的搭配词只有 war 一个词,即使把频数阈值降调到 10,也只有 first、death、coup、second、election、events 和 evolution 等少数几例。这些统计指标直观形象地区分了相关近义词在搭配行为上的差异。

到目前为止,我们使用了"狭义的搭配""显著搭配"和"典型搭配"来描述人们对词语搭配的第一种理解方式(即具体的词语序列)。这些术语用于描述相同的内容,但是各有不同侧重。其中,"狭义的搭配"意味着这些并不是 collocation 的全部所指,对搭配范围有一定的限定,体现了搭配词之间的制约性;"显著搭配"通过统计模型确定某一词语组合不是随机产生,而是有明显的倾向性,是通过推断性统计分析搭配词共现频数而产生的搭配制约性定量指标;典型性其实说明了该词语序列符合话语社团的表达习惯,这些序列能够使得相关表达取得母语者的准确性(native-like accuracy)(Pawley & Syder 1983)和地道性(idiomaticity)的效果,属于搭配词相互制约性的定性特征。由此可见,这三个术语分别是对同一概念三个维度的描述,为此,我们建议把这些术语联系起来(而不要孤立地看到某个方面)理解,这样有助于全面系统地认知词语搭配概念。

到此为止,我们会提出疑问:母语者交流所用的词语序列是否都是典型搭配或显著搭配? 如果不是,那么他们大量使用典型词语搭配以外的表达是否会影响语言表达的地道性、准确性呢? 这类问题的价值不可低估。例如,目前,很多中小学英语老师把课文里所出现的词语序列全部摘录下来制作导学案(初中阶段的每个单元可达 100 条左右)用于学生背诵、记忆。显然,相对于传统的词汇表,这种操作在很大程度上践行了弗斯(Firth 1957)的"You shall know a word by the company it keeps."的语言学思想,对把握词语的用法有很大促进作用。不过,这种做法对英语学习效率和效果都容易产生负面影响。这是因为,常用搭配的数量要远远超过常用词的数量(Common collocations exceed by far the popular estimate of the number of simple words contained in our everyday vocabulary.)(Palmer 1933)试想:假设每一个单词平均出现在 5 个词语序列之中,那么学习者就要记忆单词数量 5 倍以上的词语序列。事实上,基础教育阶段主要学习高频词,高频词的常用共现序列远远超出 5 个。伯恩斯(Bahns 1993)曾指出,如此数量庞大的词语搭配容易造成记忆溢出或负担(overflow of memory),对于基础薄弱的学习者尤其困难。更为重要的是,这样平均分配精力学习目标序列不利于学习者发现和掌握典型词语搭配,甚至把那些随机出现(特别是偶尔出现)的词语序列视为典型搭配,对今后语言使用的共地道性会产生负面影响。例如,中国学习者都倾向于高频使用 learn knowledge* 等表达,而英语本族语中则主要使用 acquire knowledge 等表达。在一定程度上讲,类似的操作方法有违背词语搭配概念体系之嫌,容易混淆典型搭配和其他类型的词语搭配现象,不利于下文所谓"狭义搭配"与"广义搭配"等范畴的区分。针对此类问题,可以使用"狭义的搭配""显著搭配"和"典型搭配"作为筛选标准。

词语搭配概念还有另一种解读方式,可参照辛克莱(Sinclair 1996)的搭配描述。与辛克莱(Sinclair 1991:170)对共现频数的统计显著性要求(statistics significance)相比,辛克莱(Sinclair 1996)在描述扩展意义单位模型(model of extended units of meaning)时,认为词语倾向于与某一类或某几类语义特征的词语共现,表达特定的意义和功能;其中,词与词的共选、词语与语法范畴的共选,词语与语义特征的共选,以及短语单位与态度意义的共选分别构成搭配、类联接、语义趋向和语义韵。这些要素交互作用,共同界定了扩展意义单位(Sinclair 1996, 2007;陆军、吴茜 2019)。由此所产生的共现词语或相关扩展意义单位所表现出来的词语组合实例也被称为搭配。与辛克莱(Sinclair 1991)等搭配界定相比,这类搭配没有共现频数的统计限制,可称为广义的搭配。例如,陆军、吴茜(2019)调查发现,在"撸起袖子加油干"高频使用后,新出现了"撸起袖子实干""撸起袖子带头干""撸起袖子苦干""撸起袖子前进""撸起袖子攻坚""撸起袖子立新功"等词语序列。再如,在"我已经用了洪荒之力"高频出现后,话语社团开始使用"使尽洪荒之力""使用洪荒之力""用尽洪荒之力"等词语序列;在"培育精益求精的工匠精神"反复出现后,出现了"发扬工匠精神""弘扬工匠精神""呼吁工匠精神""践行工匠精神"等新的词语序列。"美国当代英语语料库"(COCA)数据显示,在 black lives matter 频繁出现后,还出现了 white lives matter、blue lives matter、all lives matter 等序列;在 make America great again 频繁出现后,出现了 make America safe again、make America strong again 等词语序列。这些新产生的词语序列未必达到显著搭配的共现频数,但是能够广泛用于交际,实现特定的交际目的,分别属于以下短语意义单位:"撸起袖子+[积极]干/[事件]VP"(积极:淳朴坚决、憧憬必胜的语义韵)、"VP+洪荒之力"(积极:主观努力、竭尽全力的语义韵)、"VP+工匠精神"(积极+[①]:重视、务实、模范的语义韵)、"[人种]AP+lives matter(积极:重视、强调的语义韵)和 make+[国家]NP+ADJ+again(积极+:爱国、决心的语义韵)。换言之,这些新增的词语序列其实由特定的类联接、语义趋向和语义韵共同界定,而不是随机组合的词语序列,因此,也是词语搭配。相比之下,这类搭配频数不高,但是范围很广,故称为广义的搭配。需要注意的是,上述广义搭配与狭义搭配之分与杨惠中(2002)的划分描述并不完全一致。例如,他们认为"广义的词语搭配体系认为:一个词与另一个词共现达到统计学上的显著程度就构成搭配,以韩礼德(Halliday)为代表";狭义的定义认为搭配受到两方面的因素限制:语法的限制作用和词语的决定作用,只有处于同一语法结构中的词项才可能构成搭配,以克吉尔默(Kjellmer)为代表。克吉尔默(Kjellmer 1987)认为"以等同形式超过一次重现,并且构成良好语法关系的词汇序列构成搭配"(ibid.)。显然,杨惠中(2002)是对词语搭配研究不同历史时期对搭配概

---

① "积极+"表示积极程度更为强烈。

念不同认识的回顾性描述,其实质上是"定量"和"定性"标准的关系。与之相比,本文的界定是基于同一理论框架下对不同类型词语序列所作出的区分性描述,其实质上是"高频搭配"与"搭配家族"的关系。

对于中国读者而言,陆军、吴茜(2019)一文中所列举的例证容易接受,但是该文限于篇幅等原因并没有详细描述操作过程和相关理论构架。为此,建议参阅辛克莱(Sinclair 1996)等文献。辛克莱(Sinclair 1996)以 the naked eye、true feelings 等为节点词检索 Bank of English 语料库数据发现,在 the naked eye 左右 3 个词的跨距中,主要有 see、seen、visible、invisible 等表示"可见性"的 VP 或 AP 搭配词,它们共现构成 VP/AP+the naked eye 型式,趋于表达"困难"(difficulty)的语义韵;而 true feeling 的搭配词则包括 express、communicate、show、reveal、share、pour out、give vent to、indicate、make public 等表示"表达"(expression)意义的搭配词,而在 N‑3(核心词左边第 3 个词的位置)则出现了 will never reveal、prevents me from expressing、careful about expressing、less open about showing 和 guilty about expressing 等表示否定意义的词语或词语序列,它们与 true feelings 共现,构成趋于表达"不情愿"(reluctance)的语义韵。这既有助于加深对短语意义单位或搭配家族的理解,也有助于相关操作技能的掌握。

2.3　搭配范围

2.3.1　搭配范围的界定与价值

上文描述中曾使用了"搭配的范围""搭配范围"等表述方式。相关概念可追溯到麦金托什(McIntosh 1961)对 Collocational Range 的论述,这一概念主要指词项的常用或典型搭配词的多少。他认为,任何词项都有其搭配范围。在实际研究中,搭配范围常常用于描述显著搭配或典型搭配的多寡。二语研究可使用搭配范围揭示学习者语言与本族语的差距(如卫乃兴 2006 等)。一般而言,二语学习者掌握的目标语典型搭配数量较少,搭配范围相对较小。例如,卫乃兴(2006)调查发现,commit、effect 和 cause 等词语在中国学习者英语中的搭配范围要明显小于英语本族语。

事实上,"范围大小"是实际生活中的常用描述方式,因此,从表面上看,搭配范围这一表述并没有什么特别的语言学或应用语言学意义。不过,通过以下论述可以发现,"搭配范围"在二语教学与学习中有其独特的价值。众所周知,单词记忆已成为外语学习的重要手段(甚至是主要手段)。基础外语教育阶段的学习者尤其倾向于把双语对等词的联系作为外语学习或记忆的主要内容(俗称"背单词")。然而,大量熟练记忆的单词并不能在阅读、翻译以及听说任务中灵活运用。与之相比,通过搭配学习的词汇则能够在真实的语言使用中更好地表情达意。造成这种差异的主要原因是:每个词项都有一些常用的或典型的搭配词,即有自己特定的搭配范围;双语对应词的搭配范围并不一致(参见 Tognini-Bonelli 2001;陆军、卫乃兴 2012)。例如,英语中的 DOUBT 一词与汉语"怀疑"的搭配范围就存在明显的不同:"怀疑"可以与"里面有猫腻""他是小偷""这是套路"等表示消极语义的表达共现,而 DOUBT 则不一样。依靠 DOUBT vs "怀疑"的对应联系并不能发现差异,结果使得部分学习者在写作中出现了"I doubt that I was ill."*之类的表达错误。事实上,外语词汇能力在很大程度上取决于学习者所掌握的相关词语搭配的范围大小。

2.3.2 搭配范围的论述方法

搭配范围操作的通常方法是:通过相互信息值(MI)、Z 值、log-likelihood 等搭配强度统计模型设置一个阈值,利用检索软件(如 AntConc、Wordsmith Tools 等)检索本族语语料库,挑选出表达特定意义、功能的词语组合,相应的搭配词集合就构成了一个目标语搭配范围。例如,COBUILD 语料库中 commit 的显著名词性搭配词(Z 值 2.0 以上)有 crime、offense、suicide、murder、abuse、robbery、assault 等。然后,使用类似的方法检索二语学习者语料库,获得二语显著搭配词(参见表 2.1)。根据这些搭配词与本族语搭配词的交集(如 commit suicide、commit crime)来反映或说明二语搭配范围的大小(参见卫乃兴 2006)。

表 2.1　CLEC 中"commit"的显著搭配词统计数据

搭配词	共现频数	语料库频数	Z-值	搭配词	共现频数	语料库频数	Z-值
suicide	11	33	76.91	case	2	308	4.15
crimes	23	160	72.86	murder	1	129	3.26
crime	31	427	59.86	act	1	150	2.98
offending	1	3	23.19	euthanasia	3	1 175	2.67
murdering	1	15	10.29	evil	1	228	2.29

引自卫乃兴(2006:51)

搭配范围适用于观察典型搭配或显著搭配,但其在二语研究和教学方面存在一些问题:一方面,不同的统计模型、不同的统计阈值所确定的搭配范围可能有所不同;另一方面,属于统计阈值以上范围内的搭配词可能有不同的语法、语义特征,这些词语序列看上去"杂乱无章",不利于确定影响二语学习者搭配范围的具体因素,也不利于学习者掌握相关搭配。不过,上述"狭义搭配"与"广义搭配"之区分给搭配范围的论述和操作提供了有力支撑。其中,使用 MI 值、Z 值、log-likelihood 等统计方法获得的搭配范围仅仅代表搭配强度显著的词语序列,主要包括狭义的词语搭配。这一类手段所确定的搭配范围可称为统计性或定量的范围。与之相比,很多广义的词语搭配可以通过搭配词的语义和语法属性,以及共现词语序列语用特征进行描述或界定,不妨称之为定性的搭配范围。

　　如表 2.2 所示,与"企图"共现的 VP 趋于表示强烈的消极语义,约占词语索引总数的 93%。整个搭配序列主要表示"打算达到消极目的或采取消极行动,但未能得逞",实现"反对"态度的语义韵。少数词语索引中的 VP 没有明显的消极语义,如"企图把历史唯物主义的材料拿来代替心理学",但上下文语境表明,"企图"与此类 VP 共现仍趋于构筑"反对"态度。与之相比,ATTEMPT to 倾向于与"中性/积极"VP 共现,约占词语索引总数的 74%,主要表示"打算或决心实现某一目标",构筑"有难度、下决心"的语义韵。在其余词语索引中,ATTEMPT to 与消极 VP 共现,趋向于实现"反对"态度。ATTEMPT to 和"企图""试图"的类联接相似,但在语义选择趋向和语义韵特征上存在差异。

表 2.2　双语对等词的搭配范围比较

双语对等词	类　联　接	语义选择趋向	语义韵
ATTEMPT to vs. 企图	ATTEMPT to+VP	中性/积极(74%)	反对
		消极(26%)	有难度、下决心
	企图+VP	消极(93%)	反对
IGNORE vs. 忽视	ignoring+NP（20%）	不受欢迎	赞成
	意愿情态词+IGNORE+NP（31%）	一般	赞成
	IGNORE+NP（49%）	重要	反对、谴责
	NEG+忽视+NP（40%）	重要	强调重要性
	忽视+NP（60%）	重要	反对、谴责

注:NEG+忽视+NP 中的 NEG 表示否定词。

引自陆军、卫乃兴(2011: 429)

　　再如,"忽视"倾向于与表示重要事物或人物的 NP 共现。其中,NEG+忽视+NP[①] 约占 40%,主要有"不容"、"不可"和"不能"等否定词,构筑"强调重要性"的语义韵。"忽视"+NP 则趋于表示"未重视某事物或人物而造成消极结果",实现"反对、谴责"态度。与之相比,IGNORE 的主要类联接有 ignoring+NP、意愿情

---

① 书面语文本中否定句一般只占 10%左右（Halliday 1993）。

态词+IGNORE+NP 和 IGNORE+NP。NP 分别趋于表示"不受欢迎的事物或人物"、"一般事物或人物"和"重要事物或人物"。其中,*ignoring*+NP 主要表示"有意不考虑某事物或人物",实现"赞成"态度;第二类中,*determined to*、*let us*、*prefer to*、*try to* 和 *deliberately* 等意愿情态词高频出现,它们与 IGNORE 共现表示"有意不重视或不考虑某事物或人物",也表达"赞成"态度,但与前者在程度上存在差异;IGNORE +NP 则主要表示"未重视某事物或人物而造成消极结果",趋于构筑"反对、谴责"态度。上述数据表明:中英文节点词都有特定的型式构成特征,英汉翻译对等在型式构成要素上不完全对应。在某种意义上讲,语义趋向是搭配范围的另一种描述方式,具有一定的概括性和抽象度,更加有助于深度反映二语学习者语言的搭配行为及其影响因素(参见陆军 2012)。

2.4   搭配行为

外语教学实践倾向于关注具体的词语序列,而很少对词语搭配进行系统研究。其主要原因之一是倾向于把词语搭配看作单一的语言现象或相对独立的个体,而忽视了潜在的词语行为。事实上,每一个词语都有其独特的搭配行为:习惯性地与某些词语共现表达特定的意义和功能,而与很多在语法上可能的词语并不共现(Sinclair 1991,1996;Stubbs 2009)。这说明单纯记忆典型搭配还不能够满足二语表达的需要,需要学习者掌握词语的搭配行为。现有研究通常使用"搭配行为"来描述搭配词分布以及语义范畴等比较具体的特征(如 Partington 1998;Xiao & McEnery 2006;卫乃兴 2002a;陆军 2010 等)。因此,如果说搭配范围主要反映搭配词分布的静态特征,那么搭配行为更有助于反映搭配词使用的动态变化特征。根据搭配行为不但可以发现二语学习者语言中的很多词语组合并不符合本族语的表达习惯,还有助于揭示引起相关表述偏差的主要因素。

二语搭配行为,顾名思义,是指学习者语料库中词语的组合行为倾向,尤其是特别频繁出现的共现词语。与本族语者相比,学习者语言的搭配行为有很多不同之处(Granger 1998;Nesselhauf 2003)。因此,以本族语的搭配行为为参照描述二语搭配行为是权宜之计。卫乃兴(2006:54)根据与目标语搭配的一致程度把二语词语组合概括为:"典型搭配"、"中间语搭配"和"异常搭配[①]"(参见图2.1)。他发现学习者掌握了部分典型搭配,但搭配范围相对狭小,不能使用大量搭配表达语言交际中的常规意义;相比之下,他们更倾向于使用大量中间语搭配实例,这些组合虽符合语法规则,但有违背搭配规约、语义笼统或模糊、语义韵较

---

① "异常搭配"其实是异常词语组合,而并非搭配。为了避免曲解,下文采用"异常组合"这一表述方式。

弱等"症状",如 commit offending、commit murdering 等词语组合;此外还出现了像 cause development*, cause progress*, cause the rise of* 等异常组合。这些组合或与节点词的语义韵冲突、破坏语义和谐、语用功能不适切,或显示一种语用错误。就地道性而言,典型搭配是地道的表达方式,中间语搭配缺乏语言地道性,而异常组合则将地道性破坏殆尽(卫乃兴 2006:51–52)。

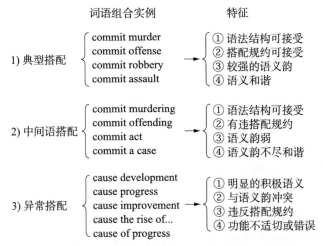

图 2.1　二语学习者英语的词语搭配行为(卫乃兴 2006:51–52)

　　图 2.1 所显示的二语搭配行为说明,二语表达除了在典型搭配使用上与目标语搭配存在差异以外,其他词语组合在搭配词语义、语法甚至语用特征上也有很大偏离。因此,二语搭配行为研究需要同时考虑广义和狭义的搭配。需要指出的是,发现二语搭配行为是否偏离目标搭配不是研究的最终目的,实际操作中也无法像图 2.1 所示的分类方法一样去穷尽相关词语序列。二语搭配研究更需要解决以下问题:容易产生哪些偏离目标语搭配的序列? 造成偏离的原因有哪些? 如何在教学中减少或防止偏离?

　　学习者语料库研究通常以目标语搭配词分布为参照,观察二语搭配行为的偏离程度(如 Granger 1998b;Nesselhauf 2003, 2005;卫乃兴 2006;陆军 2010等)。例如,本书第 5 章通过比较近义词 CAUSE、LEAD to、RESULT in/from 和 BRING about 等在中国学习者英语语料库(CLEC)和英语本族语语料库(FLOB/Frown)中的搭配行为,揭示了不同水平的中国英语学习者使用英语近义词的搭配行为特征,并推测出学习者水平和母语策略等影响因素。有些研究还进一步使用学习者母语语料库为参照,考查二语搭配行为的偏离是否与母语 vs 目标语搭配行为的差异趋于一致,从而揭示二语搭配行为的影响因素。例如,本书第 6

章和第 7 章增加了汉语本族语语料库证据,比较了学习者英语与英语本族语在近义词词语搭配、类联接和语义趋向等搭配行为上的偏离程度,然后借助汉语语料库证据揭示了母语语义韵对二语搭配行为影响的主导作用。

2.5   二语透明搭配与半透明搭配

根据搭配的语义透明性,可分为透明搭配和半透明搭配(参见 Nesselhauf 2005;Yamashita & Jiang 2010)。其中,透明搭配是指那些可以根据构成词语的字面意思理解的搭配,相比而言,半透明搭配则难以根据构成词语的字面意思理解,更需要作为一个整体单位理解(陆军、卫乃兴 2018)。相比本族语透明和半透明搭配而言,二语透明搭配和半透明搭配则有其独特的界定要素,更具可操作性和应用价值。其中,二语透明搭配通常与学习者母语对等词语序列在词语层级上趋于对应,学习者可以根据母语对等词较为准确地理解目标词语序列,甚至能够通过逐词翻译得到目标词语序列(例如,drink milk、teach English、master skill 等)。二语半透明搭配与学习者母语对等词语序列只在部分构成词上趋于对应,一般不能根据单个词的意思理解目标搭配,也不能通过逐词翻译得到目标词语序列(例如,take medicine、teach somebody a lesson、strong tea 等)。二语透明搭配和二语半透明搭配在加工方式和习得机制上差异较大,是学习者语料库研究和二语教学研究的重要内容(参见 Yamashita & Jiang 2010;陆军、卫乃兴 2018)。

2.6   隐性、显性搭配知识

与母语语料库研究相比,二语语料库研究更倾向于关注学习者是否掌握目标搭配等语言知识。然而,根据上述描述和界定可以发现,词语搭配首先是一个语料库语言学概念,主要是指文本中高频复现、普遍分布的共现词语,用于表达特定的意义和功能。不过,除了具有文本属性、统计属性以外,词语搭配还具有心理属性(参见 Partington 1998;Hoey 2005)。词语搭配的普遍性和规约性也说明,语言使用者懂得哪些词语在交际中趋于频繁共现、表达何种意义和交际目的。根据罗森塔尔(Rosenthal 2005)的高阶思维理论(high-order thought theory),所谓"知道",可能是有意识的(know what you know),也可能是无意识的(do not know what you know)(参见 Dienes 2012 等)。据此可认为,语言使用者不但知道部分目标语搭配,还能意识到它们是通过记忆或特定的假设验证获得的,为显性搭配知识;而有些搭配虽然能够使用或辨别,但并未意识到,为隐性搭配知识。根据 N. 埃利斯(N. Ellis 1994)和 R. 埃利斯(R. Ellis 2004),词语的语义知识主要为显性知识,而搭配或用法知识则以隐性知识为主①。在这种意义上讲,我们并不能直接依赖母语者告知所谓的搭配知识。例如,松博尔和施米特(Sonbul & Schmitt 2013)让本族语者和二语学习者在多种实验条件下学习词语搭配,结果却只发现显性学习效果显著,隐性学习不显著。

由此可见,词语搭配知识研究首先需要借助于语料库数据揭示客观存在的词语搭配,但是语料库所揭示的并不是搭配知识的全部。二语学习者在接触目标词语序列后,能够获得部分词语共现知识,即知道哪些词语趋于共现,但并不知道或未能意识到具体意思或用法(参见 Ellis, Frey & Jalkanen 2009)。而对有些搭配而言,学习者则能领会到意义和功能(参见 Sonbul & Schmitt 2013 等)。二语搭配知识也有隐性和显性之分,取决于二语学习者是否意识到相关搭配。但是与本族语搭配知识不同,二语搭配学习往往要借助于母语与目标语对应词语的联系(参见 Jarvis & Pavelenko 2008),而母语搭配知识主要为隐性知识,因此,二语搭配知识在很大程度上受到母语影响,具有更为复杂的显、隐性特征,是二语学习研究的重点也是难点(参见陆军、卫乃兴 2018)。

2.7　语义趋向

传统的词语共现理念揭示了大量的高频共现词语序列,但是并不能解释 master skill、main entrance、endure hardship 等在英语本族语中频繁使用,而 grasp skill*、major entrance* 和 tolerate hardship* 等则很少或从不出现。这一现象属于语义趋向范畴,主要表示词项倾向于与带有何种语义特征的词语共现(Sinclair 1996)。语义趋向来自英文术语 semantic preference,其在中文文献中还译为“语义选择趋向”和“语义倾向”,三者所指内容相同。汉克斯(Hanks 1988:124)曾采用“选择趋向”(selectional preference)来描述类似的现象。辛克莱(Sinclair 1996,2004:32)研究发现:当节点词 the naked eye 左边第二个搭配词为介词时,左边第三个搭配词基本都表示“可见性”,如 invisible to the naked eye 和 be seen with the naked eye 等。斯塔布斯(Stubbs 2001b:65)发现,large 的典型搭配词主要包括 numbers(s)、scale、part、quantity(quantities)和 amount(s)等,用于表示“数量和尺寸”。卫乃兴(2002a:146)对 COBUILD 检索发现:elapsed 趋于选择具有 temporal 语义特征的词作主语。这种由搭配词的共同语义特征所产生的搭配意

---

① N. 埃利斯(N. Ellis 1994)和 R. 埃利斯(R. Ellis 2004)都是在二语知识研究中提出上述论断,但实际是指母语搭配知识特征。

义构成了节点词的语义选择趋向(Stubbs 2002:225),搭配词的语法范畴并不完全同步(详见本书第5、第6等章节)。

与搭配词的语法范畴特征相比,二语学习者的主要难点更可能是搭配词的共同语义特征。一方面,很多目标语词语组合受到特定的语义趋向所约束,但是二语学习者未必有足够的接触机会记忆这些序列。另一方面,这种约束与学习者母语对等词的约束可能有很大差异。例如,ENDURE 倾向于与 pain、agony、hardship、suffering、misery、discomfort、humiliation 和 nightmare 等表示"自身或内在痛苦"的 NP 共现;而 TOLERATE 则倾向于与 interference、loss、high temperature、abuse、disturbance、delay、invasion 和 opposition 等表示"外来影响、干扰"的 NP 共现。而汉语对等词"忍受"则包括了两种语义趋向。再如,英语中的 REAL 倾向于与 change、decrease、drop、gain、improvement、increase、progress 和 development 等表示"变化、进步"的 NP 共现,而 TRUE 则倾向于与 belief、believer、god、opinion、reflection、religion、faith 和 statement 等表示"观点、信仰"的 NP 共现。与汉语对等词"真正的""真的"在语义趋向上并不完全一致,在中国学习者英语中,REAL 和 TRUE 与 man、friend、person 和 hero 等表示"人物"的 NP 都倾向于共现(陆军 2019)。由于语义趋向特征不容易直观显性描述,二语学习者缺乏目标语义趋向知识时就倾向于依靠母语对等词的语义趋向知识选择目标语搭配词(参见陆军、卫乃兴 2014)。

上述 ENDURE vs TOLERATE 和 REAL vs TRUE 的语义趋向特征说明,近义词除了共有部分型式以外,各自还特有某些语义趋向特征,把近义词的用法区分开来,即区别性语义趋向(distinctive semantic preferences)。例如,汉语中的"二"和"两"在数目上表示相同的意思,但是在表示某些具体物品或生物数量时一般只用"两",如"两台车""两间房""两头猪""两条鱼"等,但是一般不说"二台车*""二间房*""二头猪*""二条鱼*"等;再如,英语中 MASTER 趋向于与 art、technique、skill、language、use 和 technology 等表示"技巧、技能"的 NP 共现,而 GRASP 则倾向于与 meaning、point、sense、notion、implication、significance 和 concept 等表示"概念、意义"的 NP 共现,分别构成 MASTER+[技术、技能]和 GRASP+[意义、概念]的区别性语义趋向。就二语学习而言,近义词趋于共享翻译对等词,学习者可依靠母语对应词的型式(如"掌握"+[技术、技能] NP 和"掌握"+[意义、概念] NP)学习目标语语义趋向联系,但是难以意识到区别所在,一直是二语学习的难点。可以使用在线语料库工具 Sketch Engine (www.sketchengine.co.uk)或 https://www.english-corpora.org/的搭配词比较功能,概括和比较二语近义词的语义趋向特征,有助于发现区别性语义趋向特征(参见陆军 2019)。

2.8　语义韵与语义韵冲突

语义韵是一种态度意义,主要用于表达讲话人或作者的态度(Louw 2000: 58)。具有某种语义特征的搭配词与节点词之间相互预见、相互限制,使得节点词的搭配行为显示出一种特殊的共现趋向:它们习惯性地吸引某一类具有相同或相似语义特点的搭配词,这些词反复地与节点词在文本中共现,节点词就被传染上相关的语义特点,使整个跨距内弥漫着一种特殊的语义氛围即语义韵(Louw 1993:156–159)。词语搭配形成的语义韵主要分为三类:消极语义韵(negative prosody)、中性语义韵(neutral prosody)和积极语义韵(positive prosody)(Stubbs 1996:76)(详见第 3 章)。

"由于语义韵的作用,只有符合一定语义特点的词项才能和某个特定的节点词相互吸引,共现于一个语境。任何异质词在语境中的出现,都可能造成语义韵冲突。"(卫乃兴 2002a:177)。例如,中国英语学习者大量使用 CAUSE 来替代 BRING about,结果出现了很多 CAUSE+ change/it/this 用于表示"引起积极的变化"或"产生了积极的事件",造成语义韵冲突的现象(详见第 5 章)。

2.9　搭配、型式与构式

本书第 1 章"绪论"中用了很大篇幅比较型式与构式两个概念。本章又出现了搭配、类联接、语义趋向、语义韵等核心概念,这些概念中似乎都有共现或共选之类的关键词。那么,它们之间究竟是何种关系? 这一问题对系统掌握词语共选型式的理论框架非常必要。下文直击构式研究的实例,揭示相关概念之间的区别与联系。被誉为女神语言学家之一的美国专家阿黛尔·戈德堡(Adele Goldberg)是构式语法研究的专业户。她继 1995 年出版了题为 *Constructions*: *A Construction Grammar Approach to Argument Structure* 的专著以来,发表了大量构式研究成果。在 2019 年又出版了 *Explain Me This*: *Creativity*, *Competition*, *and the Partial Productivity of Constructions* 的构式研究力著。该著作的标题以及第一页都给出了异常序列或构式实例,如:drive me angry* vs drive me crazy、high bush vs high teenager、explain me this* vs explain this to me 等(Goldberg 2019: 1)。这些非典型序列都可以视为词语搭配问题或所谓的异常搭配。但仔细观察后发现,这些词语序列中的冲突或不一致分别属于搭配词不典型(如 drive me angry*)、搭配词语义特征不同(如 high bush[inanimate] vs high teenager[human])和词语特有的语法结构问题(V+NP1 NP2 vs V+NP2 to NP1)。若利用上述概念体系描述,则分属词语搭配、语义趋向和类联接层面的问题。

戈德堡(Goldberg 2019:2)进一步关注 Double object construction(+/-)、Transitive causative construction、To infinitive construction 和 Attributive modification construction 这四个方面的构式。戈德堡(Goldberg 2019)把近义词(explain vs tell/guarantee)、(vanish vs banish/hide)、(consider vs plan/hope)以及(asleep vs sleepy)在共现的语法结构上存在差异,称之为不同的语法构式(grammatical constructions)。不过,根据辛克莱(Sinclair 1996)的扩展意义单位模型或词语共选模型,上述语义相关的词语可能有不同的搭配词,且搭配词的数量非常大,无法一一列举或准确统计,但它们并非杂乱无章,而是可以归结为有限的几个语法结构上的差异。换言之,这些语义相近或相关的节点词在共现的语法结构上存在差异,即各自有不同的类联接。根据霍斯顿和弗朗西斯(Hunston & Francis 2000),上述差异可以更为具体、直观地描述为 EXPLAIN+N2 to N1 vs TELL+N1+N2、NP+VANISH VS. BANISH/HIDE+NP、CONSIDER NP VS. PLAN/HOPE to+VP 以及 NP+(be)+ASLEEP VS. SLEEPY+NP,即具有相近语义的词语可能有不同的型式语法(pattern grammar)。显然,无论是将相关搭配现象视为相关节点词的型式语法还是类联接,都是比词语搭配更高一个层面的抽象,能够把看似纷繁复杂的词语搭配现象较为清晰地概括为少量几个共选型式。由此可见,相关构式描述虽然都是在词语搭配层面发生冲突或不一致,但是却反映了词语共现、类联接和语义趋向等不同层次的共选型式问题。一言蔽之,型式和构式分属不同概念系统,与词语搭配之间分别有着不同的联系。

本章主要针对本书后续章节的理解需要对关键概念做了简要介绍,第 3 章将详细介绍语义韵理论。若需进一步系统了解相关理论,请参阅辛克莱(Sinclair 1991,1996,2004)、托尼尼−博纳利(Tognini-Bonneli 2001)、卫乃兴(2001,2011a)等研究。毋庸讳言,词语搭配、类联接、语义趋向等概念与共选型式和构式之间的关系容易让人头晕目眩,上述 2.9 节所引用戈德堡(Goldberg 2019:1−2)的实例分析较为直观形象,不妨视为厘清相关概念的入门方式。

第 3 章

语义韵研究的理论、方法与应用[①]

3.1　引言

　　基于语料库的语义韵(semantic prosody)研究起源于 20 世纪 80 年代。辛克莱(Sinclair 1987,1991)基于语料库数据发现短语动词 SET in 倾向于与表示消极事件的主语共现,形成带有消极语义氛围的语境,这标志着语义韵研究的萌芽。洛(Louw 1993)首次正式使用 semantic prosody 这一术语。其中,prosody 一词源于弗斯(Firth)的音位学研究,而 semantic prosody 则反映了语言交际中词语组合所构成的态度意义,具有超越一定语言单位或跨距的特点。语义韵主要表达说话者的态度(Louw 2000:58),体现了短语单位与特定功能的共选,在词汇语法整合或组合中起决定作用(Sinclair 1996, 2004;Stubbs 2009)。

　　近 30 年来,基于语料库证据的语义韵研究日益兴起。斯图华特(Stewart 2010)的《语义韵——批判性评价》(*Semantic Prosody:A Critical Evaluation*)是第一部语义韵研究专著。这意味着语义韵研究理论与方法等方面逐渐走向体系化,探讨语义韵理论、研究方法和应用研究,梳理和确立相关研究体系具有重要意义。

3.2　语义韵理论

　　语义韵概念的界定和阐释主要可划分为"语义传染说""内涵意义说"和"功能说"(卫乃兴 2011a),反映了研究者对语义韵的形成机制、承载内容和实现目的的认识。

[①] 本章研究发表于《语料库语言学》创刊号(2014 年第 1 期)第 58 至 68 页,有改动。

3.2.1　语义传染说

"语义传染说"多采用语义"转移""感染""附着"等表述方式,旨在强调语境中的意义流动,体现搭配群共享的语义跨越词语界限、感染节点词的特征。洛(Louw 1993)指出,像 SET in 和 symptomatic of 等节点词的出现向读者(或听众)预示着带有特定语义特征的搭配词的出现,这就是"语义韵"在起作用。传染说认为,由于这些节点词习惯性地吸引某一类具有相同或相似语义特点的搭配词,并在文本中反复共现,结果使得节点词被传染上相关语义特点,整个跨距内弥漫着一种特殊的语义氛围,即语义韵(ibid.:157)。布勃利茨(Bublitz 1996)认为,这种节点词与搭配词习惯性共现形成特定语义氛围的因素在于:"在同一语境中反复使用某个词最终会产生语义转移,即该词从邻近词语获得某些语义特征"(ibid.:11)。随着使用频率的增加,感染或转移的语义特征会越来越明显(Stubbs 1995:50)。由此说明,语义韵意味着搭配词与节点词间的意义转移,这种转移是经过一段时间的语义"感染"才产生的。正是由于这种感染效应,一旦带有不同语义特征的异质词出现,就会与人们所期待的语义氛围发生冲突,即语义韵冲突(prosodic clash),常常表现为 irony 等语言现象(Louw 1993:164)。

"语义转移""语义感染""语义附着"等特点反映了语义韵的形成过程,折射出其形成机制和物质基础。其中,共选(co-selection)是主要形成机制,即人们在语言交际中倾向于选择某一类或几类语义特征的词语与某节点词搭配,它们反复共现形成特定的语义韵。这类词语组合总是和某(些)语义韵共选。其中弥漫的语义氛围使得节点词看上去像失去部分意思又获得新的意思。人们之所以在交际中如此共选是为了表达他们对特定事物或活动持有特别的态度,而表达这些态度又离不开特定的词语组合。因此,人类的主观评价与客观事件交互作用构成了语义韵形成的物质基础。不过,"传染说"也反映了一些缺陷。它未能厘清语义韵和语义趋向(即搭配词语义特征)之间的本质区别,而"节点词被传染上相关语义特点"之类的表述容易造成单个词具有语义韵的解读方式(李文中 2019:82)。

3.2.2　内涵意义说

把语义韵视为内涵意义的观点在相关研究中较为普遍(Whitsitt 2005;Stewart 2010)。例如,帕廷顿(Partington 1998)把语义韵描述为内涵义超越单个词的延伸;贝尔贝-萨尔迪尼亚(Berber-Sardinha 2000:93)将语义韵定义为"习惯性共现的词语组合所表达的内涵意义"。这类观点认为,内涵意义是语言评价手段之一,语义韵也用于评价事物的好坏,二者都可能表现为潜在的、不为直觉所感知的评价意义。这些研究趋于把语义韵等同于或部分地等同于词语的内涵意义,侧重于强调语义韵是词语内涵意义在搭配型式中的延伸(如 Hunston 2002;Partington 1998, 2004; Stubbs 2001 等)。

　　其中,帕廷顿(Partington 1998:67)认为,COMMIT 等词的消极内涵意义不仅存在于这些词本身,还在于其与搭配词所构成的短语单位之中。不过,他还指出,语义韵是内涵意义的一个方面,往往要延伸到一个语言单位以外,不易为研究者直接觉察(Partington 2004:131-132)。类似地,在斯塔布斯(Stubbs 2001)中有如是表述:"内涵意义用于表达讲话者个人的态度……是核心意义中最重要的成分"(ibid.:35),"语义韵(discourse prosody)用于表达说话者的态度……是说话者选择某种表达的原因"(ibid.:65)"需要依靠直觉来区别内在命题意义与内涵意义(或语义韵)"(ibid:106)等。霍斯顿(Hunston 2002:141-142)指出:"语义韵解释了内涵意义,即词语所承载的'真实'意义以外的意义。"这些表述似乎都暗示着内涵意义和语义韵之间存在同义关系。

　　不过,学界对两者的关系持有不同见解。例如,洛(Louw 2000:50)指出,语义韵并不只是内涵意义。内涵意义与重复事件的图式知识相关,而语义韵的本质是功能的、态度的。卫乃兴(2011a)强调,语义韵在很大程度上超越内涵意义,是语境层面上的暗藏态度意义。辛克莱(Sinclair 1996, 2003, 2004)主要使用attitudinal 描述语义韵,而几乎从未使用 connotational 一词。他主张对共现语境中所蕴含的语用意义和态度意义进行具体描述,而不只是积极或消极。

　　根据共选模型(参见 Sinclair 1996; Stubbs 2009)可以认为,语义韵和内涵意义之间存在本质联系,但属不同概念范畴。它们源于同一语言现象,但分属短语意义单位和单词意义单位。从短语意义单位看,词语组合共同实现某一态度意义即语义韵。然而,单词意义单位的观念根深蒂固,人们习惯性地赋予单个词特定的意义。根据词语结伴说(You should know a word by the company it keeps,Firth 1957),人们在交际中主要通过短语获取意义,而把意义分配给或赋予单个词是在此基础上建立的联系。然而,记忆中往往存储着同一节点词的多个词语组合(Hoey 2005),且它们所承载的态度意义具有隐藏特性,因此语义"分配"或"赋值"过程有很大的主观性和任意性。由此可见,根据语义韵所获得的单个词的言外之意一方面具有语义韵的某些特征,另一方面又会受到多种搭配词语义特征的影响而趋于模糊。再者,在理解意义时,内涵意义这一概念往往先入为主。因此,语义韵的界定和描述往往摆脱不了其影响。

3.2.3　功能说

　　以辛克莱(Sinclair 1996)为代表的语义韵"功能说"揭示了语义韵与态度

意义和交际意图紧密联系的本质特征,得到托尼尼-博纳利(Tognini-Bonelli 2001)、霍斯顿(Hunston 2002,2007)、斯塔布斯(Stubbs 2001,2009)等的赞同。他指出,语义韵更接近于"语义—语用"连续体的语用一侧(Sinclair 1996:87),主张将语义韵置于扩展意义单位模型中理解。该模型由核心词、词语搭配、类联接、语义选择趋向和语义韵五个要素共同界定。其中,语义韵是必需要素,表达了整个意义单位的交际目的和功能(Sinclair 1996;Stubbs 2009)。托尼尼-博纳利(Tognini-Bonelli 2001)倾向于把语义韵的语用功能置于核心位置。她指出,"说话者或作者在选择一个多词单位时,不仅要考虑到一个词相邻位置的词语和语法共选关系和限制关系,还要考虑到更远的语义选择趋向和相应的语用关系即语义韵(ibid.:111)。"其中,语义韵是话语选择的依据,在共选和限制关系中起决定性作用,确立了具有一定功能的语篇单位(functional discourse units)。

洛(Louw 2000:60)指出"语义韵的功能是用于表达说话者或作者对具体语用情景的态度,还用于创造讽刺效果"。斯塔布斯(Stubbs 2001:66)认为"语义韵表达评价意义,是话语选择的原因和实现话语功能的单位"。他提出用discourse prosody 替代 semantic prosody 来表示"超过一个语言单位、表达说话者态度的意义特征……这既能保持与说话者和听者之间的联系,也强调了其语篇衔接功能"(Stubbs 2001:66)。由此可见,语义韵所实现的功能还包括意义单位在语篇构建中的衔接作用。这进一步肯定了辛克莱(Sinclair)所强调的语用功能和语篇意义。

综上所述,语义韵"功能说"可视为从语义韵在交际中的具体实现以及其在语篇衔接中的作用进行描述和界定。辛克莱(Sinclair 1996)和托尼尼-博纳利(Tognini-Bonelli 2001)侧重于探讨短语单位内各要素如何交互作用实现具体的交际功能,从而确立语义韵在词汇语法组合中的统领作用。即语义韵是意义单位的核心成分,具有评价特征,是话语选择的首要依据,与内涵意义相区别。洛(Louw 2000)和斯塔布斯(Stubbs 2001)则进一步强调语义韵的功能延伸至语言表达与语用情景之间的关系,凸显了其在语篇构建中的作用。

由此,"功能说"可视为在"语义传染说"和"内涵意义说"基础上对语义韵的进一步提炼,是更高层次的抽象和概括,蕴含着其在语言研究中的重要地位。"功能说"不但揭示了语义韵与词汇和语法的本质联系,还发现了其在语言交际中的核心作用:它不仅统领着词汇和语法项的组合,实现特定的意义和功能,构成短语单位,还负责着语篇中短语单位的相互衔接。这一方面从语言交际或语用角度论证了语义韵的形成机制,阐释了语义韵"传染说"的理据,同时也厘清了其与内涵意义的本质区别。另一方面,"功能说"还奠定了语义韵至上的语言学意义:既然语义韵制约着交际中的词汇和语法选择,影响着语篇的衔接和连贯,那么无论是词汇、语法和语篇等语言现象的描述,还是相关语言现象的心理加工或认知机制的探索等都要把语义韵放在首要位置。

3.3 语义韵研究的基本方法

语义韵研究主要采纳数据驱动的方法(data-driven approach)和基于数据的方法(data-based approach)。此外,基于扩展意义单位模型的多重比较法逐步被采纳。

3.3.1 数据驱动的语义韵研究方法

数据驱动的研究利用统计手段计算和提取搭配词,根据显著搭配词语义特征归纳语义韵。该方法以语义韵"感染说"为主要理论基础,与"内涵意义说"关系紧密。如 3.1.1 节所述,节点词容易受搭配词语义的感染而产生特定的语义氛围即语义韵。由此,可以通过观察高频搭配词语义特征(如积极或消极语义)归纳语义韵特征,如托尼尼-博纳利(Tognini-Bonelli 2001)、肖忠华和麦克内里(Xiao & McEnery 2006)和卫乃兴(2002c)等。其中,积极或消极语义特征与词语的内涵意义密切关联。具体操作中,往往借助于计算机软件(如WordSmith Tools)提取一定跨距内的显著搭配词用于考察。这些搭配词与节点词未必具有语法上的直接限制关系,但其语义特征在一定程度上代表了节点词语境内所弥漫的语义氛围。例如,肖忠华和麦克内里(Xiao & McEnery 2006)借助于频数、MI 值等统计指标筛选出中英文近义词的显著搭配词,然后归纳语义韵特征。

此类研究主要依靠计算机程序进行自动统计测量、检索和提取,适用于大型语料库研究。此过程中人为因素的影响较少,有助于较为客观地揭示语义韵特征。然而,由于该方法更适用于搭配词语义特征较为明显的节点词,主要用于积极和消极语义韵研究,如洛(Louw 1993, 2000)、斯塔布斯(Stubbs 1995, 1996, 2001a, 2001b)、帕廷顿(Partington 1998)、霍斯顿(Hunston 2002)和施米特和卡特(Schmitt & Carter 2004)等。然而,搭配词语义特征的典型性与节点词的搭配范围密切相关。搭配范围越大,所提取的显著搭配词的代表性就越小,语义韵归纳的信度和效度都会受到影响。

3.3.2 基于数据的语义韵研究方法

基于数据的语义韵研究方法以"功能说"为主要理论基础。它通过考察更丰富的词语索引语境信息来确立短语意义单位的构成要素,然后根据各要素的特征概括短语单位的态度意义。如3.1.3节所述,"功能说"视语义韵为短语单位或扩展意义单位的交际目的和功能。实际语言运用中的交际目的往往更为微妙,远不止积极和消极两大类。基于数据的研究方法有助于考察更为具体的交际目的或功能。具体操作步骤包括:首先,利用统计抽样手段(如随机抽样)从语料库中提取足够数量有代表性的词语索引;其次,观察词语索引并确定类联接;再次,参照类联接检查和概括搭配词语义特征;最后,归纳语义韵。辛克莱(Sinclair 1996,1998)是该方法的典型应用实例,分别以 the naked eye、true feelings、brook、my place 等为节点词,归纳出"困难""不情愿""威胁、警告""非正式邀请"等较为具体的态度意义。类似的例子参见卫乃兴(2002a,b;2011a),李晓红、卫乃兴(2012a),陆军、卫乃兴(2012)等。

与数据驱动的方法相比,该方法有助于更为具体、精准地归纳出态度意义。这种态度意义可以隶属于"积极、消极"二分法以下。例如,"林奈双名法"(Linnaean-style binomial notation)就包括了宏观和微观两个层面的功能认定。宏观层面为基本态度意义,分为"积极"和"消极"两类,微观层面可有多种具体的态度意义或功能描述,如[积极、赞成]等,这种抽象所包含的信息比较全面(参见Morley & Partington 2009:141)。

3.3.3 多重比较法

上述方法都面临着一个难题:如何确保语义韵归纳的精准性和统一性?这直接制约着语义韵研究的深入开展,特别是对二语语义韵的型式特征、心理加工机制、认知规律等问题的解决有重要影响。多重比较法以扩展意义单位模型为框架,从类联接、词语搭配、语义选择趋向和语义韵等方面描述语言型式,构成比较分析的多个要素;然后以这些要素为对象,进行二语(如中国学习者英语)、目标语(如英语本族语)和母语(如汉语本族语)之间的多重比较(参见陆军2012;陆军、卫乃兴2013)。其中,各要素层面的多重比较能为揭示二语语义韵形成机制提供具体证据;母语与目标语的异同可以预测二语语义韵的偏离方向;二语与目标语之间的异同能够反映二语语义韵的偏离程度;二语与母语的趋同性则为揭示母语影响提供证据。由此,尽管语义韵归纳缺乏统一标准,多重比较法能为精准廓清二语语义韵的相对特征提供丰富的证据。

严格意义上讲,多重比较法并非与数据驱动的或基于数据的方法简单并列,而是基于数据的方法在对比短语学领域的具体发展。研究方法往往建立在一定的理论基础上,而理论发展又离不开具体的研究方法,二者相互促进,密不可分(参见 Stubbs 2009)。数据驱动的方法和基于数据的方法都基于语言使用的概率属性,分别以"语义传染说"和"功能说"为主要理论指导,同时也促进了语义韵理论的发展。多重比较法以"共选"特别是"功能说"为理论基础的同时,还整合了"对比分析"(CA)和"中介语对比分析"(CIA)的理论成果(参见 Granger 1998a:14),对语义韵研究的专业化和精确化具有启示意义,反映了语义韵研究方法的发展方向。

　　上述方法各有千秋。其中,数据驱动的方法适合大规模数据的自动提取和处理,但不利于揭示具体的态度意义或语用功能,对于所谓的语义韵反例也"无能为力"(参见 Whitsitt 2005);基于数据的方法有助于发现微妙的态度意义,但未必能反映具有统计意义的词语组合或短语单位,且具体态度意义认定的难度很大,不易在大规模研究中操作。多重比较法有助于克服态度意义认定困难的问题,但涉及多方面的数据,聚焦于对比研究,研究成本较高,适用范围相对较窄。不过,在实际研究中可将这些方法有机结合,如可使用数据驱动的方法来验证另外两种方法的研究发现,这样有助于得到更可靠的研究结果(参见 Tognini-Bonelli 2001:24)。

3.4　语义韵研究领域

　　随着语义韵理论和研究方法的深入探讨,语义韵研究已从单语文本研究扩展到多语对比研究等领域。主要可概括为:① 单语环境下的语义韵特征描述和影响因素探讨;② 双语语义韵对比分析;③ 二语语义韵特征探索。

3.4.1　单语文本中的语义韵特征研究

　　早期的语义韵研究在单语环境下开展,主要利用大型通用语料库调查语义韵特征和探讨研究方法,如辛克莱(Sinclair 1991,1996,1998)、斯塔布斯(Stubbs 1995,1996,2001a,2001b)、斯图华特(Stewart 2003)等。在此基础上逐步探讨出"数据驱动的"和"基于数据的"语义韵研究方法。其中,近义词语义韵的比较研究是一个亮点,如帕廷顿(Partington 1998)等。研究者注意到,不同词语(如近义词)在所构筑的典型语义韵上存在差异,即使同一词语在不同类型的文本中也会构筑不同的语义韵。于是,特定类型文本的语义韵特征备受关注,文学语篇尤为典型,如洛(Louw 1993)、阿道夫斯和卡特(Adolphs & Carter 2002)、斯塔布斯(Stubbs 2005)、阿道夫斯(Adolphs 2006)和奥哈洛伦(O'Halloran 2007)等。

　　相应地,专业文本的语义韵研究也逐步受到关注,倾向于以通用语料库为参照。例如,特里布尔(Tribble 2000)考察了欧盟项目建议书语料库中 EXPERIENCE 的语义韵特征。卫乃兴(2002a)利用 JDEST 语料库调查了学术文本中 CAUSE、CAREER 和 PROBABILITY 所形成的语义氛围。纳尔逊（Nelson 2006）概括了 COMPETITIVE、MARKET 和 EXPORT 在商务语篇中所实现的语义韵特征，并由此注意到专业文本特有的搭配的形成过程。郑梁慧莲（Cheng 2006）对 SARS 文本进行考察，试图说明习惯性词语共选对语篇意义和连贯的累积效应。

此类研究揭示了直觉未能直接觉察到的语义韵特征。这些特征与文本的专业领域密切相关（Hunston 2007）。"在特定的文类中，某些词可能会构筑该类文本特有的语义韵，即局部语义韵（local prosody），但并非所有关键词都这样"（Tribble 2000：86）。相关研究为语义韵"传染说""内涵意义说"和"功能说"的发展奠定了基础。

3.4.2　跨语言语义韵特征对比研究

随着语义韵理论和研究方法趋于完善，跨语言语义韵对比研究日渐兴起，主要包括不同语言中对应词语的语义韵对比研究。例如，帕廷顿（Partington 1998）通过语义韵分析揭示了英语和意大利语中的"假朋友"（false friends）现象；贝尔贝-萨尔迪尼亚（Berber-Sardinha 2000）和托尼尼-博纳利（Tognini-Bonelli 2001）分别开展了英语与葡萄牙语和英语与意大利语的语义韵对比研究；肖忠华和麦克内里（Xiao & McEnery 2006）比较分析了英汉近义词语义韵特征等；张继东和刘萍（2006）比较了英汉动词 happen、occur 和"发生"的语义韵。研究发现，即使是翻译对应词语也可能在语义韵上存在很大差异。

上述发现激发了研究者对跨语言语义韵对应机制等问题的兴趣。翻译活动和翻译文本的语义韵特征自然成为对比研究关注的对象。达姆-延森和泽森（Dam-Jensen & Zethsen 2008）考察了非本族语英语学习者在翻译中的语义韵意识；斯图华特（Stewart 2009）调查了英意翻译中的语义韵问题。卫乃兴、李晓红（Wei & Li 2013）、卫乃兴（2011b，2012a，2012b）、李晓红（2012）和陆军、卫乃兴（2012）等揭示了英汉对应的语义选择趋向和语义韵特征，以及它们在实现跨语言对等关系中的作用，从而探讨了英汉对应机制等问题，建立了基于扩展意义单位模型的对比短语学研究框架（参见卫乃兴、陆军 2014）。跨语言对比研究发现，语义韵是翻译中功能对等机制的核心内容，这从双语角度证实了语义韵在词汇和语法组合中的统领作用。

3.4.3　二语语义韵研究

二语语义韵研究也逐步成为热点，主要考察二语学习者语言与目标语在语义韵特征上的一致性和偏离程度。与 3.4.2 节中的跨语言对比研究相比，此类研究常使用目标语语料库作为参照语料库。随着学习者语料库研究的兴起,我国学者参照英语本族语语料库针对中国学习者英语语义韵特征陆续开展了大量研究(参见翟红华、方红秀 2009),如王海华和王同顺(2005)、卫乃兴(2006)、孙海燕(2004)、黄瑞红(2007)、王春艳(2009)、陆军(2010,2012)和陆军、卫乃兴(2013)等。研究发现,中国学习者英语与英语本族语在语义韵上可能存在明显差异(差异大小与英汉语本族语差异密切相关),但与汉语本族语总趋于高度一致。由此说明:母语语义韵知识在二语知识体系构建中起主导作用。这从二语角度揭示了词汇语法共选机制中语义韵起核心作用,对二语心理加工和认知规律探索具有启示意义。

3.4.4　其他领域的语义韵研究

此外,语义韵在心理语言学、二语习得、认知语言学,乃至于认知心理学等诸多应用研究领域中也引起强烈反响(如 Ellis & Frey 2009;Guo et al. 2011;Hauser & Schwarz 2016, 2018;Omidian & Siyanova-Chanturia 2019 等)。例如,埃利斯和弗雷(Ellis & Frey 2009)关注了语义韵的心理现实性。郭秀艳等人(Guo et al. 2011)讨论了二语语义韵的隐性、显性学习特征。豪泽和施瓦茨(Hauser & Schwarz 2016, 2018)探讨了语义韵对评价和判断的影响。奥米迪安和西亚诺娃-钱图里亚(Omidian & Siyanova-Chanturia 2019)从二语学习的角度对语义韵提出思考。不过,这些领域对语义韵有不同解读。

3.5　结语

综上所述,语义韵研究在理论探讨、方法建设和应用研究等方面都取得长足的发展,同时也都面临着新的挑战和发展机遇。

首先,语义韵理论体系构建趋于系统化,但迫切需要建立语义韵分类标准。"语义传染说""内涵意义说"和"功能说"从不同角度对语义韵进行描述和界定。这反映了语义韵理论体系的复杂性,有其独特的物质基础(短语单位与特定交际目的共选)、概念体系(与"内涵意义"相区别)和形成机制(如语义传染)。这种复杂性使得其在概念范畴上存在分歧。大量研究都指出,语义韵是潜意识的,不易为直觉所觉察,将隐性特征视为语义韵的根本特性(如 Louw 1993:169 - 171;Tognini-Bonelli 2001:112;Hunston 2001:21;Partington 2004a:131;Stewart 2010:9 等)。然而,根据施密特(Schmidt 1990, 1994, 2001)对意识的分类可知,隐性特征存在一个程度问题。正是由于不同隐性程度的存在,微观层面的态度意义难以统一,迫切需要建立满足语义韵研究需要的态度意义体系。这直接制约着像"是否所有的短语都表达语义韵?"等重要问题的探讨(参见 Stubbs 2009: 29)。

其次,语义韵归纳方法主要基于语言的概率属性,但面临着认知研究的挑战。基于概率的语义韵研究方法的确立反映了语义韵具有语言的根本属性,既是一种普遍的语言现象,同时也是一种抽象程度高于词汇和语法的要素,在语言表达中起统领作用。然而,语料库数据并不能够回答语义韵在多大程度上或在何种情况下能被人的直觉或潜意识所发现或觉察等问题。可以基于语料库数据形成相应的推论(如语义韵的"隐性"认知特征),但推论的准确验证还需要借助于认知心理研究等方法。

最后,语义韵研究正朝纵深方向发展,但需要开拓更广阔的应用前景。单语语境下的语义韵描述揭示了语义韵的特征、形成机制和交际功能;双语语义韵特征的异同在一定程度上反映了双语交际中语义韵的作用方式;二语与目标语在语义韵特征上的偏差更微妙地反映了语义韵在词汇语法共选机制中的核心作用。由此可以认为,语义韵研究正从语言本体的描述向语言认知加工研究延伸。事实上,既然语义韵是在语言交际中起主导作用的语言现象,它必然会受到语言学其他领域的关注,如语义韵如何被人脑认知、加工和处理等问题需要解释。与此同时,语义韵的交际主导作用本身也说明,它比其他语言现象更加能够对心理语言处理和认知加工研究贡献力量。这反映了其在语言科学和认知科学等研究领域的广阔应用前景。

第 4 章

二语共选型式研究的语料库技术

4.1 引言

本章首先介绍语料库研究的关键技术和概念(如 KWIC 技术等),然后描述开展相关研究所需要的主要语料库和分析模型,最后以 AntConc 检索软件为例,引入词语索引检索操作、搭配强度计算等技术。本章的一个亮点是使用了大家喜闻乐见的 Excel 软件实现统计抽样,其操作界面友好、方便快捷。通过本章内容,能够比较轻松地理解和掌握本书后续章节所涉及的语料处理技术,为独立开展相关语料库教学与研究准备技术条件。

4.2 语料库研究的关键技术与概念

语料库研究最具特色、最为基本的技术是 KWIC (Key Word In Context)技术。顾名思义,就是把关键词置于语境中,通过词语索引呈现出来。其中的 Key Word 通常译为关键词,但往往也描述为节点词(node)。KWIC 这一概念可追溯到辛克莱(Sinclair 1966)。他指出,"我们研究哪个词的搭配,这个词就是节点词,节点词前、后与其共现的词语的数量则为跨距(span),在跨距内的所有词语称为搭配词(collocate)"(ibid. 1966:415)。根据这一界定,搭配词是相对于节点词而言的,如果把搭配词作为节点词,那么原来的节点词则成为搭配词。需要指出的是,上述描述偏向于技术性。例如,这里的节点词和搭配词共现,但并非都构成"词语搭配"①;再如,尽管在实际研究中"关键词"与"节点词"所指称的内

---

① 尽管辛克莱(Sinclair 1991:171 - 172)借助 collocation 对 node 作了如下定义:The node word in a **collocation** is the one whose lexical behavior is under examination. 。但是 node 和 collocate 不限于典型词语搭配考察。例如,在二语学习者语言中,有很多词语序列不是典型的词语搭配。

容趋于相同,但是实际使用中存在一定差异:前者主要相对周围呈现的语境而言,主要突出观察的重点或关键点;后者则强调词语呈现的物理布局,往往与搭配词配对使用。另外,虽然 Key Word 或 Node Word 都是单数形式,但实际研究中可能是一个中英文词形(如 deny、否定),也可能是一个词元(lemma)(如 DENY、否定)①,还可能包括一个词语序列(如 be ignored, be denied, be known by 等)(参见陆军 2018)。简言之,它们往往是一个语言学单位或者带有一定的语言学特征(这一点与计算机数据库技术等领域对 key word 的界定相区分)。下文将这些概念置于具体案例中作进一步阐述。

KWIC 的实际操作是把节点词放在语境中间,前后的语境往往充满整行,一是为了便于观察、同时满足视觉美感需要。如表 4.1 和表 4.2 所示,有的语境可能跨越句子而超越紧密联系的搭配语境,因此在有些文献中甚至会形象地描述为 Key Word in Center。这种呈现方式通常借助语料库检索软件(如 AntConc、WordSmith Tools 等)来自动实现,其功能在于为观察关键词的搭配行为提供丰富的语境信息,包括词汇、语法、语义、语用等方面。如表 4.1 所示,deny 后面高频出现了表示人物的 NP1、同时还出现了表示事件的 NP2;进一步观察发现,这些表示事件的 NP2 趋向于表示积极语义;DENY + NP1 NP2 结构趋向于表示某一事物所带来的否定影响。再如表 4.2 所示,"否认"后面出现了"事物的客观规律""客观规律的作用""国家是国际法主体""理论的巨大意义"等 NP 或 S(句子);它们趋向于表示客观规律、真理。根据上下文语境信息进一步观察发现,这一类结构并非简单的"命题意义否定",而是趋于表达对"命题意义否定"的"不赞成"态度,即语用层面的"否定用法"。由此可见,KWIC 技术能够为揭示真实语言现象中的搭配规律提供丰富的数据信息。

KWIC 技术所提供的每一行语言信息或数据被称为词语索引(concordance),关键词或节点词处于中间,两侧的词都被称为搭配词(collocate)。机读语料库检索技术除提供大量词语索引数据以外,还可以通过设定关键词前后特定跨距(n 个词)提取跨距内的所有词语并统计相应的出现频数。跨距通常使用+/−n 表示(n 一般取 4 或 5)。其中,+n 表示节点词右边 n 个词以内,而−n 则表示节点词左边 n 个词以内。例如,表 4.1 中,跨距+4 范围内的搭配词分布为:access(1)②、air(1)、benefit(1)、by(1)、chance(1)、comfort(1)、encounter(1)、expected(1)、girls(1)、government(1)、her(1)、him(1)、his(1)、

---

① 词元中除了包括原形以外,还包括了所有的屈折变化。例如,词元 DENY 包括了 deny、denying、denies 和 denied 四种词形。

② 括号中的数字为共现频数。

Luftwaffe(1)、me(1)、means(1)、of(1)、opportunity(1)、people(1)、simple(1)、success(1)、superiority(1)、that's(1)、the(5)、their(1)、them(3)、this(1)、to(2)、Wolves(1)。与词语索引数据相似，我们可以根据该范围内的搭配词分布发现：这部分语料样本中 DENY 后面的搭配词主要包括表示人物的 NP1 搭配词和表示事物的 NP2 搭配词。这些信息不必对词语索引数据逐一阅读就可以获得，即观察速度快、效率高。但是，仅凭这些数据发现不了 DENY+ NP1 NP2 型式，也不能够准确得出相关语义和语用特征。

表 4.1　"DENY+ NP1 NP2"的词语索引(BNC)

raised about the morality of	denying	girls the **opportunity** to sing in
I suppose if a court	denied	me **access** to them, I might speak
Gallacher, the Villa full-back,	denied	Wolves **the chance** of extra time
days when Fighter Command	denied	the Luftwaffe air **superiority** in
remained at the base camp,	denying	them their expected **encounter** with
club. And no one will	deny	him his **success**, that's for sure.
claim to the coal, and in seeking to	deny	them **this**, the government was violating
Mr. Allen It is unprecedented to	deny	people **benefit** by means of a statutory
you after all. But he would	deny	her the simple **comfort** of being a

表 4.2　"否认+NP/S"的词语索引(MCC)

看作是财政分配的形式问题，	否认	它们之间的**本质联系**,这导源于
宣扬"上帝创世说",从根本上	否认	了现实的人具有意识的能动作用
义理论的必要性,实际上就是	否认	和取消党的思想政治工作。
他便比柏克烈更进一步,	否认	灵魂和上帝的假定,以为心理学
是原始佛教的哲学基础。佛教	否认	婆罗门教的创世说,同时也批判
论中有许多论述,除了那些	否认	艺术创作中有理解因素参予的观点外
意志论者强调的是绝对的自由,	否认	必然即客观规律的作用;宿命论则
关于原子不可分割的观点,恰好	否认	了事物内部存在着对立面,无法说明
更加疯狂,更加猖獗。他们根本	否认	事物的客观规律、客观标准,总是过
体的传统学说的观点:有的根本	否认	国家是国际法主体,而只承认个人
和绝对真理,既然要抛弃理性,	否认	理论的巨大意义,那么结论当然是
团。这个领导集团用种种诡辩来	否认	马克思列宁主义关于社会主义革命

（引自陆军 2018:62 – 68）

概而论之,KWIC 词语索引和特定跨距内搭配词分布统计都是语料库研究的常用方法,二者各有优势。其中,特定跨距内的词频统计法可以提供较为简明的搭配词词频表,搭配词分布将一目了然。然而,这些信息比较粗糙,并不能提供精准搭配信息。相比之下,KWIC 词语索引所提供的信息往往比较丰富,有利于精准获取相关形式、意义和功能方面的信息,但需要花费较多的时间和精力逐一审查。如果把两种方法结合起来,则能够优势互补,取得更好的研究效果。通常的做法是,先观察特定跨距内的搭配词总体分布趋势,然后利用词语索引获取形式、意义和功能等方面的共选特征。

4.3 词语索引的统计抽样技术

很多语言数据的总体非常大,由于时间、精力的限制,实际研究往往只能通过抽样手段观察其中部分数据。语料库是语言使用样本的集合,因此,抽样往往是语料库建设的一个重要环节。不仅建设语料库需要抽样,语料中的数据也可能很庞大,需要进一步做抽样处理才能用于研究。语言使用纷繁复杂,即使来自同一个总体或群体,也可能会有很多个体差异,往往需要通过随机抽样的方式来抵消。随机抽样有四种基本形式,即简单随机抽样、等距(离)抽样、分层抽样和整群抽样。其中前两种在词语索引观察时经常使用。理论上讲,简单随机抽样(simple random sampling)是指从含 N 个个体或单位的总体中任意抽取 n 个个体或单位作为样本,且使每个个体可能被抽中的概率相等。传统的研究通过随机数字(或随机数表)来实现任意性。语料库语言学研究往往使用检索软件实现词语索引数据的随机抽样(部分检索软件自身带有抽样功能)。为了便于说明,我们选用家喻户晓的 Excel 软件实现抽样。如果在 Excel 中安装"方方格子"插件(通过百度等搜索引擎查找和获取),可以灵活实现任意总体的随机抽样操作。如图 4.1 所示,先选中"方方格子"菜单,然后单击"统计与分析"按钮,就出现了"抽样"(图 4.2),点击"抽样"则出现图 4.3,其中,"选区"显示的是目标总体的记录范围。例如,图 4.3 中的"选区 1:18"表示接下来的操作是从第 1 到第 18 行的数据总体中抽取。中间一行显示的"随机抽取"字样 ○随机抽取 - [6] + 个样本 就表示"简单随机抽样"。例如,我们要从 18 行中随机抽取 6 行,则将中间的数值设定为 6。并在通过"颜色标注"设定抽样后的样本显示颜色(即抽样留痕)。勾选"颜色标注"和"导出样本",然后按"确定"按钮,所抽取的样本会在另一个工作表(sheet)中出现(见图 4.4),而在原来的工作表中则以相应的颜色标注(参见图 4.5)。

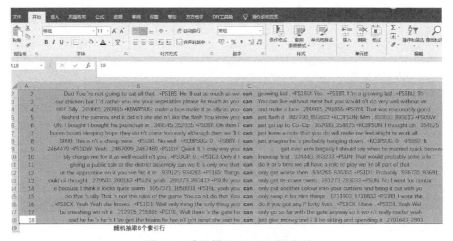

图 4.1　待抽样的 CAN 词语索引

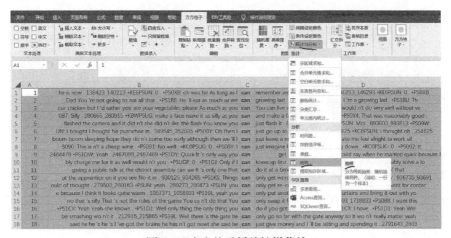

图 4.2　方方格子插件抽样菜单

图 4.3　方方格子插件抽样对话框

图4.4　简单随机抽样后产生的表单

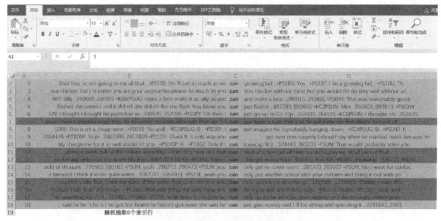

图4.5　简单随机抽样留痕

　　图4.4和图4.5显示,通过简单随机抽样法抽取的6个词语索引只有1个来自前9行数据,而其余5个样本都来自后9行。因此,在总体不大时,简单随机抽样有时会带有一定的偏误(bias)。可通过等距离抽样或系统抽样(Systematic Sampling)克服这类偏误。该抽样方法先将所抽取的词语索引总体按照源文本、抽取时间或其他某些与调查变量无关的参数排列起来,然后等间隔依次抽取。抽样间隔距离等于词语索引总行数除去需要观察的词语索引数所得到的商值再减掉1。例如,需要从5 000行词语索引中等距离抽出100条,首先通过5 000/100−1=49计算出间距。然后,分别抽取第1行、第51行、第101行、第151行、第201行……直至第4951行。也可从第2行、第3行、第4行……或第50行开始,同等间隔抽取(通过微调"选区"中的首个数字设定)。同理,从18行中等距离抽6行,间距则为18/6−1=2。如图4.6所示,点选 后分别填入2(间距)和1,勾选"颜色标注"和"导出样本"后点击"确定"按钮则快速生成新的数据表单并抽出目标样本(如图4.7所示),而原数据表中被抽取的样本

则通过相应的颜色标记显示(参见图 4.8 的抽样留痕)。AntConc 检索软件中的
"Show Every Nth Row"功能也可实现隔行抽样(参见图 4.9)。

图 4.6　随机抽样对话框设置

图 4.7　等距抽样形成的表单

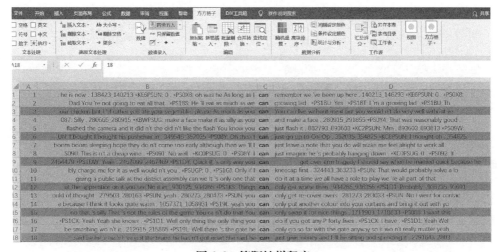

图 4.8　等距抽样留痕

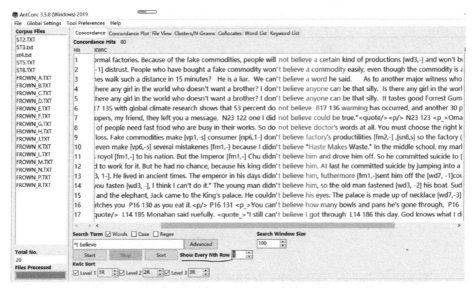

图 4.9　AntConc 中的隔行抽样功能

　　需要注意的是,平行语料库数据往往以双语句对的形式出现(如图 4.10 所示)。因此,抽样时需要考虑到句对的完整性或对应性,间隔的行数也应该是双数。例如,要从 1980 行的句对中随机抽取 30 例(即 30 个句对),我们先通过总行数 1980 除以样本数量 30 得到 66,然后从 66 减去 2(所抽取的句对包括 1 行原文和 1 行译文,共 2 行)得到抽样间距 64,最终形成“每隔 64 个样本抽取 2 个样本”的等距抽样设置(如图 4.11 所显示)。

1 1.我们欣慰地看到, 这种理性观点仍有支持者, 选民似乎没有被安全恐慌或者竞选尾声网络上企图抹黑马克龙的可疑传言所左右。
2 It is reassuring to see there is still an audience for this kind of rational argument — and that voters do not seem to have been swayed
3 2.然而在这件事中, 该体制被证明有能力应对这个问题。
4 Yet the system proved capable, on this occasion, of addressing the problem.
5 3.韩国被夹在亚洲外交政策两个霸主之间: 一个是美国, 它的影响力在滑坡, 但仍扮演着战略角色; 另一个是中国, 该国在亚洲正式
6 South Korea is caught between the two foreign policy hegemons of Asia — the US, whose influence has been waning but which none
7 4.但他可以采取一些切实措施, 包括停止例行赦免被判贪腐的高管。
8 But there are some concrete steps he can take, including ending the practice of routinely pardoning executives convicted of corruptio
9 5.三星(Samsung)集团实际负责人李在镕(Lee Jae-yong)因被控行贿正在受审。
10 Lee Jae-yong, de facto head of the Samsung conglomerate, is on trial for bribery.
11 6.如果他经公正、公开的审判被判有罪, 文在寅不应插手让他或其他高管免受法律制裁。
12 If he is convicted by a fair and open trial, Mr Moon should not intervene to save him or other executives from the law.
13 7.他可以废除一些反民主做法, 比如朴槿惠将那些被认为对当局不满的艺术家列入黑名单, 以及她神神秘秘的行事方式和对新闻界自
14 He can undo anti-democratic actions such as her blacklist on artists deemed unsympathetic to the administration and her modus ope
15 8.除了基础设施之外, 降低贸易壁垒和促进监管协调也被相当正确地列入了议程。
16 Lower trade barriers and regulatory harmonisation are, quite rightly, on the agenda alongside infrastructure.
17 9.支持项目建设的贷款将不会被偿还, 进而损害东道国的信用评级, 并导致不良资产堵塞中国的金融体系。
18 The loans that back them will not be repaid, hurting the host country's credit rating — and leaving bad assets clogging the Chinese fir
19 10.他还是这个被指责侵犯人权的政府的核心圈子中的一员。
20 He is also part of the inner circle of a government accused of human rights abuses.

图 4.10　平行语料库数据词语索引示例

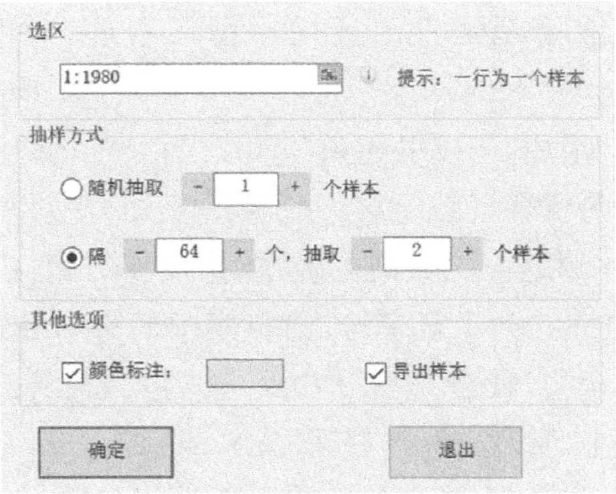

图 4.11　平行语料库数据抽样对话框设置

分层抽样法(stratified random sampling)也叫类型抽样法。它是按照总体中子总体(sub-population)的构成比例、从不同子总体中随机抽取样本(如词语索引样本)的方法。其目的是提高样本的代表性,减少抽样误差。例如,中国学习者英语语料库(CLEC)(桂诗春、杨惠中 2003)含有 ST2、ST3、ST4、ST5 和 ST6 子库(分别代表高中英语学习者、非英语专业低年级学习者、非英语专业高年级学习者、英语专业低年级学习者和英语专业高年级学习者的写作语料),各子库库容均为 20 万词左右,即各占 20%左右。因此,按照相应的比例对各子库分别抽样,所获得的样本要比对 5 个子库的总体直接抽样更加能够代表中国英语学习者的写作特征(如图 4.5 所说明)。此外,整群抽样(Cluster sampling)是指成簇地抽选样本(而不是以个体为单位)的一种抽样组织方式。例如,在建设口语语料库时,可采用该方法按照学习小组或学生班级抽取学习者口语样本,建立口语语料库。由于口语活动常常有小组会话等活动形式,小组由多个会话角色构成,因此一个完整会话活动的抽取必须包括相关小组的全部角色。这一问题可通过整群抽样法解决。分层抽样和整群抽样的具体操作可以为:先进行人工分层或整群处理,然后再应用上述随机抽样操作技术。约翰·辛克莱(John Sinclair)等语料库语言学家提出了采用随机样本相互验证的办法进行词语索引抽样。具体做法是:使用同一方法随机抽取两部分样本,一部分直接用于观察、发现规律,另一部分用于验证、修正前一次的观察结果。

4.4　语料库介绍

本书所采用的语料库主要包括三种类型:本族语语料库、二语学习者语料库以及英汉平行语料库。本族语语料库由英国国家语料库（British National Corpus，BNC）、国家语委现代汉语通用平衡语料库（简称现代汉语语料库（Modern Chinese Corpus，MCC））和 LOCNESS 语料库（The Louvain Corpus Of Native English Essays）组成。其中，BNC（http://www. natcorp. ox. ac. uk/）由两部分组成——书面语语料和口语语料，分别约 9 千余万词和 1 千余万词。其文本涉及应用科学、艺术、信仰思想、商业金融、休闲科幻、软科学、社会科学、世界事务等领域。MCC 全库约为 1 亿字符，语料库中的文本涉及三大领域：人文与社会科学（包括政法、历史、社会、经济、文学、艺术等类别语言材料）约占 50%，自然科学类（含农业、工业、医学、电子、工程技术等）约占 30%，综合类（包括应用文、难于归类的语料）约占 20%。MCC 在线提供免费检索的语料约 2 000 万字（http://www. aihanyu. org/cncorpus/cncindex. aspx）。LOCNESS 是本族语学生英语语料库（https://www. learnercorpusassociation. org/ resources/tools/locness-corpus/）。总库容 324 304 单词，其中英国高中生 A level 作文 60 209 单词，英国大学生作文 95 695 单词，美国大学生作文 168 400 单词，能够较好地代表本族语学习者的书面英语。这三个本族语语料库分别能够较好地代表英语和汉语母语，为观察二语学习者英语提供参照，同时为考察母语迁移等影响因素提供证据。此外，本书的研究还使用了 LOB 和 Brown 英语语料库（参见第 5 章）。

上海交通大学英汉平行语料库（JDPC）收集了含国际政治、科技、人文 3 个学科领域的双语文本，双语双向的多语域语料合计约 22 万句，总库容约为 900 万字（词）次，其中英语文本共有 6 170 个，总形符约 363 万词次、类符 5.5 万词；汉语文本 6 170 个，总形符 636 万字次、类符 4 607 个。本书的部分研究主要使用 JDPC 提供的典型的翻译对等，从而获得较为典型的双语对等词（参见李晶洁 2014）。

学习者语料库是基于语料库开展学习者语言研究的核心资源。自从格兰杰（Granger 1998b）建立了第一个国际学习者英语语料库（ICLE, International Corpus of Learner English）以来，国内外的研究者先后建立了不同类型的学习者语料库。如图 4.12 所示，按照语体可划分为口语语料库（如"中国学习者英语口语语料库"，杨惠中、卫乃兴 2005）和书面语语料库（如"中国学习者英语语料库"，CLEC，桂诗春、杨惠中 2003）。按照语料的加工状态可以分为标注语料库（tagged corpus）

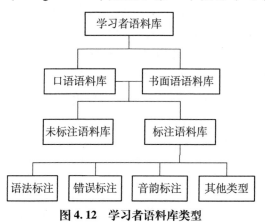

图 4.12　学习者语料库类型

和非标注语料库(untagged corpus)。标注可进一步分为语法标注、错误标注和语音标注等类型。研究者可根据具体需要选用,也可以去除相关标注。语料库标注有助于自动检索和统计分析,为观察特定语言范畴提供方便。不过,标注过程本身带有很强的主观性,在一定程度上让语料库数据的客观性打了折扣。为此,辛克莱(Sinclair 1991)提倡"干净文本原则"(clean text policy),即尽可能基于未作人工处理的语言数据开展研究,以减少主观因素的干扰。[①]

本书主要使用"中国学习者英语语料库"(CLEC)和"中国学生英语笔语语料库"(WECCL)。其中,CLEC 的库容为 100 多万词,包括了高中学生、非英语专业四级、非英语专业六级、英语专业低年级和英语专业高年级的写作语料(分别命名为 ST2、ST3、ST4、ST5 和 ST6 子库),并对语料中的言语失误进行标注。WECCL 是"中国学生英语口笔语语料库"(SWECCL)(文秋芳、梁茂成、晏小琴 2008)的笔语子库,词容约为 100 万,主要收集国内高校英语专业一至四年级学生的作文,由若干不同题目组成,以议论文为主,也包含少量记叙文和说明文,长度为 200~800 词不等,包括课堂限时和课外非限时作文两种写作条件。这两个二语学习者语料库用于反映中国学习者英语的特征。

目前,国际、国内已建成类别丰富的学习者语料库,可资使用(见表 4.3)。

表 4.3　学习者语言研究常用语料库列表

名称	类型	用途	开发单位/地区	母语背景	库容(形符)
CLC	Written	Commercial	England	多语种	
CLEC	Written	Academic	广东外语外贸大学、上海交通大学	汉语	1 029 795
COLSEC	Spoken	Academic	上海交通大学	汉语	723 299
HKUST	Written	Academic	香港科技大学	广东话	25 000 000
ICLE	Written	Academic	University of Louvain, Belgium	多语种	2 000 000
JEFLL	Written	Academic	Meikai University, Japan	日语	500 000
JPU	Written	Academic	University of Pecs, Hungary	匈牙利语	400 000
LLC	Written	Commercial	England	多语种	
MELD	Written	Academic	Montclair State University, USA	多语种	50 000
PELCRA	Written	Academic	University of Lodz, Poland	波兰语	500 000
TSLC	Written	Academic	香港大学	广东话	3 000 000

---

① 本段和 4.4.1 节内容引自卫乃兴、陆军(2018)。

（续表）

名称	类型	用途	开发单位/地区	母语背景	库容（形符）
USE	Written	Academic	Uppsala University, Sweden	瑞典语	1 000 000
SWECCL	Written & Spoken	Academic	北京外国语大学	汉语	1 000 000
MICASE	Spoken	Academic	Michigan University	多语种	1 848 364
BAWE	Written	Academic	Universities of Warwick, Reading and Oxford Brookes	多语种	1 089 298
BASE	Spoken	Academic	Universities of Warwick and Reading	多语种	1 644 942

（引自卫乃兴、陆军、李晶洁 2022）

4.5 基于语料库的二语分析框架

4.5.1 CIA 的基本原理[①]

格兰杰（Granger 1998）提出了"中介语对比分析"（Contrastive Interlanguage Approach），一直是二语语料库研究的经典模型。其主要特点和优越性如下：

首先，CIA 基于语言的概率属性，揭示典型二语特征。词语、词语组合、语法结构、语义特征和语用功能等语言现象都具有概率属性。有的在各类文本中高频出现，而有的仅仅在特定的语体或语篇中出现（Halliday 1993；Sinclair 1991）。学习者语言也不例外。概率属性决定了典型语言现象和可能语言现象（Gilquin & Gries 2009）之别。在这一点上，受制于人的语言直觉的局限等因素，传统的诱导数据和内省数据难以反映语言现象的典型性。与之相比，语料库是语言使用的样本，能够很好地代表和反映真实语言使用的概率属性和分布特征，而语料库数据处理技术则能够帮助揭示典型语言现象和典型使用特征。因此，与传统的对比分析相比，CIA 能够聚焦于典型语言现象，既可以通过学习者语言与目标本族语对比，也可以进行不同学习者群体的语言之间的对比；与传统的偏误分析相比，CIA 不仅可以分析学习者语言形式或功能上的错误，还可以揭示学习者语言现象的总体倾向，是揭示典型二语特征的有效途径。

其次，CIA 分析采用对比分析方法描述和解释学习者语言特征。所谓中介语对比分析，顾名思义，主要围绕学习者语言开展一系列的对比研究。主要包

[①] 本节和下一节部分内容引自卫乃兴、陆军（2018）和陆军（2018）。

括：① 二语学习者语言与本族语之间的比较。这是最为基础，也是最为经典的对比分析活动。通过对比，主要揭示中介语与目标语之间的异同，较为直观地反映二语使用倾向。② 二语学习者语言与本族语学习者之间的对比。与本族语学习者语料库相比，学习者语料库在库容上往往较为接近，再加上语料都来自"学习者"，且交际目的、任务、文类甚至题材都较为接近或相似而更具可比性，这使得该类对比分析比第一类更具价值。不过，二者都能反映多用、少用或误用等二语使用特征，但侧重点有所不同：前者侧重于反映二语学习者语言与目标语之间的差距，后者更侧重于反映二语学习者在特定学习阶段所面临的问题。③ 不同母语背景下的二语学习者语言之间的对比。这种对比分析有助于揭示不同母语背景的二语学习的共性特征。④ 同一母语背景、不同二语水平的学习者之间的对比，有助于反映二语能力的发展特征。

　　上述各类对比分析可以单独使用，也可以结合起来使用。其中，第一和第二类经常单独使用，也是早期的 CIA 研究所采用的主要对比维度（如 Granger 1998a；Howarth 1998 等）。相比之下，第三和第四类常常与其他类型的对比结合使用（如 Paquot 2013 等）。托诺（Tono 2004）的"多重比较模型"（multiple comparison model）强调了在同一研究中开展多种比较的价值：有助于确定学习者语言的具体特征及其影响因素。肖忠华、麦克内里和钱毓芳（Xiao，McEnery & Qian 2006）的"中介语对比分析修订模型"进一步拓展了 CIA 的内涵及其理论意义：通过多种比较相结合来诊断和预测学习者语言特征。词语搭配在近世语言学研究中具有重要地位及价值（Hoey 2005；Sinclair 1991，1996），因而也是 CIA 研究的重点对象（De Cock et al. 1998；Foster 2001；Granger 1998a；Nesselhaulf 2003；Wiktorsson 2003；卫乃兴 2006）。研究发现，二语搭配不仅在数量上与目标语差异明显，同时还表现出其特有的语义趋向特征和语义韵特征（陆军、卫乃兴 2014）。鉴于此，陆军、卫乃兴（2014）提出"基于扩展意义单位的多重比较模型"，强调同时在学习者语言、目标语和学习者的母语之间进行词语搭配、类联接、语义趋向和语义韵等范畴的多重对比研究，以期较为全面地揭示二语特征。

4.5.2　CIA 的分析技术

　　CIA 的分析技术包括"过少使用""过多使用"和"误用"。二语学习者语言研究的常用分析方法包括定量分析和定性分析。CIA 分析的优势在于其集定量和定性分析于一体。其中，定量分析手段包括"过多使用"和"过少使用"；而定性分析以"误用"为基本分析手段。过少使用是指与本族语者相比，二语学习者倾向于少用某些语言形式、意义或功能。例如，豪沃思（Howarth 1998）发现，与英语本族语者相比，EFL 英语学习者很少使用限制性搭配（restricted collocations）。过少使用往往预设着某些特别的因素,如缺少目标语搭配知识等,但由于语料缺乏而难以深入分析。与之相对,过多使用则意味着二语学习者过于频繁使用某些语言形式、意义或功能。例如,德科克等人（De Cock et al. 1998）发现,学习者话语中有过多使用某些程式语表达（formulaic expressions）的倾向。这些倾向预设着可能存在某些语言现象的误用。过多使用能够提供非常丰富的例证,有助于进一步开展误用分析,揭示影响二语特征的潜在因素（如母语迁移等）（如桂诗春、杨惠中 2003;杨惠中、桂诗春、杨达复 2005）。

基于"过少使用""过多使用"和"误用"等 CIA 基本思想,研究者先后总结出了多种语料库研究与二语习得研究相结合的模型,如博林和普吕茨（Borin & Prutz 2004）、托诺（Tono 2004）、肖忠华（Xiao 2007）、陆军（2012,2018）和陆军、卫乃兴（2013,2014）等。其中,博林和普吕茨（Borin & Prutz 2004：67‐87）通过以英语本族语语料和学习者的母语语料为参照,探讨了瑞典大学生英语写作中的母语句法迁移现象。他们提出了"学习者语料库与二语习得研究相结合的模型"（a model of learner corpora and SLA research）。如图 4.13 所示,该模型与格兰杰（Granger 1996：46）的整合模型共有很多特征,而其特色则在于具体、形象地列出了三种语言之间的五种常用比较（参见 4.4.1 节）,大都围绕 L2 开展比较分析。

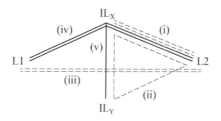

图 4.13 学习者语料库与二语习得研究相结合的模型（Borin & Prutz 2004：70）

为了说明真实教学环境下的中介语发展特征,托诺（Tono 2004）提出了"多重比较模型"（a multiple comparison model）。如图 4.14 所示,该模型包括了五大类型的比较:一是不同水平的或不同发展阶段的中介语之间的比较,二是中介语与目标语之间的比较,三是目标语与学习者母语之间的比较,四是中介语与学习者的母语之间的比较,五是把上述四种类型的比较整合起来。与博林和普吕茨（Borin & Prutz 2004）的"语料库与二语习得研究"模型相比,"多重比较模型"最大的亮点是把多种比较组合起来放在同一研究中开展。用托诺（Tono 2004：54）的话说,只有把这些不同类型的比较结合起来才能有效解决诸如"母语影响、二语输入效应、发展效应,以及二语内部影响"等问题。

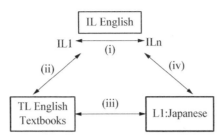

图 4.14　母语、目标语和中介语多重比较模型（Tono 2004：50）

肖忠华（Xiao 2007）提出"中介语对比分析修正模型"（Revised model of contrastive interlanguage analysis）。图 4.15 显示，修正模型主要聚焦于三个方面的应用潜势。① 中介语与母语之间的比较，可用于追溯潜在的母语迁移；② 中介语与目标语母语比较，可以确定二语学习者语言特有的多用（overuse）、少用（underuse）、误用（misuse）现象；③ 不同母语背景下的中介语比较，有助于揭示中介语的共有或共性特征。与格兰杰（Granger 1996，1998）、博林和普吕茨（Borin & Prutz 2004）和托诺（Tono 2004）等模型相比，肖忠华（Xiao 2007）强调了修正模型的"预测和诊断功能"（predicting and diagnosing power），体现了一定的应用语言学理论高度。

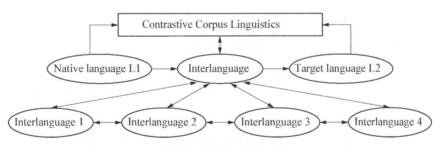

图 4.15　中介语对比分析修正模型（Xiao 2007：15）

上述模型的共同之处在于着重介绍语料库的工具性，但很少与具体语言学理论相结合。在一定意义上讲，作为语言学研究模型它们都缺乏一定的理论性，至少是缺乏语料库语言学理论的指导（以至于部分学者认为语料库语言学仅仅是一种方法而已）。不言而喻，无论模型或工具有多么先进，若找不到合适的理论指导，也无济于事；倘若理论指导不合适，也可能南辕北辙、适得其反。为此，我们尝试把词语搭配、型式、共选等语料库理论体系与二语习得研究相结合，开发了基于扩展意义单位模型（EUM -模型）的多重比较分析路径（An EUM-based

Multi-Comparison Approach）（参见陆军 2012,2018；陆军、卫乃兴 2013,2014）。该模型从学习者语料库和平行语料库数据开始,采用数据驱动的方式选定英语节点词和相应的汉语翻译对等,然后从多个维度开展多种语料之间的比较。具体内容可以分为两大部分（如图 4.16 所示）。

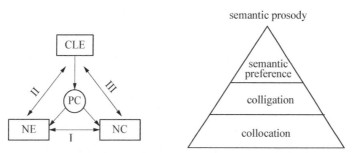

图 4.16 基于扩展意义单位模型（EUM –模型）的多重比较路径（参见陆军 2018）

注:NE（native English）、NC（native Chinese）和 CLE（Chinese learner English）分别指英语本族语、汉语本族语和中国学习者英语；PC 指英汉平行语料库。Collocation、colligation、semantic preference 和 semantic prosody 的区域大小说明了各个范畴的直观性（即对于研究者而言,collocation 最为直观,colligation 其次,semantic preference 的抽象程度较高,而 semantic prosody 的抽象程度最高）；而其从下到上的位置则说明了多重比较的次序。其中,semantic prosody 位于最高点,意味着其是整个短语序列的最高抽象度,也是抽象概括的最后一个环节（参见 Stubbs 2009,2013）。

首先,通过数据驱动的方式确定研究所需节点词。该模型往往通过二语学习者语料库建立词频表,然后选择高频词作为英语语料库检索和数据观察的节点词。通过这些英语节点词检索 JDPC 平行语料库获得双语词语索引数据,根据相应的对应词词频确立高频翻译对应词,用于汉语语料库检索。利用这种数据驱动的方式选择节点词有助于提高抽样的代表性。

其次,基于扩展意义单位模型开展多重比较。如图 4.16 所示,该模型从考察搭配词着手,先后根据语法特征概括类联接,基于搭配词语义特征概括语义趋向,通过共现型式所承载的态度意义概括语义韵。上述观察和概括包括英语本族语语料库、汉语本族语语料库以及学习者英语语料库。分别从搭配词、类联接、语义趋向和语义韵维度进行英语本族语 vs 汉语本族语、学习者英语 vs 英语本族语以及学习者英语 vs 汉语本族语比较（详见表 4.4）。根据维度之间的偏离程度和一致程度探讨二语学习者词语共选型式特征以及相应的影响因素（包括母语影响、目标语影响以及不同维度之间的相互作用等）。

表 4.4　基于扩展意义单位模型（EUM -模型）的多重比较分析

	比较对象	说　　明
I	英语本族语 vs. 汉语本族语	通过英汉本族语语料库证据比较英汉对等词在搭配词分布、类联接、语义趋向和语义韵等维度的相同点和差异性。预测二语学习者词语共选特征和影响因素。
II	学习者英语 vs. 英语本族语	比较学习者英语与英语本族语在搭配词分布、类联接、语义趋向和语义韵等维度的相同点和差异性。其中的差异可能具体体现为学习者英语中的多用、少用和误用现象。
III	学习者英语 vs. 汉语本族语	比较学习者英语与汉语本族语在搭配词分布、类联接、语义趋向和语义韵等维度的相同点和差异性。与母语特有特征的一致性程度说明了母语影响。

该模型与托诺（Tono 2004）的多重比较模型的相似之处在于都把多重比较整合在同一研究中，力图更全面地反映二语学习者语言特征。相比之下，我们的模型具有以下三个方面的独特考虑。第一，与根据语言直觉、词典提供的双语词条确定英汉对等词的操作方式不同，本研究强调基于数据驱动的路径确定搭配词和双语对应词，力图提高研究对象选择的代表性（根据二语词频表和平行语料库等标准选择节点词作为对象）；第二，本研究强调在扩展意义单位模型下开展多维度的多重比较，力图在短语学理论框架下开展应用研究；第三，与多种比较的简单并列相比（其英文翻译为 multi-comparison，而不是 multiple comparisons），本研究强调多维度比较的整合，力图为回答相关研究问题或论证相关研究发现提供较为全面的证据。一言蔽之，这三个特征中的第一点力图提高研究信度，第二和第三点则力图提高研究效度。

4.6　语料库检索软件 AntConc 的操作实例

4.6.1　检索操作

AntConc 是一款免费语料库检索工具（http://www. laurenceanthony. net/ software/antconc/）。以 AntConc 3.5.8（windows）版本为例，下载运行后，界面依次显示 File、Global Setting、Tool Preference 和 Help 四个主要标签，分别包括文件操作（执行读取、关闭、导入、导出等文件操作功能）、总体设置（执行字符编码、字体、颜色、标注码等方面的配置功能）、工具配置选项（分别对词语索引、索引统计分布图、文件视图、n 元序列、搭配词、关键词表、词表等主要语料库检索和处理工具进行优化配置）以及帮助功能。通过单击 File 下拉菜单中的"Open Files"，选择目标语料文件（可选择"Open Directory"打开整个文件夹）。在"Search Term"对话框中键入要检索的关键词或节点词，并在"Search Window Size"中设置词语索引长度后，单击"Start"按钮 [Start] 开始检索、呈现词语索引等信息。如果要以特定跨距内的共现词语（包括连续性和非连续性词语序列）为对象进行检索，则需要使用高级检索方式（Advanced）。具体操作步骤如下：

（1）在"Search Term"对话框中键入关键词或节点词"learn*"（*是通配符，表示以 learn 开头的任何字符串序列，包括 learn、learning、learned、learner、learns 等，详见表4.5）。

图4.17　AntConc 高级检索（Advanced Search）设置界面

（2）点击"Search Term"旁的 Advanced 按钮 [Advanced]，弹出"Advanced Search"选项卡（图4.17）。首选要勾选"Use context words and horizons"，然后在"Context Words"后的对话框输入搭配词、共现词或语境词（如 knowledge）并点击"添加"按钮 [Add]，使得搭配词 knowledge 添加到下面的文本框中。注意务必要执行以上"勾选"和"添加"操作。若需要更新或变换搭配词或语境词，则要先点击"清除"键 [Clear] 删除原有信息后重复上述操作。另外，还可以根据需要设置或调整搭配词跨距，如本次检索中将跨距设定为+/−5，所以"Context Horizon"确定为 [From 5L To 5R]（即节点词左右5个词），最后点击"应用"按钮 [Apply] 返回到检索主界面。

（3）单击"开始"按钮 [Start]，即可检索出在+/−5跨距范围内的词元 LEARN 与 knowledge 共现的所有词语索引（如图4.18所示）。单击 File 菜单栏出现"Save Output..."按钮，保存相关词语索引到独立的文件中。可以将相关词语索引数据复制到 Excel 表中进行抽样处理或直接观察（注意，提取后可能会出现含有像 learner 在内的噪音或杂质，因此，在观察时需要进行降噪处理。为了避免这些噪音，可采用另一种方法（用竖线"|"在检索中实现"或"功能），即在"Search Term"部分输入"learn|learned|learnt|learning|learns"进行检索）（注意：这不同于 WordSmith Tools 等检索软件的操作，后者使用斜杆"/"来实现此类"或"运算，即"learn/learned/learnt/learning/learns"）。

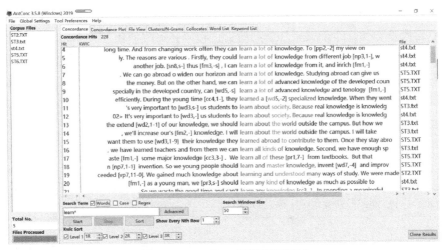

图 4.18　AntConc 词语索引界面

（4）单击词语索引界面的第二个标签"Concordance Plot"，可以得到相关词语索引的统计分布图。（如图 4.19 所示）LEARN 与 knowledge 共现的词语索引在 ST2、ST3、ST4、ST5 和 ST6 这 5 个子库中的频数分别为：14、97、77、31 和 9 次。据此可发现，在 ST3 和 ST4 中，LEARN 与 knowledge 最为高频共现，ST3 中尤为如此，且趋于平均分布；相比之下，ST6 中则很少出现。这种分布信息较为直观地显示了相关词语的统计信息，有助于为进一步观察词语索引数据提供宏观指导。

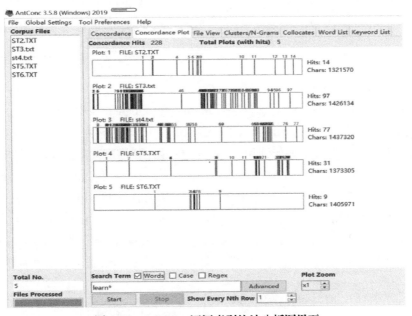

图 4.19　AntConc 词语索引统计分析图界面

通配符(WildCard)是一种代替一个或多个真正字符的特殊符号或语句,用于模糊搜索文件。除了"＊"以外,检索过程中还可以使用"+""?""@""#"等通配符,可用于某一类的词语或字符串检索。这些通配符的具体使用请参见表4.5。需要注意的是,通配符与其相关字符串之间不能有空格。此外,勾选Regex后,可以输入正则表达式对赋码语料进行检索(可以通过上网查询相关正则表达式的检索操作,本研究中基本未涉及此类操作,限于篇幅,不在本书内详细介绍)。

表4.5 通配符示例

通配符	通配符功能	检索词示例	检索结果说明
＊	0 或多个任意字符	learn＊	提取所有以 learn 开头的字符串为关键词的词语索引,包括 learn、learns、learnt、learned、learning、learner 等
+	0 或 1 个任意字符	learn+	提取所有以 learn 或 learn 再加上一个字母的字符串为关键词的词语索引,包括 learn、learns 和 learnt 等,但不包括 learned、learning、learner
?	1 个任意字符	learn?	提取所有以 learn 加上一个字母的字符串为关键词的词语索引,如 learnt 和 learns 等,但不包括 learn、learned、learning、learner
@	0 或 1 个任意字符串	tell@ of	能够提取所有以 tell of 或 tell sb. of 为关键词的词语索引
#	1 个任意字符串	tell#of	能够提取所有以 tell sb. of 为关键词的词语索引

4.6.2 搭配强度计算

AntConc 软件提供了相互信息值(Mutual Information Score, MI score)、对数似然值(Log-Likelihood)、MI+ Log-Likelihood、T-score 等搭配强度统计模块。现以 MI 值计算为例,介绍如何使用 AntConc 软件计算搭配强度。MI 值是度量两个事件(如两个单词 word1 和 word2)集合之间的相关性或相互依赖性(mutual dependence)的统计数(参见杨惠中 2002)。具体而言,该统计值表示互相共现的两个词中一个词对另一个词的影响程度,或者说一个词在语料库中出现的频数所能提供的关于另一个词出现的概率信息。MI 值越大,搭配强度越大,搭配越牢固。就本族语而言,一般认为,MI>3 具有统计意义。MI 值计算公式如下:

$$\mathrm{MI}(\mathrm{word}_1, \mathrm{word}_2) = \log_2\left[\frac{\mathrm{p}(\mathrm{word}_1 \& \mathrm{word}_2)}{\mathrm{p}(\mathrm{word}_1)\,\mathrm{p}(\mathrm{word}_2)}\right]$$

MI 值计算的具体操作步骤为:首先单击"Tool Preferences"标签,切换到统计界面。选择"Category"列中的"Collocates",并将"Collocate Measure"选定为MI。最后单击"Apply"按钮(见图 4.20)。

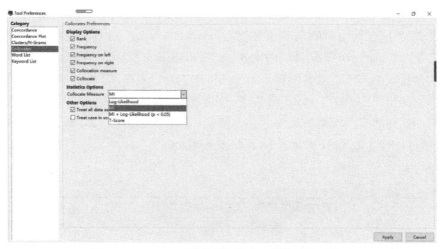

图 4.20　AntConc 搭配强度统计分析模型选项界面

然后在"Search Term"对话框中输入节点词(如 learn ∗),点击"Collocates"标签,调整合适的跨距后单击"Start"开始计算(计算需要运行一定的时间,时间长短因语料库大小不同而异)。结果如图 4.21 所示。其中,"Freq"、"Freq(L)"、"Freq(R)"和"Stat"分别表示"共现总频数"、"搭配词在节点词左侧的共现频数"、"搭配词在节点词右侧的共现频数"以及当前统计数 Stat(如所选定的 MI值)。可以在"Sort by"的选项中列出的"Sort by Freq"、"Sort by Freq(L)"、"Sort

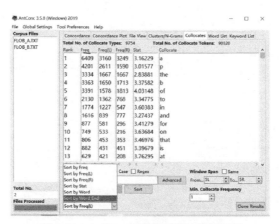

图 4.21　AntConc 搭配词词频分布界面

by Freq(R)"、"Sort by Stat"、"Sort by Word"和"Sort by Word End"选项中选择所需要的排序方式。

上述 AntConc 的统计计算未考虑屈折变化等方面的因素。如图 4.22 和图 4.23 所示,LEARN 与词形 having 的 MI 值没有考虑 have、has 和 had,而与词形 worked 的 MI 值并没有考虑到 LEARN 与词形 work、works、working 的共现。因此,需要先进行语料的词形还原处理(lemmatization),然后再进行统计计算。事实上,像 interested 等既可以用作过去式又可以用作形容词的词形,在这些软件的统计模块中也难以准确计算。此外,MI 值本身也有缺陷,如对低频共现不敏感等。例如,LEARN 与 value 只共现一次,但是 MI 值已高达 5.19。因此,实际研究中往往要求共现频数高于某一个阈值(如在 BNC 中 f>20)等,然后再通过 MI 值进行筛选和评估(参见 Xiao & McEnery 2006)。

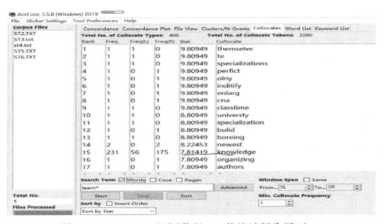

图 4.22   AntConc 词语共现 MI 值统计报告界面‑1

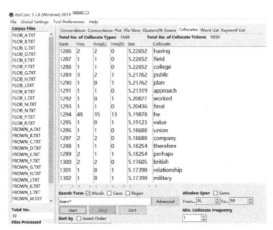

图 4.23   AntConc 词语共现 MI 值统计报告界面‑2

第 5 章

二语近义词搭配行为与语义韵研究①

5.1 引言

近义词(near synonyms)一直是语言教学研究关注的焦点。一方面,大量证据说明词汇习得很大程度上依靠意义类比记忆,特别是借助于意义相近的已知词来记忆新词;另一方面,同义关系是语义逻辑关系集的重要元素(Rudska et al. 1982,1985;Carter 1987:170‐3)。由于英语从其他语言中借用了大量词语,所以近义词或同义词特别丰富,成为学习的难点(林承璋、刘世平 2005:98)。然而,语料库证据表明,每一个词项都有其独特的搭配行为(Partington 1998:27)。同义词也不例外,它们一般只在概念意义上相同或接近,但在搭配词选择上并不能随意替换(Conzett 1997:70‐87;Tognini-Bonelli 2001:34)。例如,韩礼德(Halliday 1976:73)给出了非常经典的例证:在英语中 powerful car 和 strong tea 是典型搭配,但一般不说 powerful tea* 和 strong car*。此外,同义词所构成的短语单位在语义韵特征上也可能存在明显差异,例如 flexible 和 fickle 分别带有积极和消极的语义韵特征,构筑不同的语义韵(Tognini-Bonelli 2001:18‐24)。因此,所谓同义词其实只是一个认知概念,即人们把命题意义相同或非常接近的词视为同义,但它们很可能有着不同的搭配行为,趋于构筑不同的语义韵,因此,其本质上基本都是近义词。这种"同义词" vs "近义词"矛盾对外语学习产生了深远影响:一方面,学习者借助同义关系可以记忆大量词汇,扩大了学习者的词汇量,在一定程度上提高了其听力和阅读理解能力;另一方面,同义关系的建立和过度依赖成为学习者混淆相关词语使用的主要因素,在很大程度上影响了二语学习者口头和书面表达的准确性和地道性(参见 Ellis et al. 2008)。由此可

---

① 本章第一大部分内容曾发表于《现代外语》2010 年第 3 期。

见,通过近义词搭配行为和语义韵特征考察学习者在不同学习阶段的近义词使用特征具有重要实用价值。本章以英语本族语语料库为参照,从近义词的搭配行为和语义韵特征等角度探讨中国学习者英语的近义词使用特征、发展模式及其影响因素。

5.2　文献回顾

英国语言学家弗斯(Firth 1957)指出:词语搭配是词与词的结伴使用。以辛克莱(Sinclair)等人为代表的新弗斯学派发展了词语搭配的概念。麦金托什(McIntosh 1961)提出了搭配范围(collocational range)这一概念。他认为,任何词项都有其搭配范围。韩礼德(Halliday 1976:75)和辛克莱(Sinclair 1991:170)都将词项的线型共现作为搭配的界定标准,阐明了词语搭配是词项之间的组合关系。词语搭配也被定义为具体的词语序列,如纳丁格尔和德卡里科(Nattinger & DeCarrico 1992:1)、伯恩斯(Bahns 1993:57)和卫乃兴(2002a:100)等。为了区别,研究者使用"搭配行为"来描述搭配词分布和语义特征等比较具体的特征(如 Partington 1998;卫乃兴 2002a;Xiao & McEnery 2006 等)。在本书中,"搭配行为"用于描述近义词的搭配词分布及其语义特征。

汉克斯(Hanks 1988:124)最先主张"选择趋向"(selectional preference)这一说法。正如 2.6 节所述,"语义趋向"是由搭配词的共同语义特征(如"可见性"、"数量和尺寸"和"时间"等)所产生的搭配意义(Stubbs 2002:225;参见 Sinclair 1996,2004:32;Stubbs 2001b:65;卫乃兴 2002a:146)。然而,在实际语言运用中,搭配词并不总是表现出非常具体的语义特征。例如,辛克莱(Sinclair 1987,1991)观察发现,happen 和 set in 习惯性地与各种表示不愉快事件的词搭配。这些搭配词构筑了消极语义选择趋向(与之相对的则为积极语义选择趋向)(Bednarek 2008:119)。

这种具有某种语义特征的搭配词与节点词之间相互预见、相互限制,使得节点词的搭配行为显示出一种特殊的共现趋向:它们习惯性地吸引某一类具有相同或相似语义特点的搭配词,这些词反复地与节点词在文本中共现,节点词就被传染上相关的语义特点,使整个跨距内弥漫着一种特殊的语义氛围即语义韵(Louw 1993:156-9)。语义韵是一种意义,主要用于表达讲话人或作者的态度或评价(Louw 2000:58)。

语义选择趋向和语义韵相互区别、相互依赖。一方面,它们的作用范围不同,前者主要把具有相同语义特征的搭配词与节点词联系起来,而后者则影响到更宽泛的文本。另一方面,语义韵决定了整个语义氛围,限制了搭配词的选择,而语义韵本身又是节点词和典型搭配词共同作用的结果,这些搭配词的语义选择趋向构筑了语义韵(Partington 2004:151)。"由于语义韵的作用,只有符合一定语义特点的词项才能和某个特定的节点词相互吸引,共现于一个语境。任何异质词在语境中的出现,都可能造成语义韵冲突"(卫乃兴 2002a:177)。随着大型语料库和检索工具的开发,语义韵研究得到深入开展,如辛克莱(Sinclair 1991,1998,2004)、洛(Louw 1993,2000)、斯塔布斯(Stubbs 1995,1996,2001a,2001b,2009)、帕廷顿(Partington 1998,2004)、霍斯顿(Hunston 2002, 2007)、卫乃兴(2002a,2006)、施米特和卡特(Schmitt & Carter 2004)、肖忠华和麦克内里(Xiao & McEnery 2006)、莫利和帕廷顿(Morley & Partington 2009)等。现有研究把语义韵主要分为三类:消极语义韵(negative prosody)、中性语义韵(neutral prosody)和积极语义韵(positive prosody)(Stubbs 1996:176)。其中,消极语义韵表示节点词所吸引的搭配词几乎都带有强烈的消极语义特点,它们赋予节点词及其语境一种消极语义氛围(卫乃兴 2002a:158)。

随着语料库语言学研究的逐步推进,国内外基于语料库的近义词研究相继开展,主要包括基于语料库的近义词辨析方法探讨(张继东等 2005;杨节之 2007;张鸽 2008)、学习者英语与英语母语的近义词对比研究(孙海燕 2004;任培红 2008)以及双语视角下的近义词搭配行为和语义韵特征研究(Xiao & McEnery 2006)等。陆军(2018)调查了中国大学英语学习者的语义韵特征,发现其与目标语相差甚远,但与其母语语义韵趋于一致。本章研究考虑到不同学习阶段的学习者在近义词的搭配行为和相关短语单位的语义韵上可能表现出不同的特征;英语专业与非英语专业学习者之间存在较大的异质性(桂诗春、杨惠中 2003),在实践中也不是两个衔接的学习阶段,很有必要分别考察。本章首先以英语本族语语料为参照,力图从搭配行为和语义韵特征等角度来考察不同类型的中国英语学习者在不同学习阶段的近义词使用特点及其影响因素,然后基于语料库调查所取得的发现开展教学设计研究。

5.3　研究方法

5.3.1　研究问题

本研究试图回答以下 3 个问题:

(1) 在英语本族语中,近义词在搭配行为和语义韵特征等方面有何异同?

(2) 从高中到大学高年级阶段,中国学习者英语在近义词的搭配行为和语义韵特征上呈现出何种特征和发展模式?

(3) 影响学习者英语近义词使用特征和发展模式的主要因素是什么?

5.3.2　研究对象

本研究以"中国学习者英语语料库"（CLEC）（桂诗春、杨惠中　2003）中的 5 个子库 ST2、ST3、ST4、ST5 和 ST6 为研究对象。它们分别代表中学、非英语专业低年级与高年级，以及英语专业低年级与高年级的学习者英语。各子库的语料在题材上接近，库容均约为 20 万词，具有很好的可比性。近义词 CAUSE、LEAD to、RESULT in/from 和 BRING about 带有较明显的语义韵特征，在学习者语料库中的出现频数都比较高，因此，具有代表性，能够反映中国学习者英语近义词搭配行为和语义韵特征。

5.3.3　研究工具

除了 CLEC 以外，本研究还使用了 FLOB（Hundt et al. 1998）和 Frown（Hundt et al. 1999）语料库作为参照（简称 FLOB/Frown）。它们以 1991 年左右出版的英语母语文章为语料，库容均约为 100 万词。在上述语料库不能提供足够证据的情况下，借助于 LOB（Johansson et al. 1978）和 Brown（Francis & Kučera 1964）等语料库提供参照（简称 LOB/Brown）。

5.3.4　研究步骤

主要研究步骤包括以下四部分：

第一，词语索引提取。首先利用 WordSmith4.0，分别以 CAUSE、LEAD to、RESULT in/from 和 BRING about 为节点词从上述各子库和 FLOB/Frown 语料库中提取出相应的词语索引。由于 BRING about 的出现频率较低，所以从 FLOB/Frown 和 LOB/Brown 四个语料库中提取了所有含 BRING about 的词语索引作为参照。词语索引全部经过人工检查，以剔除重复行和不符合义项要求的词语索引。

第二，语义韵标注。由于上述近义词总体上带有较明显的消极语义韵特征，再加上中性和积极语义韵的界限并不总是很明晰，因此，本研究根据节点词的语境将之分为消极语义韵和非消极语义韵（包括中性和积极的）两大类。标注过程中，对少数语义韵特征不明显的词语索引进行专门提取，根据原文更丰富的上下文语境进行观察。对于极少数特别难以确定的节点词，与相关专家商榷后决定。

第三，搭配词提取。对节点词右侧充当宾语的 NP 型搭配词进行逐行提取（包括 RESULT from 和 CAUSE 被动语态中左侧 NP 型主语搭配词，也包括学习英语中用作上述成分的不恰当搭配词，如 CAUSE ill* 中的 ill）。

最后,统计分析与讨论。主要包括:① 近义词的频数、语义韵特征及其搭配词分布的数据统计;② 近义词语义韵特征、搭配行为及其影响因素的分析讨论。

5.4　近义词搭配行为与语义韵特征

5.4.1　近义词的频数分布

表5.1　近义词频数

	FLOB/Frown	ST2	ST3	ST4	ST5	ST6
CAUSE	260	5	102	109	69	127
LEAD to	267	4	51	75	26	73
RESULT in/from	186	0	22	29	8	16
BRING about	97*	0	9	22	7	26

* 注:英语母语语料库中的 BIGNG about 统计数据是基于 FLOB、Frown、LOB 和 Brown 统计的,下同。

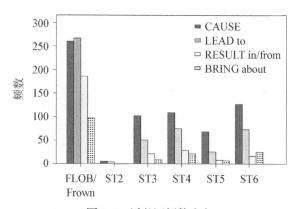

图 5.1　近义词频数分布

表 5.1 和图 5.1 数据表明:

(1)在英语母语中,近义词在频数分布上存在明显差异。从图 5.1 可以看出:在 FLOB/Frown 中,CAUSE 和 LEAD to 的频数接近,分别为 260 和 267 次;RESULT in/from 出现 186 次;BRING about 的频数最低,在 FLOB/Frown 和 LOB/Brown 中一共只出现 97 次。因此,近义词的频数分布也体现了语言系统的概率属性(Halliday 1991: 31)。

(2)ST2 和其他子库在近义词频数上差异很大。CAUSE 与 LEAD to 在 ST2

中一共只出现 9 次，没有出现 RESULT in/from 和 BRING about。与之相比，它们在 ST3、ST4、ST5 和 ST6 中的出现频数较高。因此，下文没有对 ST2 作进一步分析讨论。

（3）与英语母语相比，中国学习者倾向于使用单个词 CAUSE，低年级阶段更为明显。如图 5.1 所示，在 CLEC 中，CAUSE 的频数比 LEAD to 平均高出近 80%。在 ST4 中，LEAD to、RESULT in/from 和 BRING about 分别出现 75、29 和 22 次，而在 ST3 中只有 51、22 和 9 次；它们在 ST5 和 ST6 中分别出现 26、8、7 次和 73、16、26 次。这些分布与英语母语语料库的差异非常明显。

上述数据表明，近义词在英语母语和学习者英语中都表现出明显的频率特征；中国英语学习者倾向于使用单个词 CAUSE，随着年级的提高，使用短语动词的倾向增强，但跟英语母语相比，仍存在明显差异。其原因可能与中国学习者词语习得顺序、方式以及词语本身的频率特征有关。

5.4.2　近义词语义韵特征

表 5.2 数据表明，在英语母语中，上述近义词表现出比较明显的消极语义韵特征，是本书讨论的重点。为了节省篇幅，表中仅列出消极语义韵数据，积极和中性语义韵数据可以推算出。

表 5.2　搭配词语义特征分布

节点词	统计项目	FLOB/Frown	ST3	ST4	ST5	ST6
CAUSE	消极频数	209	63	72	64	112
	总频数	260	108	117	69	127
	百分比	80.4	58.3	61.5	92.8	88.2
LEAD to	消极频数	125	33	47	19	44
	总频数	267	51	75	26	73
	百分比	46.8	64.7	62.7	73.1	60.3
RESULT in/from	消极频数	86	11	18	2	14
	总频数	186	22	29	8	16
	百分比	46.2	50.0	62.1	25.0	87.5
BRING about	消极频数	34	5	14	4	10
	总频数	97	9	22	7	26
	百分比	35.1	55.6	63.6	57.1	38.5

5.4.2.1　英语母语近义词语义韵特征

在 FLOB/Frown 中,CAUSE、LEAD to、RESULT in/from 和 BRING about 的消极语义韵比例分别为 80.4%、46.8%、46.2%和 35.1%。数据说明,CAUSE 表现出很强的消极语义韵特征,而 BRING about 则带有明显的中性、积极语义韵;LEAD to 和 RESULT in/from 的两种语义韵特征各占近一半,为典型的错综语义韵特征。因此,在英语母语中,除了频率以外,近义词在语义韵特征上也存在差异。这也说明,在意思接近的情况下,母语者选择带有特定语义特征的词来实现特定的交际目的(Stubbs 2009:125)。

5.4.2.2　学习者英语近义词语义韵特征

在 ST3 中,4 个近义词的消极语义韵比例分别为 58.3%、64.7%、50.0%和 55.6%,ST4 中则为 61.5%、62.7%、62.1%和 63.6%。显然,在这两个子库中,近义词之间并没有表现出明显的语义韵差异;跟英语母语相比,CAUSE 的消极语义韵比例明显偏低,而 BRING about 则明显偏高。在 ST5 中,它们的消极语义韵比例分别为 92.8%、73.1%、25.0%和 57.1%,而在 ST6 中,则为 88.2%、60.3%、87.5%和 38.5%。

上述数据比较直观地说明了中国英语学习者在区分近义词语义韵特征方面存在不同程度的困难:非英语专业学习者在两个阶段都存在很大困难,与之相比,英语专业学习者的语义韵特征与英语母语比较接近,在高年级阶段最为接近。

5.4.3　近义词的搭配行为——搭配词分布与语义特征

语义韵是节点词趋于和一定语义范畴的词共现而产生的一种特殊搭配现象(卫乃兴 2002a:142)。因此,有必要通过考察各子库中近义词的搭配行为来揭示上述语义韵分布特征的影响因素。

5.4.3.1　英语母语的近义词搭配行为

首先,英语母语中,近义词在搭配词分布上存在明显差异。表 5.3 数据表明:在 FLOB/Frown 中,CAUSE 的搭配词形符数(Token)为 260,仅次于 LEAD to;类符数(Type)为 158,类符/形符比(TTR)为 61/百词,明显低于其他三个词(分别为 90、84 和 81/百词)。表 5.4 数据表明,在 FLOB/Frown 中,4 个近义词的高频搭配词(频数 f≥3)分别有 17、6、10 和 3 个。上述统计数据说明,4 个近义词中,CAUSE 的搭配词 TTR 最低,且高频搭配词的数量最多,因此,其搭配范围最小,搭配词的典型性倾向最强。

表 5.3　FLOB/Frown 中搭配词形符、类符分布

	CAUSE	LEAD to	RESULT in/from	BRING about
Token	260	267	186	97
Type	158	241	156	79
TTR	61	90	84	81

注:Token 和 Type 分别表示形符和类符;TTR 表示类符/形符比。

表 5.4　高频搭配词分布表(f≥3)

库	搭 配 词
FLOB/Frown	**CAUSE**：*damage*（18）；*problems*（11）；*pain*（7）；*death*（6）；*disease*（5）；*trouble*（5）；*harm*（4）；*concern*（4）；*surprise*（4）；*pressure*（4）；*event*（3）；*cancer*（3）；*accident*（3）；*degradation*（3）；*inconvenience*（3）；*pollution*（3）；*symptoms*（3） **LEAD to**：*accident*（3）；*death*（3）；*decision*（3）；*increase*（3）；*loss*（3）；*problem*（3） **RESULT in/from**：*change*（7）；*loss*（6）；*increase*（4）；*damage*（3）；*death*（3）；*improvement*（3）；*injury*（3）；*problem*（3）；*project*（3）；*value*（3） **BRING about**：*change*（7）；*this*（6）；*it*（4）
ST3	**CAUSE**：*change*（26）；*problem*（11）；*shortage of*（9）；*that*...（从句）（6）；*disease*（5）；*it*（5）；*pollution*（3）；*this*（3） **LEAD to**：*success*（6）；*shortage*（4） **RESULT in/from**：*shortage*（4） **BRING about**：*change*（3）
ST4	**CAUSE**：*change*（21）；*that*...（从句）（12）；*failure*（4）；*accident*（3）；*death*（3）；*problem*（3）；*result*（3）；*waste of*（3）；*this*（3） **LEAD to**：*failure*（10）；*success*（9）；*change*（4）；*death*（4）；*shortage*（3） **RESULT in/from**：*change*（3）；*failure*（3）；*waste*（3）
ST5	**CAUSE**：*problems*（10）；*cancer*（6）；*disease*（6）；*accident*（3） **LEAD to**：*cancer*（4）；*problem*（3） **BRING about**：*problem*（3）
ST6	**CAUSE**：*trouble*（9）；*evil*（6）；*problems*（6）；*controversy*（5）；*pain*（4）；*abuse*（3） **LEAD to**：*evil*（6）；*crime*（3） **BRING about**：*painless death*（8）

注:括号中的数字表示搭配词与节点词的共现频数,下同。

　　其次,CAUSE 和 BRING about 表现出明显的语义选择趋向。表 5.4 的高频搭配词数据表明,CAUSE 主要与 damage、problem、pain、death、disease 等带有明

显消极涵义的词高频共现,构筑了"引起消极事件发生"或"造成消极结果"的语义氛围;LEAD to 和 RESULT in/from 既和表示明显消极含义的词如 accident、death、loss、damage 等共现,也有大量表示中性、积极涵义的搭配词,如 decision、value、increase、improvement 等,没有明确的语义选择趋向;BRING about 的高频搭配词有 change (7)、this (6) 和 it (4),表面上看并没有明显的语义趋向。然而,通过观察词语索引语境发现,这些词主要用于表示中性和积极的"变化"或"事件",它们与 BRING about 一起构筑了"产生中性、积极变化或事件"的语义氛围。搭配词数据说明,近义词语义韵特征差异与搭配词分布密切相关;其中 CAUSE 和 BRING about 有明显的语义选择趋向,再加上 CAUSE 表现出很强的搭配典型性,是下文考察学习者语料的主要参照。

5.4.3.2 学习者英语近义词搭配行为

表 5.4 数据表明,学习者语料库中,高频搭配词(频数 f≥3)只占一小部分。因此,低频搭配词(f≤2)占很大比例,也是反映学习者语言特征的重要证据。因此,下文将分别进行考察和讨论。

1) 高频搭配词

ST3 和 ST4 中都出现了多个近义词与同一搭配词高频共现的情况,如在 ST3 中:CAUSE + shortage (9)、LEAD to + shortage (4) 和 RESULT in/from + shortage (4);CAUSE + change (26) 和 BRING about + change (3);类似地,ST4 中出现了 CAUSE + change (21)、LEAD to + change(4) 和 RESULT in/from + change (3);CAUSE + failure (4)、LEAD to + failure(10)、RESULT in/from + failure (3)。其中,CAUSE + change 分别出现 26 和 21 次,占相应子库中 CAUSE 搭配词总数的 25.0% 和 18.4%。词语索引原文表明(见表 5.5):它们基本都用于表示"经济发展""生活水平提高""寿命增长""婴儿死亡率下降"等积极变化。然而,肖忠华和麦克内里(Xiao & McEnery 2006:115 - 6)研究发现,在"英国国家语料库"BNC 中,change(s)是 CAUSE 和 BRING about 的显著搭配词,它们共现 158 次和 400 次,但分别构筑了典型的消极语义韵和积极语义韵。

此外,在 ST3 和 ST4 中,CAUSE + this 和 CAUSE +it 分别出现 6 和 7 次,除 3 例用于表示"缺水",带有消极涵义外,其余都表示"婴儿死亡率下降""经济发展"等积极涵义。因此,ST3 和 ST4 中存在大量使用 CAUSE 替代 BRING about 的倾向,结果出现了很多 CAUSE+ change/it/this 用于表示"引起积极的变化"或"产生了积极的事件"。这同时也说明,仅仅依靠搭配词本身并不能准确判断学习者英语的语义韵特征。

表 5.5　ST3 和 ST4 中的 CAUSE + change 词语索引示例

序号	例　　证
1.	In a word, life expectancy was increasing, infant mortality was declined. What **causes** the changes?
2.	And Infant mortality was 250 deaths per 1 000 births in 1960. But in 1990 it was 100 deaths per 1 000 births. There are several reasons that **causes** this change.
3.	In 1960, one-fifth infants died of 1 000 births, while in 1990, one-tenth infants died. The most important reason which **caused** these changes was the development of . . .
4.	Second, medical career make great progress and so forth. In short, mainly, economy **caused** the change of . . .
5.	The mainly reason is that science technology is developing very fast. That **causes** the great change of . . .

　　ST5 和 ST6 中也存在多个近义词与同一搭配词高频共现的现象,但少于 ST3 和 ST4。例如,ST5 中出现了 CAUSE + cancer(6)和 LEAD to + cancer (4); CAUSE + problem (10)、LEAD to + problem (3)和 BRING about + problem (3)。 在 ST6 中出现了 CAUSE + evil(6)和 LEAD to + evil(6),BRING about + painless death 也出现了 8 次,但词语索引表明这些词语组合主要用于表达“安乐死”这一无痛苦的死亡,并没有消极涵义。

　　这种语义韵差异较大的近义词与同一搭配词高频共现的现象说明,学习者英语中存在近义词替代倾向;相比而言,英语专业学习者的近义词替代倾向不如非英语专业强,由此所产生的语义韵冲突现象较少;非英语专业学习者大量使用 CAUSE 来替代 BRING about 而造成语义韵冲突的现象,这说明他们没有掌握这两个近义词的语义韵特征。

　　观察发现,这些有近义词替代倾向的词语组合基本都可以按照汉语意思逐词翻译得到。例如,CAUSE + change 与“引起变化”,且后者在大部分词语索引原文的写作提示中出现。再如, BRING about + problem 与“产生问题”、 CAUSE + this 与“产生这(个变化)”等。由此说明,学习者英语中的近义词替代与按照汉语意思逐词翻译有关。

　　2) 低频搭配词

　　低频搭配词的类型和数量因节点词而异,在各子库中分布不一。它们大部分语义比较明晰,结构可变性较大,属于自由组合,如 CAUSE the variation/ result,LEAD to the outcome/the same result/a high income 等。伯恩斯(Bahns 1993:61)指出,英语中大量词语搭配在第一语言中都可以直接对译

（straightforward translation）。上述自由组合就是典型的例子,因此,无法确定它们是逐词翻译的结果还是从记忆中整体提取的"词块"。然而,观察发现,学习者语料中还存在大量不恰当的词语组合。这类组合整体提取的可能性很小,有助于反映学习者的搭配行为。豪沃思（Howarth 1998：179 - 180）把非本族语者的"搭配不当"（phraseological deviation）分为语法不当（grammatical deviation）和词义不当（semantic deviation）两类。

（1）语法不当。表 5.6 列出了语法不当的搭配词例证,ST5 和 ST6 中的错误频数明显低于 ST3 和 ST4。其中,"CAUSE +（that）从句"结构在 ST3 和 ST4 中分别出现 6 和 12 次。观察发现:它们与按照汉语意思逐词翻译密切相关,如 "cause you must do it again" "cause people's living condition improved" 和 "causes people live in a good condition" 等。如果把它们按照字面意思翻译成汉语,分别得到"使你必须再做一次""使人们的生活条件提高了"和"使人们过上好条件"。再如 CAUSE ill、CAUSE a sick person death、CAUSE fat、CAUSE it taken place、CAUSE jealous 等则得到"引起生病""导致一个病人死亡""导致肥胖""使之发生"和"引起妒忌"。对照原文词语索引发现,这些译文基本都符合原文所要表达的意思。因此,这些语法不当的词语组合很可能是逐词翻译的产物。

表 5.6　语法不当示例

子库	搭　配　词
ST3	**CAUSE**：*it taken place*；*sick and death*；*them adjust society*；*things burned*；*to feel alive and relaxed*；*that* 从句 **LEAD to**：*decreasing of fresh water*；*fresh water's shortage*；*condition improve*；*perfect*；*reduce the fresh water*；*unemploy**；*whole river to lake useless* **RESULT in/from**：*urgent using of*
ST4	**CAUSE**：*a sick person death*；*developing of*；*health state increase*；*ill*；*phenomena*；*that* 从句 **LEAD to**：*haste makes waste*；*come back history*；*failing doing the things*；*forget*；*people's losing sights*；*succeed easily*；*the population on the rise*；*unceccess**；*perfect* **RESULT in/from**：*wrong* **BRING about**：*inconvenient*
ST5	**CAUSE**：*fat*；*people homeless*；*people unhealthy*；*to reduce his life*；*to short you life*
ST6	**CAUSE**：*family violent*；*heat controversy*；*jealous*；*people think*；*public discontended** **LEAD to**：*evil*；*approach break-down*；*break through* **BRING about**：*bookish*

注：＊表示原语料中存在的拼写错误。

（2）语义不当。英语母语语料库证据表明:CAUSE 的词语型式带有典型的消极语义韵特征,而 BRING about 则主要与表示中性和积极涵义的词语共现。在 ST3 和 ST4 中,与 BRING about 搭配的有 *pollution*、*trouble*、*failure*、*difficulty*、*loss*、*bad reaction*、*bad effect* 和 *mistake* 等带有消极涵义的搭配词,而与 CAUSE 搭配的则有 *success*、*development*、*improvement*、*increase of life expectancy* 等带有积极涵义的搭配词。在 ST5 和 ST6 中,与 BRING about 共现的有 *evils*、*traumatic experience*、*tragedies*、*trouble*、*disadvantages* 等带有明显消极涵义的词。这些搭配词不符合相应节点词的语义选择趋向,其原因在于 CAUSE 和 BRING about 的替代使用。不过,这些词语组合基本都可以按照汉语意思逐词翻译得到。

近义词高频和低频搭配词数据表明:① 学习者英语中存在近义词替代倾向,特别是 CAUSE 和 BRING about 的替代使用;② 他们在近义词使用上表现出不同程度地依赖汉语意思"逐词翻译"的倾向。非英语专业学习者在这些倾向上比英语专业学习者强。

5.5　讨论

5.5.1　近义词的搭配行为和语义韵特征

语义韵表明词汇往往吸引某一类具有相同或相似语义特征的搭配词,体现说话者意图、态度或实施具体的功能(参见 Sinclair 1996;卫乃兴 2008:30)。在英语母语中,CAUSE 主要与带有明显消极涵义的词汇搭配,构筑了"引起消极事件发生"或"造成消极结果"的语义氛围。与之相对,BRING about 的搭配词则主要用于表示中性和积极的涵义,构筑了"产生中性/积极事件或结果"的语义氛围。LEAD to 和 RESULT in/from 没有明显的语义选择趋向,所构筑的语义韵特征不明显。因此,这些近义词在搭配行为和所构筑的语义韵特征上存在差异。

5.5.2　学习者英语的近义词搭配行为和语义韵特征

数据表明,大学英语学习者的近义词使用能力比中学英语学习者有明显提高。跟英语本族语相比,在近义词使用上,中国学习者倾向于高频使用单个词,而短语动词的使用频率明显偏低。中国英语学习者在区别近义词的搭配行为和语义韵特征方面存在不同程度的困难,主要表现为近义词替代,特别是使用单个词 CAUSE 替代短语动词的倾向尤为明显,结果产生了大量语义韵冲突的词语组合。

非英语专业与英语专业学习者在近义词使用上存在差异。前者在低年级和高年级阶段都表现出很强的近义词替代倾向,语义韵冲突现象比较严重。相比而言,英语专业学习者近义词替代倾向较弱,语义韵冲突现象较少,在高年级阶段与英语母语最为接近。这种不同程度的近义词替代造成学习者英语与英语母语在近义词语义韵特征上存在不同程度的差异。该发现证实了对两类学习者语料分别考察的必要性,同时也说明了语义韵问题是学习者中普遍存在的现象。

5.5.3　原因分析

二语习得研究表明,学习者语言的很多特点主要归因于母语和目的语的影响。科德(Corder 1981：24)认为,学习者许多特有的语言(idiosyncratic language)与母语干扰有关,同时受到语内迁移影响。詹姆斯(James 2001)讨论了与搭配有关的语内迁移错误。他指出,学习者在缺乏合适的表达时倾向于使用一个意义接近的词来替代。

本研究发现中国学习者在英语近义词使用上同样受到这两方面因素的影响。一方面,表现出不同程度地依赖汉语意思"逐词翻译"的倾向。另一方面,英文中存在大量近义词,它们在概念意思上相近,但在搭配行为和语义韵特征上存在差异。由于学习者缺乏这些搭配知识,所以在英语表达中表现出不同程度的近义词替代倾向,导致了语义韵冲突现象。

纽马克(Newmark 1966：99)和詹姆斯(James 2001：175)认为母语干扰是学习者对目标语掌握不够的结果。本研究发现学习者英语中的近义词替代与按照汉语意思"逐词翻译"密切相关,但影响学习者近义词使用特征的根本原因则在于其近义词搭配行为和语义韵知识的欠缺。换言之,如果学习者掌握了这些搭配知识,逐词翻译和近义词替代倾向就会大大减少。这一发现解释了豪沃思(Howarth 1998：180)的研究结论:"造成学习者英语中语义不当等异常搭配的原因是过度替代。"这种过度替代与学习者对相关词的搭配行为和语义韵知识的掌握程度密切相关。

此外,由于英语专业与非英语专业学习者在学习机会、动机和目标等方面存在明显差异,他们的近义词使用特征和发展模式必然存在差异。因此,不宜将这两类学习者简单地视为两个学习阶段进行探讨。

5.6　语料库调查结论与英语近义词教学设计

5.6.1　语料库调查结论

本研究首先利用语料证据考察了不同类别的中国英语学习者的近义词使用情况。研究发现:① 近义词在搭配行为和语义韵特征上存在差异,中国英语学习者在区别这些特征方面存在不同程度的困难,主要表现为不同程度的近义词替代倾向和语义韵冲突现象。跟英语本族语者相比,中国学习者倾向于过度使用单个词来替代意义相近的短语动词。② 学习者在大学阶段的近义词使用能力比中学阶段有明显提高。非英语专业与英语专业学习者在近义词的搭配行为和语义韵特征上存在明显差异。③ 学习者英语近义词使用特征和发展模式与不同程度地依赖汉语意思"逐词翻译"密切相关，但根本原因则在于其近义词搭配行为和语义韵知识的欠缺。④ 对不同类别的学习者英语分别考察具有实际意义。本研究通过参照英语本族语语料来揭示学习者英语近义词使用特征。英汉平行语料库和可比语料库证据对进一步探讨英语近义词及其翻译对应词的搭配行为与语义韵特征具有潜在价值。

5.6.2　基于语料库的近义词教学设计探讨

上述结论表明，中国英语学习者在近义词的搭配行为和语义韵知识方面存在不足，非英语专业学习者尤为严重。这对英语教学改革有一定的启示意义。**从宏观规划上讲，要在教学大纲和教材编写中重视词语搭配。**辛克莱和雷努夫（Sinclair & Renouf 1988：148）根据 COBUILD 项目的研究成果提出："词语应当在教学大纲中占据中心位置，一般语言学习课程的焦点应该是语言中最常用的词形、它们的主要用法型式（patterning）以及其形成的典型组合。"研究表明，词的主要用法型式和典型组合是区别近义词搭配行为和语义韵特征的重要依据（Tognini-Bonelli 2001：34）。在我国，教材和教学大纲对教学的指导作用尤其重要。然而，传统的教学大纲和教材都以单词列表为主。因此，把词语搭配纳入教材和大纲编写是一项值得尝试的课题。

在具体教学实践中，需要重视基于语料库证据的近义词教学。"语义韵知识对语言学习者和翻译工作者区分近义词以及选择翻译对应词具有重要价值"（Morley & Partington 2009：140）。英语中存在大量近义词，它们在搭配行为和语义韵上存在不同程度的差异。而语义韵的差异即便是母语者仅凭直觉也难以觉察（Louw 1993：173；Partington 1998：68；Hunston 2002：142），需要依靠观察大量语料证据来甄别。鉴于中国英语学习者由于搭配行为和语义韵知识欠缺而造成近义词替代这一事实，有必要在教学中帮助他们学会使用语料库证据来区分近义词在搭配行为和语义韵特征方面的差异。这对其增强近义词学习意识，掌握近义词用法，提高近义词使用能力具有实用价值。

由于英语中存在大量近义词，而近义词或双语对应词在搭配行为和语义韵上却存在很大差异，同时也由于学习者倾向于依靠英语近义词和双语对等词的意义类比关系进行学习，结果在学习过程中不断产生并巩固了近义词替代使用等偏误。因此，需要在近义词初学阶段进行学习引导，帮助他们从一开始就防止落入类似的学习窠臼，避免或减少近义词替代使用的重演。同时也要采取措施对已有的偏误使用进行纠正。为此，我们分别针对初学阶段和纠正学习阶段开展基于语料库的近义词教学设计研究。

1) 初学阶段的教学设计思考

a. 观察和比较高频搭配词分布

如前文显示，FLOB/Frown 语料库中 BRING about 的出现频数不高，高频搭配词很少，因此，可观察的搭配行为非常有限，不足以向二语学习者说明其用法特征。下文从库容高达 5 亿词左右的"美国当代英语语料库"（COCA）（https://www.english-corpora.org/coca/）中抽取高频搭配词。如表 5.7 和表 5.8 所示，CAUSE 频数最高的前十个搭配词（词形）依次为 death、problems、damage、effect、people、concern、harm、cancer、trouble 和 pain；而 BRING about 则为 change、changes、peace、end、world、destruction、kind、justice、revolution、result。相比之下，CAUSE 倾向于与带有消极语义特征的搭配词共现，而 BRING about 则倾向于与中性、积极语义搭配词共现。可以让学习者反复接触、记忆并比较相关高频搭配词，体会积极、消极语义氛围（参见 Louw 1993；Hoey 2005）。需要说明的是，对于初学者而言，教学设计可以跳过部分难度较大的搭配词。

表 5.7　CAUSE 的高频 NP 搭配词分布（COCA）

序号	搭配词	频数	序号	搭配词	频数	序号	搭配词	频数	序号	搭配词	频数
1	death	4 462	16	action	509	31	war	331	46	crash	248
2	problems	2 729	17	injury	485	32	women	321	47	accident	244
3	damage	1 933	18	heart	481	33	blood	314	48	baby	242
4	effect	1 713	19	effects	425	34	stress	313	49	warming	241
5	people	1 561	20	illness	413	35	way	313	50	freedom	225
6	concern	1 302	21	health	393	36	life	311	51	infection	222
7	harm	1 199	22	symptoms	382	37	man	304	52	children	220
8	cancer	1 178	23	alarm	375	38	brain	292	53	person	218
9	trouble	1 171	24	cause	371	39	fire	285	54	reaction	218
10	pain	1 108	25	change	367	40	kind	283	55	increase	217
11	disease	891	26	changes	365	41	confusion	279	56	side	214
12	problem	801	27	celebration	364	42	world	277	57	conflict	210
13	lot	626	28	deaths	342	43	thing	275	58	destruction	205
14	loss	562	29	failure	334	44	autism	273	59	money	203
15	time	526	30	things	331	45	skin	266	60	suffering	199

表 5.8　**BRING about 的高频 NP 搭配词分布(COCA)**

序号	搭配词	频数	序号	搭配词	频数	序号	搭配词	频数	序号	搭配词	频数
1	change	637	16	demise	27	31	outcome	18	46	kingdom	13
2	changes	207	17	improvements	27	32	apocalypse	17	47	understanding	13
3	peace	110	18	death	26	33	development	17	48	cease-fire	12
4	end	107	19	improvement	26	34	outcomes	17	49	learning	12
5	world	60	20	downfall	24	35	shift	17	50	progress	12
6	destruction	43	21	equality	22	36	stability	17	51	sort	12
7	kind	43	22	collapse	21	37	state	17	52	unity	12
8	justice	38	23	reforms	20	38	release	16	53	conditions	11
9	revolution	38	24	settlement	20	39	people	15	54	consequences	11
10	result	37	25	situation	20	40	democracy	14	55	order	11
11	solution	37	26	water	20	41	harm	14	56	recovery	11
12	results	34	27	reduction	19	42	quarts	14	57	return	11
13	transformation	30	28	regime	19	43	effect	13	58	success	11
14	reform	29	29	resolution	19	44	effects	13	59	awareness	10
15	reconciliation	28	30	government	18	45	healing	13	60	fall	10

b. 阅读和比较区别性词语索引

　　表 5.7 和表 5.8 的搭配词数据还显示,CAUSE 和 BRING about 共享了 death、destruction、collapse 等消极语义搭配词。这些共享搭配词现象向教学实践提出了挑战:尽管 CAUSE 趋向于与带有消极语义特征的搭配词共现,但不全部是消极搭配词;而 BRING about 趋向于与带有积极语义特征的搭配词共现,但也不全部是积极语义搭配词。如何才能让二语学习者知道在何种情况下使用 CAUSE death、在何种情况下使用 BRING about death 之类的词语序列是二语学习的难题。显然,搭配词统计与分布信息不足以直接解决二语学习中的搭配词选择问题。

　　本研究数据表明,尽管 CAUSE、LEAD to、RESULT in/from 和 BRING about 共享汉语对应词,但是趋向于与积极、消极语义程度不同的搭配词共现,构筑 (积、消程度)不同的语义韵。实际交流中这些积极、消极态度意义趋于构成一个连续统,很难作定性划分。凭借现有的描述技术,尚不能非常精细地描述 CAUSE 等节点词所构筑的语义韵,也就无法概括出能直接用于教学的语义韵特征。不过,语义韵具有以下根本特征:一是通过节点词与共现语境共同构筑,二是用于承载短语单位的态度意义,实现特定的交际目的。这就意味着可以设计特定的教学活动促使学生通过上下文语境体验实际使用、感知特定的态度意义。

如表5.9 所示,我们随机抽取了 5 条 CAUSE destruction 和 5 条 BRING about destruction 的词语索引。数据显示,BRING about 的搭配词分别为 its ultimate destruction、planet wide destruction、such destruction、its physical destruction in whole or in part 和 their own destruction。与之相比,CAUSE 后面的搭配词主要包括 unimaginable destruction、significant destruction or casualties、immense damage and destruction、the destruction of the vehicle, costing SpaceX millions of dollars 和 so much destruction。显然,与 CAUSE 共现的 destruction 趋向于与程度词共现,其消极程度明显高于 BRING about destruction,趋于表达不同的态度意义(如"谴责" vs "遗憾"之类的差异)。高频接触的词语序列往往是初学者归纳语法规则的原料(Fillmore 1976)。根据基于范例的学习观(exemplar-based learning)(Ellis 2002:166),学习者在初学阶段大量接触上述相关词语索引实例后,会在记忆中相互作用、产生"共鸣",抽绎出其内在的类联接、语义趋向和语义韵等共选联系。霍伊(Hoey 2005)的词语启动理论认为,这些联系的接触会促使学习者不断分别建立和巩固节点词 BRING about 和 CAUSE 的共选型式与相关微妙语义韵的联系。这种联系往往只可意会不可言传,需要通过促进学习者隐性学习获得。教师可以引导其有意识地比较两组序列的差异。

表 5.9　**BRING about destruction 和 CAUSE destruction 词语索引**

1	to try and bring peace to the world, but would betray the world and **bring about** its ultimate **destruction**. "But before they do, according to the
2	In addition, although the end of the Cold War has reduced the threat of a global, terminal war, there remain instruments and technologies—and to some extent the underlying passions—which could **bring about** planet-wide **destruction**.
3	I doubt the battle between the Kryptonians will **bring about** such **destruction**.
4	Deliberately inflicting on the group conditions of life calculated to **bring about** its physical **destruction** in whole or in part.
5	They should not make life so complicated for themselves, now that they have **brought about** their own **destruction**.

（续表）

6	kill, and they will terrorize, and they will conspire. And they will **cause unimaginable destruction** to the world. They're villains, Claire.
7	and how the military can go outside government networks to prevent a cyberattack that **could cause significant destruction or casualties**."
8	wield disproportionate power against every village from which shots are fired on Israel, and **cause immense damage and destruction.**
9	have made it impossible for the Dragon to reach the ISS, and would have **caused the destruction of the vehicle**, **costing SpaceX millions of dollars.**
10	One wonders how you can sleep at night, having **caused so much destruction.** I question your actions, Captain. I question your choices

2) 纠正阶段的教学设计

二语近义词替代使用倾向说明,这些学习者已经倾向于把近义词与同一共选型式联系起来。在一定程度上讲,他们需要打破业已形成的联系或启动关系(crack priming)(Hoey 2005),而这属于纠正阶段的教学任务。根据施密特(Schmidt 1990:132),二语学习者对目标语义韵的接触可分为感知(perception)、注意(noticing)、领会(understanding)等意识水平。其中,目标语义韵感知对注意力(attention)[①]需求较低(Nissen & Bullermer 1987;Cohen et al. 1990),主要发生隐性学习;而领会或注意目标知识则需要较多的注意力,即促使显性学习发生。郭秀艳等人(Guo et al. 2011)发现,大学阶段的二语学习者主要发生语义韵显性学习,隐性学习的比例很低。据此,纠正阶段的教学设计需要考虑显性学习。例如,在上述"观察和比较高频搭配词分布"和"阅读和比较区别性词语索引"等活动设计的基础上,进一步显性说明或引导学生去发现 CAUSE+NP vs BRING about+NP 在搭配词语义特征以及所构筑语义韵上的差异。此外,还可采用搭配词选择进行训练(参见表 5.10),相关 NP 搭配词通过加粗或下划线突显,促使学习者在选择过程中注意 CAUSE 和 BRING about 等节点词与相关搭配词及其语义特征的联系等参数,促进其比较 BRING about+NP 和 CAUSE+NP 等型式在用法上的异同。此外,还可以围绕该思路进一步拓展训练方式,如相关句子翻译、听力训练等。

[①] 注意力表示有限的心理资源或能量(psychic energy)(Csikszentmihalyi 1978),是心理活动对一定对象的指向和集中(Wickens 1984)。

表 5.10　**BRING about & CAUSE 填空训练**

1	A properly functioning service system can _____ that **improvement** by reaching out to people on the streets, helping them.
2	We put that strategy in motion, and we _____ **peace** in the region. And that obviously means that there has to be a cessation of these war crimes.
3	No matter if the science of global warming is all phony ... climate change provides the greatest opportunity to _____ **justice** and **equality** in the world.
4	Any of those options would certainly _____ the final **solution** of the traffic congestion problem.
5	In other words, policies that _____ greater income **equality** also result in lower economic freedom, income, and growth.
6	I believe that something must happen to _____ a peaceful **solution** to these problems.
7	That man has done nothing but _____ my family **pain**.
8	We should postpone these activities so as not to _____ further **harm** to future generations.
9	The laser beam also can _____ potential **harm** to humans, pets or other objects that come into its path.
10	It does not know whether the action will _____ **harm** but does know the probability that it will _____ **harm**.
11	The idea that saturated fats and cholesterol _____ heart **disease** is one of the greatest scientific deceptions in the world.
12	Definitely not a spy. They knew better than to _____ unnecessary **trouble**. "I'm going to save you the **trouble**."
13	The Green Economy will continue to _____ **pain**, destruction, and brutality just as every incarnation of capitalism has done.
14	That's going to _____ a **problem** with Democrats. They are not going to be happy with that.

　　上述基于语料库的教学设计思路以搭配词观察比较为抓手,旨在促进语义韵显性学习和隐性学习。语义韵具有潜藏特性(hidden attribute)(Stewart 2010),单凭我们的语言知识不能准确描述(Sinclair 2004a;卫乃兴 2011a)。这说明,显性教学不能准确传授语义韵知识,即使在纠正阶段开展显性学习活动,也需要发挥隐性学习效应。与语料库参照的教学设计相比,基于语料库的教学设计研究有助于从显性教学向隐性学习推进。换言之,基于语料库的教学设计有助于发挥显性教学对语义韵隐性学习的指导作用:通过设计相关教学活动(如

句子阅读、翻译、译文比较、态度意义比较等）让学习者充分观察近义词搭配词分布差异等语言特征,促使他们注意相关用法差异,从而进一步引导他们有目的地去感知相关短语单位的态度意义或语义韵,有针对性地促进语义韵隐性学习。

第 6 章

短语学视角下的二语词语知识研究①

6.1 引言

传统语言研究习惯性地把语言知识划分为词汇、语法、语义、语用等维度。相应地,二语知识研究以语法为主(隐性、显性研究尤其如此)(Sonbul & Schmitt 2013)。相比之下,词语知识构成则被认为要"单纯"得多,二语词语知识研究也相对较少。然而,语料库语言学研究发现,本族语者具有大量的半构筑语块可用,他们懂得交际中的词语与带有哪些语法特征、属于哪些语义范畴的词语共现,实现何种交际目的(Sinclair 1996, 2004; Hoey 2005)。换言之,交际中的词语主要通过短语单位传递意义、实现交际目的,在语言表达中趋于起中心作用(Kjellmer 1987; Sinclair 1991)。这意味着,二语学习者能否像目标语者一样利用短语单位进行表达对二语交际成败有关键影响。相应地,短语学视角下的二语词语知识研究具有重要价值。

6.2 文献回顾

语言知识的描述和界定以及对其发展过程的解释是二语习得研究的主要目标(R. Ellis 1994, 2005)。二语知识涉及词汇、语法、语义和语用等方面(Larsen-Freeman 1991; Bachman & Palmer 1996),它们在隐性和显性特征上存在差异(R. Ellis 2004)。隐性、显性知识是二语知识研究的重要内容(R. Ellis et al. 2009)。其中,显性语言知识主要是陈述性知识,是对语言规则系统的表述和对语言形式特征的意识;隐性语言知识通常指语言使用中已经内化了的、无需有意

---

① 本章部分内容发表于《外语教学与研究》2014 年第 6 期。

识加工的语言知识,主要属程序性知识(Bowles 2011; R. Ellis 2004, 2005, 2006a; Sonbul & Schmitt 2013)。

二语"隐性/显性"知识研究聚焦于语法知识(de Graaff 1997; R. Ellis 2005; Rieder 2003),主要关注以下方面:"隐性/显性"知识的界定与测量(如 Bowles 2011; Erlam 2006; R. Ellis 2004, 2005; Rebuschat 2013; 顾琦一 2005 等),"隐性/显性"知识与二语能力的关系(如 Paradis 2009; R. Ellis 2006b; 曾永红、白解红 2013 等)以及"隐性/显性"知识接口问题,如"无接口说"(Krashen 1981)、"强接口说"(DeKeyser 1998)、"弱接口说"(R. Ellis 1994)等。其中,接口关系是各类相关研究共同关注的内容。

相比之下,词语知识构成更为复杂,其隐性、显性特征探讨起步较晚(Sonbul & Schmitt 2013: 122)。然而,词语在语言表达中起重要作用,也是学习者的主要困难所在(Gass 1988; Segler et al. 2002: 409; Wilkins 1972),在隐性、显性知识特征区分上与语法有很大区别(Sonbul & Schmitt 2013: 125)。由此可见,与语法相比,词语知识对于语言表达至少同等重要,对解决二语"隐性/显性"知识接口等问题至为关键。

"词语知识"所对应的英文术语有 vocabulary knowledge、lexical knowledge、word knowledge 等,它们常常交替使用(如 Dąbrowska 2014; Hamrick & Rebuschat 2014; Mokhtar et al. 2010; Nation 1990; Richards 1976; Sonbul & Schmitt 2013 等)。相关研究的重心不尽相同,这一定程度上说明词语知识涉及多个方面或维度(Cronbach 1942)。理查兹(Richards 1976)的词语知识框架(vocabulary knowledge framework)提出,所谓词语知识就是知道词语的词频、语域、句法行为、屈折变化、词语联系(包括同义关系等类型的词间联系)、语义特征和多义性等(ibid.: 83)。内申(Nation 1990)从语言理解和运用角度将词语知识分为接受性知识(receptive knowledge)和产出性知识(productive knowledge)。与理查兹(Richards 1976)相比,内申(Nation)的词语知识定义还包括了词语呈现形式(如口头和书面形式等)和搭配等方面,涉及词语与词语以及词语与交际目的等共选特征。

自上世纪 90 年代以来,词语知识的隐性、显性特征逐步受到关注。N. 埃利斯(N. Ellis 1994)是这方面最早的研究之一,受内申(Nation 1990)等对词语知识定义的启发,他提出,词语的词形与意义的联系以及词语之间的语义关系能够通过显性学习获得;而词语的词形及其用法知识主要通过隐性学习习得。受胡尔斯提金和德赫拉夫(Hulstijn & de Graaff 1994: 104-105)的词项学习观(item learning)的影响,厄尔曼(Ullman 2001)和胡尔斯提金(Hulstijn 2007)等认为词语知识是陈述性知识,本质上属于显性知识。这一观点倾向于将词汇视为简单的"词形—意义"列表。然而,越来越多的研究注意到隐性、显性词语知识的复杂构成。例如,R. 埃利斯(R. Ellis 2004)认为,词语的"词形知识和搭配知识在很大程度上属隐性知识,而语义知识则可能是学习者显性语言知识的主要内容"(ibid.:242)。然而,东布罗夫斯卡(Dąbrowska 2014)研究发现,即使是词语的语义知识也可能是隐性的。松博尔和施米特(Sonbul & Schmitt 2013)研究发现,无论是母语者还是二语者,不同条件下的搭配学习都主要促进显性搭配知识获得,但未能促进隐性搭配知识启动。

上述文献表明,隐性、显性特征的分歧与词语知识构成要素繁多、交互作用复杂等因素密切相关。这使得词语知识构成要素及其交际关系探讨尤为重要(Schmitt & Meara 1997)。此外,词语知识隐性、显性特征研究主要考察接受性知识(如 Sonbul & Schmitt 2013;Dąbrowska 2014 等),但很少利用大批量真实语料来考察产出性词语知识。由于测量手段本身的缺陷,词语知识研究自然就偏向于显性知识,难以确定所测语言知识在交际中是否起主导作用(DeKeyser 2003;Sonbul & Schmitt 2013:124,126)。相比而言,交际中的自然语言使用数据更能反映对语言能力起决定作用的语言知识(隐性语言知识)(Bialystok 1978;Krashen 1981;R. Ellis 1994;N. Ellis 1996)。

随着语料库语言学的兴起,短语学已被确立为语言学的一个专门学科领域(Granger & Paquot 2008:27;卫乃兴 2011a,b)。它聚焦于词语的组合行为,尤其关注词语的形式、意义和功能的共选行为特征。早在 1957 年,弗斯(Firth)就提出"词语意义的理解离不开上下文"的论断。辛克莱(Sinclair 2008)在观察大量语料的基础上这样概括:意义的最重要承载单位是短语,而不是单个词。卫乃兴、陆军(2014)基于大量平行语料库和可比语料库证据揭示了英汉对等词的对应关系在于短语层级。这些论断和结论阐明了一个事实:在本族语交际中,说话者依赖于短语单位来表达意义,实现交际目的。扩展意义单位(extended units of meaning,简称 EUM)是可操作的典型短语单位模型,由词语搭配、类联接、语义倾向和语义韵等要素共同界定。其中,语义韵表达了说话者在特定语境中的态度(Louw 2000:60),是整个短语单位的功能(Sinclair 1996)。这些要素分别体现了词语与词语、语法、语义集以及功能的共选关系(Stubbs 2009)。霍伊(Hoey 2005)利用词汇启动理论(lexical priming)基于语料库证据论述了这些关系。

本研究以短语学理论为框架,以英汉本族语语料为参照,以学习者英语中的近义词使用为考察对象,采用基于 EUM 模型的多重比较法(参见陆军 2012;陆军、卫乃兴 2013),从多个角度探讨二语词语知识特征及其形成机制。其中,EUM 模型集词汇、语法、意义和功能于一体,有助于同时从词形、频率、搭配、语法行为以及意义和功能等多层级全面考察词语知识。语料库是大量真实语言数据的集合,能为测量和考察语言知识提供真实、客观的材料和理想的技术手段(R. Ellis 1994；Schmidt 1994)。近义词短语学特征的比较有助于更为精细地廓清词语形式、意义和功能之间的联系,是考察二语词语知识的重要材料。中国学生英语同时受英语和汉语影响,须参照英、汉本族语证据来揭示其词语知识特征。

6.3 研究设计

6.3.1 研究问题

本研究尝试回答以下问题。

(1)本族语交际中的词语知识有何特征?

(2)与本族语相比,二语交际中的词语知识有何特征?

(3)影响二语词语知识特征的主要因素有哪些?

6.3.2 研究工具与对象

本章主要通过考察真实语言中的近义词使用特征来探讨中国学生英语的词语知识。研究借助交大平行语料库 JDPC(参见卫乃兴、陆军 2014)所提供的英汉翻译对等数据确定近义词,以英国国家语料库(BNC)的书面语子库(http://www.natcorp.ox.ac.uk)和现代汉语语料库(MCC)的核心库(http://www.cncorpus.org)为参照,考察中国学生英语笔语语料库(WECCL)(文秋芳等 2008)中的近义词使用特征。为了便于描述,下文分别简称为 BNC、MCC 和 WECCL。其中,BNC 和 MCC 分别代表英、汉本族语,它们的文本题材、时间和分布比例较为接近,能为探讨中国学生英语词语知识特征及影响因素提供参照。鉴于部分节点词在 WECCL 中的词语索引不是非常丰富,还参考了中国学习者英语语料库(CLEC)(桂诗春、杨惠中 2003)中相应的词语索引数据。

6.3.3 研究步骤

首先,翻译对等选择。本研究以近义词 NEGLECT & IGNORE、GRASP & MASTER 和 ENDURE & TOLERATE 为考察对象。它们在 WECCL、BNC 和 JDPC 中的出现频率较高[①],具有较好的代表性和一定的揭示价值。这些近义词

[①] 由于学习者英语中近义词替代使用等因素(参见陆军 2010),就实义动词而言,WECCL 中高频出现、频率相当的近义词不多。相应地,本研究所选的部分词语如 GRASP、ENDURE 和 TOLERATE 在 WECCL 中的出现频数不高。

都共有高频翻译对等词,短语学特征较为明显,有助于揭示词语知识特征。平行语料库为确定翻译对等的典型性提供了可靠的数据支撑(Altenberg 1999：254)。最终确定的对应组为:NEGLECT & IGNORE vs"忽视"、GRASP & MASTER vs"掌握"和 ENDURE & TOLERATE vs"忍受"。

其次,数据提取。以上述翻译对等为节点词提取词语索引并概括其词语行为特征。其中,BNC 笔语子库中 NEGLECT、IGNORE、GRASP、MASTER、ENDURE 和 TOLERATE 的词语索引数分别为 1 301、6 115、1 457、1 318、1 470 和 1 115;WECCL 中的词语索引数分别为 127、271、52、160、22 和 26;MCC 中"忽视"、"掌握"和"忍受"的词语索引数分别为 519、1 971 和 249。我们采用随机抽样法,获取 100 条符合要求的索引,未达到 100 行的全部提取,然后逐行观察概括类联接和搭配词语义特征,最后归纳语义韵。短语单位要素特征难以确定的词语索引全部回到原文更大语境中观察和判断。

第三,分析讨论。采用基于 EUM 模型的多重比较法分析数据。首先,以 EUM 模型为框架,根据语料库证据从类联接、词语搭配、语义倾向和语义韵等层面描述英语近义词和翻译对等词的形式、意义和功能特征。其次,以英汉本族语为参照,分析讨论学习者英语词语知识特征及其形成机制。其中,学习者英语、英语本族语和母语之间多个要素的多重比较有助于反映二语近义词使用的偏离程度和母语影响,能为探讨二语词语知识形成机制提供较为全面的证据。

6.4　词语使用的短语学特征

6.4.1　搭配词分布

表 6.1　高频搭配词分布（f≥3）

语料库	高频搭配词
BNC	**NEGLECT**：*area*（4）；*duty*（4） **IGNORE**：*her*（5）；*them*（5）；*me*（3）；*it*（3）
WECCL	**NEGLECT**：*cooperation*（16）；*competition*（7）；*function*（7）；*disadvantage*（6）；*importance/important + NP*（6）；*effect*（5）；*problem*（5）；*study*（5）；*contribution*（4）；*education*（4）；*ability*（3）；*health*（3）；*role*（3）；*that*（3） **IGNORE**：*problem*（15）；*importance*（11）；*education*（7）；*function*（6）；*ability*（4）；*effect*（4）；*that*（4）；*cooperation*（3）；*disadvantage*（3）
MCC	忽视:作用（7）;重要+NP（6）;影响（4）;教育（3）;因素（3）;能力（3）;发展（3）

（续表）

语料库	高频搭配词
BNC	**GRASP**：*how*（7）；*what*（7）；*concept*（5）；*point*（5）；*that*（5）；*meaning*（4） **MASTER**：*skill*（7）；*it*（6）；*art of*（5）；*intricacy*（5）；*language*（5）；*technique*（4）；*them*（3）
WECCL	**GRASP**：*knowledge*（22）；*skill*（10）；*language*（6）；*word*（4）；*grammar*（3）；*speaking*（3）；*English*（3）；*meaning*（3）； **MASTER**：*skill*（24）；*knowledge*（15）；*language*（7）；*word*（10）；*usage*（5）；*what*（4）；*ability*（3）；*grammar*（3）
MCC	**掌握**：知识（11）；技术（8）；资料（5）；主动权（4）；技能/技巧（4）；政权（3）
BNC	**ENDURE**：*it*（5）；*hardship*（3）；*pain*（3） **TOLERATE**：*it*（3）；*behavior*（3）
WECCL	**ENDURE**：*it*（3）； **TOLERATE**：*pain*（3）
MCC	**忍受**：痛苦（8）；折磨（7）；苦难（3）；苦痛（3）

注：括号内的数字表示所选样本中搭配词与节点词的共现频数；由于 WECCL 中 GRASP 等词语的索引不足 100 行，还参考了 CLEC 中的数据。

搭配词分布数据表明（见表 6.1），学习者英语近义词趋于高频共有搭配词（本研究将 100 行词语索引样本中频数 f≥3 的搭配词视为高频搭配词），与英语本族语差异明显，但与共有汉语对等词趋于一致。如表 6.1 所示，在 WECCL 中，GRASP 和 MASTER 的高频搭配词分别占 54% 和 71%，二者都与 skill、knowledge、language、word、grammar 高频共现，均占各自高频搭配词的 83%；NEGLECT 和 IGNORE 的高频搭配词分别占 77% 和 57%，其中 cooperation、problem、importance、education、function、ability、effect 和 disadvantage 都高频出现。与 WECCL 相比，在 BNC 中，NEGLECT 和 IGNORE 的高频搭配词都很少；MASTER 与 skill、language 和 technique 高频共现，而 GRASP 的高频搭配词主要包括 concept、meaning 和 point 等。在 MCC 中，"忽视"倾向于与"重要+NP""作用""影响"等词高频共现；"掌握"的高频搭配词主要有"知识""技能""技巧""技术"等；"忍受"与"痛苦""折磨""苦难"等词高频共现。

6.4.2 类联接、语义倾向和语义韵

表 6.2 数据显示，上述节点词在本族语和学习者英语中都表现出明显的类联接特征。英语本族语中的近义词在类联接上差异较为明细。例如，在 BNC 中，NEGLECT 的主要类联接为 NEGLECT+NP，NEGLECT+to+VP 所占比例较

少；IGNORE 主要出现于三种型式（pattern）中：ignoring+NP（小句句首）、意愿情态词+IGNORE+NP 和 IGNORE+NP；ENDURE 主要出现在 ENDURE+NP 中，而 TOLERATE+NP 和 NEG+TOLERATE+NP 都高频出现。与英语本族语相比，学习者英语中的近义词倾向于拥有相同的类联接，且与其共享汉语对等词趋于一致。例如，在 WECCL 和 MCC 中，除了 V+NP 以外，IGNORE & NEGLECT vs "忽视" 和 ENDURE & TOLERATE vs "忍受" 在 NEG+V+NP[1] 中都高频出现。GRASP、MASTER 和 "掌握" 在本族语和学习者英语中的主要类联接都是 V+NP。

6.4.2.1　NEGLECT & IGNORE vs "忽视"

在 BNC 中，NEGLECT+NP 约占相应词语索引总数的 92%，其中约 26% 来自科普文本。如例 1~5[2] 所示，NEGLECT 与 voltage drop、this（指 inhomogeneity）、left-sided information、consumption of goods 和 particularization 等表示科学概念或现象的 NP 高频共现，倾向于表达 "科学研究中因条件限制故意不考虑或未能考虑某些因素"。上下文语境信息表明，在此类词语索引中 NEGLECT+NP 主要声明科学事实。究其细微层面而言，这些组合也倾向于表达一定程度的 "反对" 态度。然而在科技等领域，这些 "忽略" 是为了实现更重要的目标而普遍采纳的 "权宜之计"，基本是 "情有可原" 的，也是研究中常常应该做的。如 is slow enough，require a subsequent stage of 和 quite remarkably 等语境信息都说明了这一点。因此，"反对" 态度在很大程度上得到消减（Hunston 2007）。本研究的数据还表明，与 NEGLECT 的其他型式相比，科普文本中 NEGLECT+NP 的 "反对" 程度基本可忽略不计，故将之视为 "中立、赞成" 态度。

1. the maximum collector-emitter voltage (**neglecting** the forward voltage drop across the freewheeling diode) is ...

2. the decay is slow enough for this to be **neglected**

3. Explicit symmetry judgments require a subsequent stage of attending to perceptual figures, at which the patient **neglects** left-sided information.

4. The consumption of goods is quite remarkably **neglected** as a subject of study outside of formal economics ...

5. Moscovici does not entirely **neglect** particularization but,

---

① NEG 表示否定词，如 cannot、do not、should not 等，下同。普通文本中否定句仅占 10% 左右（Halliday 1993），本章只对否定结构比例特别高的节点词进行否定结构的类联接分类。

② 限于篇幅，本研究未采用 KWIC 的格式显示词语索引，仅使用少量例句来反映共选行为。

interestingly, he treats it as a means of anchor …

在 NEGLECT+NP 的其余词语索引中,NP 倾向于表示具有一定重要性的事物或人物,如 his work、her son、him、matters 和 duties 等(参见例6~10)。上下文中像 badly、shamefully、was criticized、unjustly 和 accuse you of 等表示反对态度的词语高频出现。它们与 NEGLECT+NP 共现,趋于表示"未能重视某事物或人物,容易或已经产生消极结果或影响",构筑"反对"态度。例如,例 6 中的 great architects、but、badly 和 should be ashamed of 等都表明未重视 his work 是不可取的。

6. He was one of Glasgow's two great architects but his work has been badly **neglected**, which is something the city should be ashamed of.

7. she shamefully **neglects** her son and fails to fill the fridge with enough food for him

8. John Howard was criticized for both **neglecting** him

9. Certainly, these matters—and particularly the student's learning—are unjustly **neglected** in the debate on higher education.

10. SECURE a job description so the boss cannot accuse you of **neglecting** duties.

NEGLECT+to+VP 约占词语索引的 8%。如例 11~15 所示,VP 倾向于表示具有一定重要性的行为或活动,如 warn the shopkeepers in advance、cultivate his land、find out what sort of light、highlight … that、thank the hosts 等。上下文中像 foolishly、might lose、but、have few rights、would not wish 等表示"反对"态度的词语高频出现。它们与 NEGLECT+to+VP 共现,倾向于表示"未做某事容易或已经造成不良影响",表达"反对"态度。按上述步骤对其他词进行分析,结果见表 6.2。限于篇幅,具体分析步骤从略。

11. The organizers of the march had foolishly **neglected** to warn the shopkeepers in advance

12. A landowner who **neglected** to cultivate his land for an inordinate period of time might lose

13. but **neglect** to find out what sort of light they will give.

14. What the government **neglect** to highlight is that these people have

few rights and conveniently disappear off the unemployment register.

　　15. we would not wish to **neglect** to thank the hosts, or fail to recognize the presence and importance of …

表 6.2　英语近义词及其中文对等词的短语学特征

库	节点词	类　联　接	语义倾向	语义韵
BNC	NEGLECT	NEGLECT +NP（92%）	重要（66%）	反对
			科学概念（26%）	中立或赞成
		NEGLECT+to+VP（8%）	重要	反对
	IGNORE	ignoring+NP（20%）	不受欢迎、不重要	中立或赞成
		意愿情态词+IGNORE +NP（31%）	不受欢迎、不重要	赞成
		IGNORE +NP（49%）	重要	反对
MCC	忽视	NEG+忽视+NP（40%）	重要	反对
		忽视+NP（60%）	重要	反对
WECCL	NEGLECT	NEG+NEGLECT+NP（45%）	重要	反对
		NEGLECT +NP（55%）	重要	反对
	IGNORE	NEG+ IGNORE +NP（42%）	重要	反对
		IGNORE +NP（58%）	重要	反对
BNC	GRASP	GRASP+NP	概念、意义	困难
	MASTER	MASTER+NP	技能	成就感
MCC	掌握	掌握+NP	知识、技能、权力	困难
WECCL	GRASP	GRASP+NP	知识、技能	困难
	MASTER	MASTER+NP	知识、技能	困难
BNC	TOLERATE	NEG+TOLERATE+NP（45%）	消极、不受欢迎	反对
		TOLERATE+NP（55%）	消极、不受欢迎	不愿意
	ENDURE	ENDURE+NP	消极、不受欢迎	不愿意
MCC	忍受	NEG+忍受+NP（45%）	消极、不受欢迎	反对
		忍受+NP（55%）	消极、不受欢迎	愿意
WECCL	TOLERATE	NEG+TOLERATE+NP（32%）	消极、不受欢迎	反对
		TOLERATE+NP（68%）	消极、不受欢迎	愿意

（续表）

库	节点词	类　联　接	语义倾向	语义韵
	ENDURE	NEG+ENDURE+NP（38%）	消极、不受欢迎	反对
		ENDURE+NP（62%）	消极、不受欢迎	愿意

注：本研究中搭配词语义特征概括的颗粒度因节点词不同而异。像 TOLERATE 组的搭配范围较广，通过"消极"和"非消极"这一较粗的标准概括。而 GRASP 组的搭配范围较窄，需要更细颗粒度的标准来概括。正是由于这些要素（词语搭配、类联接和语义倾向）对意义的微调（fine tuning the meaning）（Sinclair 1998, 2004：141），所构筑的态度意义也存在不同程度的"赞成"和"反对"。因此，本研究采用了不同颗粒度的语义韵概括标准。

　　BNC 中，ignoring+NP 约占 20%，用作句子的状语。NP 趋于表达"消极或不受欢迎的事物或人物"。上下文中没有明显表示"反对"态度的词语。ignoring+NP 倾向于表示"不考虑某消极因素而进行某些活动或行动"，主要构筑"中立、赞成"的态度意义。IGNORE+NP 约占 49%，NP 都倾向于表示"具有一定重要性的事物"等。它们与 IGNORE 共现趋于表示"不重视这些重要事物或人物是不可取的，会造成消极影响"，表达"反对"态度。"意愿情态词+IGNORE+NP"的索引约占 31%。像 be determined to、learn to、let us、prefer to、try to 和 deliberately 等表示意愿情态意义的词语高频出现（本章简称为"意愿情态词"）。NP 倾向于表示"不受欢迎或不重要的事物或人物"。这些词语与 IGNORE 共现，趋于表示"为了特定的目的而有意不重视某事或人物"，构筑"赞成"态度。其中部分来自科技文本，所占比例不到 5%，与 NEGLECT 相比明显偏少。由此可见，尽管 ignoring+NP、IGNORE+NP 和"意愿情态词+IGNORE+NP"都以 IGNORE 为核心词，但有着不同的语义倾向，构筑不同的语义韵，其实质上属于不同的扩展意义单位。换言之，IGNORE 与 NEGLECT 的同义关系（synonymy）主要是指 IGNORE+NP 和 NEGLECT+NP 两个型式在意义和功能上的对等。同理可以预测，它们与对等词"忽视"之间的对应关系也只是存在于某些型式之间（参见卫乃兴、陆军 2014）。

　　在 MCC 中，"忽视"主要出现在"忽视+NP"和"NEG+忽视+NP"中，分别占 60% 和 40% 左右。在"NEG+忽视+NP"中，"不容""不可""不能"等否定词高频出现，NP 倾向于表示重要事物，如"重要力量""重要问题""航空计划的经纬"等。该型式主要表达"反对不重视某重要事物或人物"的态度。在"忽视+NP"中，NP 也倾向于表示重要事物，如"宣传工作""研究""智育"等。上下文语境表明，忽视这些事物常常产生消极结果或影响，也倾向于构筑"反对"态度，但反对程度不如"NEG+忽视+NP"强烈。

　　在 WECCL 中，NEG+IGNORE+NP 和 NEG+NEGLECT+NP 都高频出现，分别占相应实例的 42% 和 45% 左右。其中，can't、shouldn't、never 和 Don't（祈使

句）等否定词高频出现，NP 倾向于表达重要事物，如 cooperation、function、education、importance 等。它们与 IGNORE 和 NEGLECT 共现都倾向于表示"不可不重视某些重要事物"，实现反对态度。在 IGNORE+NP① 和 NEGLECT+NP 中，NP 也都趋于表示重要事物，如 study、learning、cooperation、importance、development、function、education 等。NEGLECT+NP 和 IGNORE+NP 都趋于构筑"反对"态度，强调应该重视这些事物，否则会造成不良影响。

6.4.2.2　GRASP & MASTER vs 掌握

在 BNC 中，MASTER 趋于与 technique、skill、the art of 等表示技巧、技能的 NP 共现。上下文语境表明，MASTER+NP 主要表示"一旦学会某个技巧或技能，就有很大收获"，构筑"成就感"（successfulness）的语义韵。与之相比，GRASP 则倾向于与 concept、meaning、point 等表示抽象概念、意义的词语共现。上下文中，difficult、impossible、unable、slow、can't 和 fail 等词语高频出现。其中 FAIL to grasp 在 BNC 中共出现 56 次，而 FAIL to master 只出现 6 次。这些数据表明，GRASP+NP 倾向于表达"掌握困难的或复杂的概念、意义不容易"之意。与 MASTER 相比，GRASP 趋于构筑"有难度"的态度意义。

在 MCC 中，"掌握"倾向于与"知识"、"技巧"、"技能"和"政权"等词语共现。"掌握"+NP 倾向于表达"知识、技能、权力不易使用或局势不易控制"之义，趋于构筑"有难度"的态度意义。

在 WECCL 中，GRASP 和 MASTER 都倾向于与 knowledge、skill、language、speaking 等表示知识、技能的 NP 共现，倾向于表达"掌握某一知识、技能并不容易"，构筑"有难度"的态度意义。

6.4.2.3　TOLERATE & ENDURE vs 忍受

BNC 中，TOLERATE 主要用于 NEG+TOLERATE+NP 和 TOLERATE+NP，分别约占 45% 和 55%。在 NEG+TOLERATE+NP 中，cannot、could not 和 would not 等否定词高频出现，NP 倾向于表达消极或不愉快的事物。它们与 TOLERATE 共现主要表达"不能忍受一些令人不愉快的事物"，构筑"反对"态度。在 TOLERATE+NP 中，NP 也倾向于表示不愉快的事物，如 mistake、intruders 和 immorality 等，倾向于表达"不愿意容忍这些令人不愉快的事物"。与 NEG+TOLERATE+NP 相比，TOLERATE+NP 所表示的反对程度不那么强烈，这里使用"不情愿"态度予以区分。

与 TOLERATE 相比，NEG+ENDURE+NP 很少出现，仅占 10% 左右，不作单

---

① 在 WECCL 中，由于 ignoring+NP 只占 3% 左右，NEGLECT to+VP 只占 1%，下文将其归并到 V+NP 型式中一起讨论。

独讨论。在 ENDURE +NP 中,NP 倾向于表示消极或不愉快的事物,如 the longest 20 minutes of his life、a 2-hour drive 和 what can't be cured 等。上下文中 have to、must、necessary、forced to 等表示"被迫"意义的情态词高频出现 (TOLERATE 很少与类似的情态词共现)。其余索引中虽然没有此类情态词与 ENDURE 共现,但上下文中洋溢着"不情愿"的态度意义。例如,They had endured an embarrassing fund-raising dinner, for which rich Americans had paid 5 000 dollars a ticket, only to discover . . . ,句中 embarrassing, paid 5 000 dollars a ticket、only to discover 等信息都表明了上述态度意义。由此,ENDURE+NP 趋于表示"只能忍受不愉快的事物",倾向于构筑"不情愿"的态度。

MCC 中,"忍受"的类联接主要有"NEG+忍受+NP"和"忍受+NP",分别占 45%和55%左右。"NEG+忍受+NP"中,"难以"、"无法"和"不能"等反对态度比较强烈的否定词高频出现,NP 趋于表示消极事物,它们共现表达"不愿意忍受消极事物",实现"反对"的态度。在"忍受+NP"中,NP 也倾向于表示不重要的事物,但上下文语境表明,肯定结构"忍受+NP"趋于表示"为了某一目的,某人愿意或决心忍受某一消极事物",实现"愿意"的态度。

WECCL 中,TOLERATE 和 ENDURE 在否定结构 NEG+V+NP 中都高频出现,分别约占 32%和38%。其中 NP 都倾向于表示消极事件,它们共现主要表示"不能忍受消极事件",实现"不情愿"的态度。在肯定结构 V + NP 中,TOLERATE 和 ENDURE 都与 should learn to、should be taught、will、would rather 和 in favour of 等表示"愿意"情态意义的词语高频共现,NP 都倾向于表示消极语义。它们与 TOLERATE 和 ENDURE 共现都趋于表达"为了某种目的而情愿忍受某消极事物"的态度意义。

6.5　讨论

下文以英语本族语近义词和汉语对等词为参照,从词语搭配、类联接、语义倾向和语义韵层面分析和讨论二语词语知识特征及其影响因素,然后根据研究发现讨论理论和教学启示意义。

6.5.1　二语词语知识特征及其影响因素
6.5.1.1　本族语交际中的词语知识特征

本族语词语索引数据表明,在交际中,词语有其典型的搭配、类联接和语义倾向,趋于构筑特定的语义韵。例如,NEGLECT 主要与带有"重要"语义特征的 NP 或 VP 共现,表达"反对"这一态度意义,而在科普文本中则倾向于表达"中立、赞成"的态度意义;IGNORE 在 IGNORE+NP、ignoring+NP 和"意愿情态词+IGNORE+NP"中都高频出现,分别趋于与带有"重要"和"不重要"语义特征的NP 共现,分别表达"反对""中立、赞成"和"赞成"态度。在汉语本族语中,"忽视"在肯定和否定结构中都高频使用,趋于与表示重要事物的 NP 共现,表达"反对"态度;"忍受"趋于与带有消极语义特征的 NP 共现,高频出现在肯定和否定结构中,分别表达"愿意"和"不情愿"的态度意义。这些特征表明,本族语者的知识体系中积淀了词语的多层面用法型式知识,包括其经常共选的典型结构、语义范畴、特征性的具体搭配词,也包括其趋于实现的典型交际目的。这些即词语的典型短语单位知识;这些知识可能是隐性的,也可能是显性的。

英语本族语近义词数据表明,尽管近义词高频共享某些翻译对等词,具有相同或相近的概念意义,但在词语搭配、类联接和语义倾向上存在差异,趋于构成不同的短语单位,表达不同的意义和功能。例如,MASTER 和 GRASP 与"掌握"高频对应,本族语者倾向于使用 MASTER 与 skill、language、technique 和 art 等表示技术、技能的 NP 组合,表达"成就感",而 GRASP 则主要与 meaning、concept 和 point 等表示意义、概念的 NP 搭配,表达"有难度"的态度意义。再如,IGNORE & NEGLECT 和 ENDURE & TOLERATE 并没有特别高频的搭配词(如表 6.1 所示),但在短语单位要素上都表现出各自的特征,所构筑的语义韵的差异较为明显。这些特征进一步说明,本族语者具有词语的短语单位要素知识,并且能够利用这些知识根据交际目的区别性地使用近义词构建不同的短语单位。因此,母语者的词语知识意味着他们懂得在交际中如何根据交际目的选择具体的词语及其短语单位。换言之,词语的搭配、类联接、语义倾向和语义韵等多方面的短语知识是本族语词语知识的重要界定要素,它们交互作用,相互制约,共同构成本族语词语知识体系。

6.5.1.2　二语交际中的词语知识特征

表 6.1 和表 6.2 数据表明,学习者在二语交际中也倾向于在特定的语法结构中使用目标语词语与一定语义特征的搭配词共现,表达特定的意义和功能,但表现出其特有的短语单位要素特征。例如,在学习者英语中,IGNORE & NEGLECT 和 ENDURE & TOLERATE 的主要类联接都为 V+NP 和 NEG+V+NP。其中,IGNORE 和 NEGLECT 在两种类联接中都趋于与 function、cooperation、competition、importance 等表示"重要事物或人物"的 NP 共现,实现"反对"的态度意义;TOLERATE 和 ENDURE 趋于与表示消极语义的 NP 共现,在肯定结构中表达"愿意"的态度意义,而在否定结构中则趋于构筑"不情愿"的态度意义。GRASP 和 MASTER 都趋于与表示知识、技能的 NP 共现,实现"有难度"的态度意义。由此说明,在二语交际中,学习者也发展起了给定节点词的

特征性的短语知识,选择其特定的语法结构、具有某种语义特征的搭配词,实现某种态度意义等等。也就是说,**二语交际中的词语知识也体现出明显的短语单位特征。**

数据还表明,学习者英语近义词趋于表现出相同的短语单位特征,与英语本族语近义词差异明显,但与共享汉语对等词的短语特征趋于高度一致。例如,GRASP 和 MASTER 在英语本族语中趋于与不同语义特征的 NP 共现,构筑不同的语义韵,但在学习者英语中都与汉语对等词"掌握"在语义倾向上趋于一致,实现"有难度"的态度意义。再如, NEG+NEGLECT+NP 和 NEG+IGNORE+NP 在英语本族语中只占相应词语索引的 10% 左右,但在 WECCL 中极其高频,分别占 40% 以上,二者都趋于表达"较为强烈地反对未能或不去重视某重要事物或人物"的意思。这与汉语中高频使用"NEG + 忽视 + NP"趋于一致。然而,像 NEGLECT+to+VP 和 ignoring+NP 等典型的本族语英语型式在学习者英语中却很少出现。在英语本族语中,TOLERATE 高频出现于否定结构中,ENDURE 主要用于肯定结构中,趋于表达不同的态度意义。然而,在学习者英语中 NEG+TOLERATE+NP 和 NEG+ENDURE+NP 与汉语中"NEG+忍受+NP"都高频出现,且都趋于表达"反对"的态度意义。上述分析说明,二语短语单位涉及的词汇、语义和语法共选在很大程度上依赖于母语词语知识,因此,二语词语知识是母语和目标语短语知识共同作用的结果。其中,母语词语知识是重要的参照系。

6.5.1.3 二语词语知识特征的影响因素

(1)语言交际中,短语单位是基本意义单位,词通过构建短语单位来承载意义,这是二语词语知识的基础。语言交际中,词是意义表达的出发点和重要载体(Gass 1988;Nation 1990;Segler et al. 2002;Wilkins 1972)。它们在交际中如何承载意义呢?上文分析表明:尽管所调查的节点词的搭配范围很广(参见表 6.1),不大可能像固定搭配一样——记忆,但本族语者和二语学习者在使用这些词语时表现出一定的规律性:都趋于将之在一定的结构中与特定语法范畴和语义特征的搭配词共现,构成短语单位,实现特定的态度意义,即倾向于将词语构成短语单位承载意义。

需要说明的是,这里所说的"短语单位"是一个抽象的意义单位,并不等同于固定词组或固定搭配。它是语言使用者应一定交际目的,选定节点词并连同其典型类联接、特征性的搭配词一次性选择的结果。交际中的具体词语组合,如 GRASP the point,只是这个抽象意义单位的一个具体实例,而不是其全部。换言之,还有很多具体实例来表示相同或相似的意义和功能,如 GRASP the meaning 和 GRASP +what/how ... 等(见表 6.1)。根据霍伊(Hoey 2005)的词语启动理论,在口头和书面表达中,使用者反复接触、启动词语,不断积累和巩固词语的共现形式（如词语搭配和类联接）和语境信息（如语义倾向和语义韵特征），方能积累、发展起相关的词语知识。例如，本章的数据似乎就表明，应不同目的，他们使用 NEGLECT 时就在不断启动和巩固 NEGLECT+（重要）NP、NEGLECT+（科学概念）NP 和 NEGLECT+to+（重要）VP 等短语单位，而使用近义词 IGNORE 时则倾向于启动 IGNORE+（重要）NP、意愿情态词+IGNORE+（不重要）NP 和 ignoring+（不重要）NP 这三个短语单位。与之相比，学习者在使用这两个词语时则倾向于启动 NEGLECT/IGNORE+（重要）NP 和 NEG+NEGLECT/IGNORE+（重要）NP 等短语单位。这些信息在头脑中反复启动，逐渐形成词语的搭配、类联接、语义联结（semantic association）和语用联结（pragmatic association），构成词语知识的要素。据此，共选要素的反复接触与启动、相关语境因素的不断积累应是制约二语词语知识发展的关键环节。

（2）母语短语知识是二语词语知识的重要隐性知识源，极大地影响二语词语知识体系构建。如 6.5.1.2 所述，学习者缺乏目标语短语知识，二语交际中母语和目标语知识交互作用，共同构成二语词语的短语知识。二语词语知识如何受到母语影响呢？本章的数据似乎表明：尽管学习者高频使用这些词语，但并没有注意到英语本族语中近义词在短语单位要素上的特征差异，也没有觉察到英汉对等词短语单位要素的特征差异。事实上，在短语单位诸要素中，除了词语搭配和类联接外，语义倾向和语义韵是十分抽象的。具体而言，多数语言使用者和教师都难以注意到 MASTER+NP 和 GRASP+NP 在语义倾向和语义韵上的差异；也很难知道 NEGLECT 和 IGNORE 所联接的语义韵或交际目的。根据辛克莱（Sinclair 1996,2004）和斯塔布斯（Stubbs 2009），语义韵揭示整个短语单位的功能，统领着词汇和语法的选择，是短语单位中抽象程度最高的要素，很难凭直觉发现。换言之，语义韵知识主要属于隐性知识，母语者也不一定能清晰地意识或描述这个知识。这也就从另一个角度支持了埃利斯（Ellis 2011）关于母语知识主要是隐性知识的论断。由此，二语学习者的词语知识也主要是隐性的；但由于其语义韵知识极为贫乏，必然潜意识地求助于母语词语知识并据此选择或组合二语词语型式。那么，母语短语知识是二语词语知识的重要隐性知识源，促使学习者在二语交际过程中不自觉地形成了其特有的二语短语知识。

6.5.2　启示

6.5.2.1　理论启示

如前文所述，隐性、显性知识的接口关系一直是二语习得研究争论不休的话题。相关研究主要聚焦于语法知识，很少涉及词语知识。这与词语知识的复杂性等因素有密切关联。本研究发现，二语词语知识由多层面短语知识共同界定，是词汇、语法和语用综合一体的知识融合。由此,以短语单位模型考察二语词语知识有助于较为全面地揭示二语隐性、显性知识的接口关系。此外,本研究还发现,二语词语知识是母语和目标语短语知识共同作用的结果,其中,母语短语知识是重要隐性知识源。由此,组成二语词语知识的多个要素有隐性的,也有显性的。因此,二语隐性、显性知识之间的关系不只是单一的接口关系,很可能是多种接口关系的复合。由此,本研究的二语词语知识特征探讨和发现对深入揭示二语知识隐性、显性特征及其接口关系具有一定的启示意义。

6.5.2.2　教学启示

由于受单词意义单位等观念的影响,同义词(或近义词)和翻译对等关系一直被视为经典的意义模型(Sinclair 1991:7,1996)。就外语教学而言,教材编写、词典编撰、课堂教学和语言测试等活动中广泛依靠近义词和双语对等词来解释、理解和表达意义。结果,学习者倾向于在双语对等词之间、近义词之间画上等号,很少有意识地去区分它们;事实上,单凭个人直觉难以对它们加以区分和系统描述。本研究所揭示的二语词语知识特征及其影响因素表明:不仅要重视语法知识教学,还要重视词语知识教学;围绕典型短语单位开展词语教学对词语知识习得具有重要意义;双语对等词的短语单位以及近义词的短语单位的比较是词语知识显性化的实用手段。由于交际中词汇启动时的关键要素是短语单位的启动,涉及多层面共选知识的积累,因此,如何让学习者反复接触正确的语境、纯正的类联接和词语搭配是二语教学研究的重要课题。由此可见,本研究的二语词语知识特征探讨和发现对推动外语词语教学研究也具有一定的启示意义。

6.6　结论与语义趋向知识教学设计

6.6.1　结论

本研究通过考察二语近义词使用特征发现:二语交际中的词语知识由搭配、类联接、语义倾向和语义韵等要素共同界定,本质上是词语的短语知识;二语词语知识是母语和目标语知识共同作用的结果,母语短语知识是重要的隐性知识源,影响着二语词语知识体系的构建。上述发现从一个侧面扩展了理查兹(Richards 1976)的词语知识框架和内申(Nation 1990)等的词语知识定义,即交际中的二语词语知识由多个要素共同界定,这些要素并不是简单并列,而倾向于交互作用,统领于母语语义韵知识。这一发现阐释了R. 埃利斯(R. Ellis 2004)关于词语知识隐性、显性特征的论断。一方面,词语搭配知识具有隐性特征,其根源在于语义韵知识的隐性特征;另一方面,词语语义知识显性特征的论断主要指翻译对等或词形与概念意义之间的联系,是可以描述的。然而,二语交际中利用母语短语知识构建短语单位、实现意义的过程是不为学习者所觉察的,多属隐性知识。因此,交际中的词语语义知识包含很多隐性知识要素。这从短语学视角阐释了 N. 埃利斯(N. Ellis 1994)关于词语用法隐性习得的观点和松博尔和施米特(Sonbul & Schmitt 2013)有关隐性词语搭配知识难以习得的结论,同时也解释了东布罗夫斯卡(Dąbrowska 2014)关于词语意义知识可能是隐性知识的结论:即使不知道某个词,但只要知道词语的短语单位或其所在的语境就有助于词义的理解。

二语词语知识特征及其形成机制的揭示为重新探讨和认识"隐性/显性"知识接口、"L1 - L2 词库不对称性"假说(参见 Kroll & Stewart 1994)和"母语迁移"等问题提供了新的理论视角。其中,二语词语知识的隐性、显性特征对解决"隐性/显性"知识接口争端更具重要意义;L1 和 L2 词语知识在界定要素和启动方式上的差异可能是产生 L1 - L2 词库不对称性现象的根本原因;二语交际中母语短语知识的反复触发和启动是产生"母语迁移"的主要因素。此外,本章所采用的词语知识研究方法有助于显化和区分英语近义词、英汉对等词在形式、意义和功能上的异同,对 EFL 教学实践具有实用价值。上述发现说明了二语学习者在短语知识上所面临的主要困难,即缺乏目标语语义趋向知识和语义韵知识,这也是二语词语教学设计研究需要解决的问题。第 5 章已经讨论了如何开展二语语义韵知识教学设计,下文着重讨论如何开展二语语义趋向知识教学设计。

6.6.2　基于语料库的语义趋向知识教学设计探讨

传统语言研究早已发现,一词多义是普遍存在的现象。语料库语言学说明,实际交际中很多词语倾向于与不同语法和/或不同语义特征的词语共现,表达不同的意义和功能(参见 Sinclair 1991, 1996)。从双语对应关系来说,同一汉语词语可能有不同的词语共选型式,可能对应于英语中不同词语的共选型式(例如"掌握"+[技术、技能]NP vs MASTER+[Skill]NP、"掌握"+[概念、意义]NP vs GRASP+[Concept, meaning]NP)。本研究数据表明,二语交际中,学习者倾向于依靠双语对应词的关系选择搭配词进行表达,结果容易造成近义词替代使用。这种替代使用的根本因素是,母语共选知识对二语搭配词选择趋于起主导性影响,而母语知识特别是母语共选知识主要为隐性知识,很难被意识到,因此,需要对二语近义词进行区分。可以在正常教学活动中根据本族语数据对近义词搭配行为加以区分,也可以基于二语学习者语料库数据对二语近义词使用失误部分进行分析。

本章与第 5 章有相似之处,都是通过英语近义词反映二语词语的共选型式,揭示二语词语共选特征和影响因素。进一步比较发现,这两章除了在研究工具和研究证据上存在差异之外,在研究发现上也向前推进了一个层次(如揭示了母语语义韵对二语搭配词选择的影响方式等),更为重要的是所考察的语言现象也有很大不同。第5章中考察的 CAUSE 组近义词系列在搭配词积极、消极程度上有明显的差异,而本章中的近义词并没有明显的积消语义特征差异。例如 ENDURE 和 TOLERATE 都倾向于与表示消极语义的搭配词共现,MASTER、GRASP、NEGLECT 和 IGNORE 的搭配词并没有明显的积极或消极偏向。相比之下,前者的认知凸显度要高得多,以至于早期的语义韵研究都倾向于观察含有积极、消极搭配词的词语共现序列(如 Louw 1993;Stubbs 1996;Xiao & McEnery 2006 等)。毕竟,真实使用的语言中有大量词语序列本身并不含有积、消语义特征明显的搭配词。因此,需要从相关近义词的语义趋向特征着手开展教学设计。

近义词语义趋向比较看似仅仅用于少数近义词的教学和学习。不过,正如本书第5章指出的那样,英语近义词普遍存在,大部分词语都可能有所谓的近义词。因此,近义词语义趋向比较可视为一种普适性的词语教学方法。BNC 数据显示,上述近义词除了共有部分搭配词以外,各自还特有语义趋向特征,可称为区别性语义趋向(陆军 2019)。通过网络平台 https://www. english-corpora. org 的 Compare 模块可以进行搭配词分布比较。具体操作步骤为:登录上述网络界面后选择 BNC 语料库,出现图 6.1 所示的对话框界面:

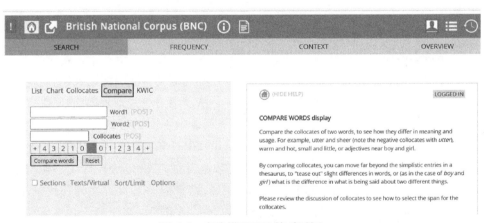

图 6.1　在线搭配词比较对话框

在图 6.2 的对话框 Word1 和 Word2 中分别输入[tolerate]和[endure],方括号是该网站平台所设定的屈折变化通配符,表示包括相应动词的所有屈折变化形式(如 endure、endured、endures、enduring、tolerate、tolerated、tolerates 和 tolerating)。在 Collocates 选项框内分别选择搭配词类型和跨距范围。执行

Compare words 后得到图 6.3 所示的比较结果：ENDURE 倾向于与 pain、agony、hardship、suffering、misery、discomfort、humiliation、nightmare 等表示"自身或内在痛苦"的 NP 共现；而 TOLERATE 则倾向于与 interference、loss、high temperature、abuse、disturbance、delay、invasion、opposition 等表示"外来影响、干扰"的 NP 共现。ENDURE 和 TOLERATE 在这些搭配词分布上彼此不交叉，搭配词倾向于为相应的近义词所独有，即所谓的区别性语义趋向特征。类似地，近义词 COMMON vs ORDINARY、REAL vs TRUE、MAIN vs MAJOR 分别共有很多搭配词，同时也各自特有某些搭配词。如 COMMON 与表示"知识、想法"的 NP 频繁共现，而 ORDINARY 则与表示"人物、人员"的 NP 频繁共现；REAL 与表示"变化、进步"的 NP 共现，而 TRUE 则与表示"观点、信仰"的 NP 共现；MAIN 与表示"建筑、实体"的 NP 共现，而 MAJOR 则与表示"进步、进展"的 NP 共现（见表 6.3）。

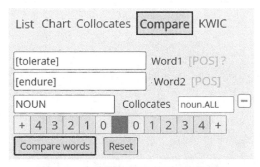

图 6.2　在线搭配词比较对话框设置

WORD 1 (W1): **TOLERATE** (1.08)

	WORD	W1	W2	W1/W2	SCORE
1	RANGE	15	0	30.0	27.8
2	PLANTS	13	0	26.0	24.1
3	PATIENTS	12	0	24.0	22.3
4	ABILITY	10	0	20.0	18.6
5	INTERFERENCE	8	0	16.0	14.9
6	ACTIVITIES	6	0	12.0	11.1
7	AUTHORITIES	6	0	12.0	11.1
8	PH	5	0	10.0	9.3
9	POLLUTION	5	0	10.0	9.3
10	COMMUNITY	5	0	10.0	9.3
11	RATE	5	0	10.0	9.3
12	SPECIES	5	0	10.0	9.3
13	TEMPERATURES	9	1	9.0	8.4
14	SOCIETY	9	1	9.0	8.4
15	BEHAVIOUR	16	2	8.0	7.4

WORD 2 (W2): **ENDURE** (0.93)

	WORD	W2	W1	W2/W1	SCORE
1	SUFFERING	15	0	30.0	32.3
2	MONTHS	13	0	26.0	28.0
3	HARDSHIPS	8	0	16.0	17.2
4	HARDSHIP	8	0	16.0	17.2
5	SIGHT	6	0	12.0	12.9
6	STRESS	6	0	12.0	12.9
7	WINTER	6	0	12.0	12.9
8	PAIN	22	2	11.0	11.9
9	CHILDHOOD	5	0	10.0	10.8
10	DEATH	5	0	10.0	10.8
11	ORDEAL	5	0	10.0	10.8
12	LOVE	5	0	10.0	10.8
13	LONELINESS	5	0	10.0	10.8
14	SORROW	5	0	10.0	10.8
15	SERIES	5	0	10.0	10.8

图 6.3　在线搭配词比较结果

表 6.3　英语近义词区别性语义趋向特征

近义词	语义趋向	NP 搭配词示例
endure	内在痛苦	hardship, misery, humiliation, pain, agony, discomfort, suffering, nightmare
tolerate	外来麻烦	temperature, abuse, disturbance, interference, loss, delay, opposition, invasion
real	变化、进步	change, decrease, drop, gain, improvement, increase, progress, development
true	观点、信仰	belief, believer, god, opinion, reflection, religion, faith, statement
common	知识、想法	aim, concern, consent, knowledge, purpose, sight, view, complaint
ordinary	人物、人员	citizen, family, investor, member, person, policeman, speaker, reader
main	建筑、实体	bedroom, door, entrance, hall, runway, square, street, gate
major	进步、进展	advance, boost, expansion, improvement, initiative, innovation, success, championship

（引自 陆军 2019：82）

　　显然，在正常学习阶段，可以参照第 5 章的 5.6.2 节中的"观察和比较高频搭配词分布""阅读和比较区别性词语索引""搭配词选择训练"等方案，开展语义趋向隐性、显性学习训练。不过，区别性语义趋向特征不仅是二语近义词学习的难点，也是教师教学设计的难点。作为二语教师，我们都面临着区别近义词用法的困难，结果妨碍了教学活动的有效开展。所幸的是，陆军（2019）发现，在不同注意水平的学习情形下，学习者反复接触相关词语序列后可以发生相关语义趋向知识的隐性、显性学习。与前一章所介绍的积极、消极语义韵相比，区别性语义趋向特征虽然不像积、消搭配词那样容易发现，但可能存在区别性集合的互斥性；且教师可以通过反复观察这些区别性搭配词集合逐渐感知和抽绎相关意义特征。相应地，教师可通过自身在隐性学习的基础上进行显性概括，然后开展以显性教学为主的教学设计。

第 7 章

共选视阈下的二语使役态学习研究[①]

7.1　引言

前一章已提及,本族语者不但知道语言交际中的词语趋向于与哪些词语共现,还知道词语与哪些语法结构共现、表达何种意义和功能。这就意味着,本族语者除了拥有大量词语搭配知识以外,还有丰富的词汇语法结构知识可用。其中部分结构高频使用,出现不同程度的非词语化特征(如汉语中的"把"字句、"使"字句、"让"字句,英语中的 MAKE/LET+NP+VP 使役态等)。雷努夫和辛克莱(Renouf & Sinclair 1991)将此类结构归为搭配框架(collocational framework)。需要指出的是,部分词汇语法框架不但高频复现,而且还趋于表达特定的语用功能,这些功能很难从相关构成词获取,是二语学习的难点。英语中的 MAKE/LET+NP+VP 高频使用,表达多种态度意义,既是二语学习的重要内容,同时也是反映二语知识的重要依据。本章首先以语料库调查为手段,以共选模型为框架,调查中国大学生的英语使役态使用特征及其影响因素。

7.2　文献综述

二语习得研究的主要目标之一是描述和界定二语知识并对其发展过程进行解释(R. Ellis 1994, 2005)。二语知识分为隐性知识和显性知识(Bialystok 1978;Krashen 1982; R. Ellis 2004, 2005;戴曼纯 2005;顾琦一 2005)。显性知识表现为语言规则系统的描述能力以及对语言形式特征的意识,是陈述性知识,主要通过

---

① 本章部分内容发表于《外语界》2013 年第 3 期。

学习语言规则获得;隐性知识通常指语言使用中已经内化了的、无需有意识加工的语言知识,对二语能力起决定作用(R. Ellis 1994, 2005;N. Ellis 1996, 2007;张东波、赵守辉 2011)。然而,现有研究对二者之间的关系特别是"隐性/显性"知识接口问题存在很大分歧,如"无接口说"(Krashen 1981)、"强接口说"(DeKeyser 1998)、"弱接口说"(R. Ellis 1994)等。

二语知识涉及词汇、语法、语义和语用等方面(Larsen-Freeman 1991;Bachman & Palmer 1996)。其中,语法知识主要通过语法判断和口头模仿测试等方法测量(如 R. Ellis 2004, 2005, 2009;Bowles 2011;曾永红 2009;苏建红 2011),一直是"隐性/显性"知识研究的焦点(Rieder 2003:24)。与之相比,词汇、语义和语用知识多为隐性知识,难以系统考察和直观描述。学界对二语语法和语用能力间的关系一直争论不休(Kasper & Rose 2002;赵福利 2009)。实践中,即使学习者具备了语法判断能力,也未必能在交际中准确使用相应的语法结构(Erlam 2006;Bowles 2011)。

现有研究主要采用诱导语言(elicited language use)、元语言判断(metalingual judgment)和自我报告(self-report)等类型的数据,以语法知识为主(R. Ellis 2002;Erlam 2006)。然而,尚不能确定所测语言知识在多大程度上反映二语隐性或显性知识、是否在二语能力中起主导作用(Berry 1994;DeKeyser 2003)。相比而言,交际中的真实语言数据(natural language use data)如讲故事和写作文都是测量隐性语言知识的理想手段(R. Ellis 1994;Schmidt 1994)。"语料库是大量真实语言数据的集合,对反映语言知识有很大潜在优势"(Barnbrook 1996:140)。其中,"词语索引能显示语料库中的复现型式,是考察语言知识的有效手段"(Barlow 1996:30)。

语料库调查表明,交际中的词汇、语法、意义和功能都趋于共选(Hunston & Francis 2000;Sinclair 2004a;卫乃兴 2007),表现为词语搭配、类联接、语义选择趋向和语义韵等共选要素。其中,词语搭配和类联接分别体现了词语之间和词汇与语法之间的共选关系;语义选择趋向反映了核心词与带有一定语义特征的词语的共选;语义韵表明说话者在特定语用情景中的态度(Louw 2000:60),是短语单位与功能的共选(Stubbs 2009:126)。它们交互作用,共同构成扩展意义单位(Extended Units of Meaning)(Sinclair 1996;Stubbs 2009)。霍伊(Hoey 2005)从认知心理视角对上述各共选要素作了系统论述。

扩展意义单位模型概括了多个层面的共选关系,集词汇、语法、语义和语用于一体(Stubbs 2009;Stewart 2010;陆军 2012),有助于较为全面地描述语言知识。使役态具有较为明显的词汇、句法、语义和语用特征,是二语知识研究的重要材料。中国学生英语同时受英语和汉语影响,其语言知识特征须参照英、汉本族语证据来揭示。鉴于此,本研究以扩展意义单位模型为框架,以中国学生英语使役态为对象,采用以英汉本族语语料库证据为参照的多重比较来考察二语知识特征及其影响因素。

7.3　研究设计

7.3.1　研究问题

本研究试图回答以下问题:

(1) 英、汉本族语使役态有何共选特征?

(2) 与英、汉本族语相比,中国英语学习者二语知识有何特征?

(3) 影响二语知识特征的主要因素有哪些?

7.3.2　研究工具与对象

本章以中国学生英语笔语语料库 WECCL(文秋芳等 2008)中的英语专业作文为主要考察对象。研究使用英国国家语料库 BNC 的书面语子库(http://www. natcorp. ox. ac. uk)和现代汉语语料库 MCC 的核心库(http://www. cncorpus. org)作为参照。为了便于描述,下文分别简称为 WECCL、BNC 和 MCC。其中,BNC 和 MCC 在文本的题材、时间和分布比例上较为接近,具有较好的可比性,能为探讨学生英语知识特征及其影响因素提供有效参照。此外,还借助交大平行语料库 JDPC(参见卫乃兴 2011b)确定典型英汉翻译对等。

7.3.3　语料处理与比较分析

英语常用使役动词包括 MAKE、LET、GET、HAVE、LEAVE 等,但只有 MAKE 和 LET 使役态在中国学生英语和英语本族语中都高频出现。它们分布于各类题材的文本中,联结典型的语法结构,具有较好的代表性,有助于揭示语法、语义和语用知识特征。JDPC 数据表明,这两类使役态的主要翻译对等为:MAKE+NP+VP/AP/NP vs "使+NP+VP/AP"和 LET+NP+VP vs "让+NP+VP/AP"。此外,还存在少量交叉对应关系,如平行语料库少数词语索引中 MAKE+NP+VP/AP 与"让+NP +VP/AP"互译等。以上述翻译对等为节点词,分别从 WECCL、BNC 和 MCC 中随机抽取 200 条词语索引,采用多重比较法进行数据分析。

本研究所采用的多重比较具有两大特点:一是以扩展意义单位模型为框架,从类联接、词语搭配、语义选择趋向和语义韵等方面描述语言知识,构成比较分

析的多个要素;二是以上述要素为对象,进行学生英语、目标语(英语本族语)和
母语(汉语本族语)之间的多重比较,为探讨二语偏离程度和母语影响方式提供
证据。

7.4 使役态的共选特征

7.4.1 类联接

英、汉使役态在语料库中的分布如表 7.1 所示。在 BNC 中,MAKE 型使役
态的主要类联接为 MAKE+NP+VP、MAKE+NP+AP 和 MAKE+NP+NP,分别约
占 31%、51%和 18%。LET 型的主要类联接为 LET+NP+VP,其中祈使句 Let's/
us/me+NP+VP 高频出现,约占 39%。MCC 中的主要类联接为"使+NP+VP"和
"让+NP+VP",分别约占相应词语索引的 98%和 94%。

表 7.1 英、汉使役态的类联接

节点词	类联接	BNC	WECCL	节点词	类联接	MCC
MAKE	MAKE+NP+VP	31%	39%	使	使+NP+VP	98%
	MAKE+NP+AP	51%	57%		使+NP+ AP	2%
	MAKE+NP+NP	18%	4%*		使+NP+NP	0%
LET	LET+NP+VP (Let's/us/me +VP)	100% 39%	96% 51%	让	让+NP+VP(祈使句 "让+我/我们+VP")	94% 10%
	LET+NP+AP	0%	4%*		让+NP+ AP	6%

注: * 表示不符合本族语表达习惯(如 make the family more harmony*),下同。

在 WECCL 中,MAKE 型使役态的主要类联接包括 MAKE + NP + VP 和
MAKE+NP+AP,分别约占相应词语索引的 39%和 57%。LET 型主要为 LET +
NP+VP,约占相应词语索引的 96%。与本族语相比,学生英语中 MAKE+NP+NP
很少出现,这与汉语中不使用"使+NP+NP"相关。虽然 MAKE 和 LET 使役态的
语法特征较为复杂,学生英语中只有少量错误是因语法知识掌握不够造成的,如
let students to solve the problem* , let our life better* 和 make the family more
harmony* 等。上述数据表明,学生英语与英语本族语使役态的类联接型式趋于
一致。下文进一步分析使役态的语义选择趋向和语义韵特征,相关数据
见表 7.2。

表 7.2　英、汉使役态语义选择趋向和语义韵特征

节点词	库	类联接	语义选择趋向		语义韵	比例
			NP	VP/AP		
MAKE & 使	BNC	MAKE+NP+VP	NP₁	积极(动作)	赞成	24%
				中性(动作)	中立	26%
				消极(动作)	反对	50%
		MAKE+NP+AP	NP₂	积极(状态或变化)	赞成	59%
				中性(状态或变化)	中立	21%
				消极(状态或变化)	反对	20%
		MAKE+NP+NP	NP₂	积极(变化)	赞成	78%
	MCC	使+NP +VP	NP₁	积极(动作)	赞成	64%
				中性(动作)	中立	16%
				消极(动作)	反对	20%
		使+NP+VP/AP	NP₂	积极(状态或变化)	赞成	63%
				中性(状态或变化)	中立	15%
				消极(状态或变化)	反对	22%
	WECCL	MAKE+NP+VP	NP₁	积极(动作)	赞成	76%
				消极(动作)	反对	24%
		MAKE+NP+AP	NP₂	积极(状态或变化)	赞成	89%
				消极(状态或变化)	反对	11%
LET & 让	BNC	LET+NP+VP	NP₁/₂	中性(自愿)(Let's /us/me)	赞成(强烈)	39%
				中性/积极(自愿或自然)	赞成(中等)	61%
	MCC	让+NP+VP/AP	NP₁	中性(自愿)(祈使句)	赞成(强烈)	10%
				积极(自愿或自然)	赞成(中等)	20%
				中性(非自愿努力、行动)	不愿意或非自愿	45%
				消极	反对	25%
	WECCL	LET+NP+VP	NP₁	中性(自愿)(Let's /us/me)	赞成(强烈)	51%
				积极(状态、愿望)	赞成(中等)	20%

（续表）

节点词	库	类联接	语义选择趋向		语义韵	比例
			NP	VP/AP		
				中性（努力、行动）	不愿意或非自愿	20%
				消极	反对	9%

注：① NP₁ 主要表示人物、观点和情感等，NP₂ 表示事物或事物特征，NP₁/₂ 表示二者都高频出现；② 语义选择趋向中的"中性"特征表示无明显的"积极"或"消极"语义特征；语义韵中的"中立"态度则表示无明显的"赞成"或"反对"态度；③ 由于各类联接在语料库中都高频出现，为了便于比较，百分比统计以相应类联接为基准。

7.4.2 语义选择趋向和语义韵特征

7.4.2.1 MAKE+NP+VP/AP/NP vs "使+NP+VP/AP"

（1）BNC 中的 MAKE+NP+VP/AP/NP。如表 7.2 所示，英语本族语中，MAKE+NP+VP 中的 NP 主要表示人物（记作 NP₁），VP 倾向于表示消极动作或行为，约占 50%，如"What was wrong was whatever made her suffer""I've heard things that make my stomach turn""But you made me fight it"等。其中，"wrong""suffer""make my stomach turn"和"But"等语境信息表明，MAKE+NP+（消极）VP 主要表示"导致不好的行为或结果"，实现"反对"态度。相比而言，含 MAKE+NP+（中性）VP 和 MAKE+NP+（积极）VP 的词语索引分别倾向于表达"中立"和"赞成"态度，分别占 26% 和 24% 左右。如"What finally made you actually do something""Is it possible for the inmates to make the visitors understand what life is like""It'll probably make them feel better"等，上下文没有明显表达反对态度的语境信息。

在 MAKE+NP+AP 中，NP 主表示事物（记作 NP₂），AP 倾向于表示积极语义，约占 59%。例如，"lawmakers must make their philosophy clear""It makes life easier for me"等，趋于实现"赞成"态度。相比而言，MAKE+NP+（消极）AP 仅占 20% 左右，主要实现"反对"态度。如"This makes it difficult to form a view as to how much has been awarded for""What makes it worse is the fact that"等。

MAKE+NP+NP 主要表示"使某人物或事物发生积极的变化"，以事物（NP₂）为主，倾向于实现"赞成"态度。例如，"that will make yours a truly polished performance"和"That makes us one of Europe's most popular and busiest exhibition centres"中，"truly polished""most popular"等信息表明了较为明显的"赞成"态度。

（2）MCC 中的"使+NP+VP/AP"。词语索引数据表明，"使+NP+VP/AP"主要包括"使+NP$_1$+VP"和"使+NP$_2$+VP/AP"两种类型。"使+NP$_1$+VP"中的 VP 主要表示积极动作，如"**使**成千上万的工人摆脱了繁重的体力劳动"和"**使**她具备了较强的理解能力"等，约占相应词语索引的 64%。与之相比，在"使+NP$_2$+VP/AP"词语索引中，VP/AP 主要表示积极的状态或变化，如"应该尽量**使**这一课题成为……的有机组成部分"和"诗中有画**使**诗更加生动"等，约占 63%。上下文语境表明，"使+NP+（积极）VP/AP"都倾向于表示"赞成"态度。在其余词语索引中，VP 主要表示中性或消极语义，如"勿**使**成功的阻力超乎他们的能力"和"垄断**使**先进生产技术不能充分发挥作用"等趋于表达"反对"态度，而"甲**使**乙继续占有小马，甲就是站在间接占有的地位"和"因为外界之刺激于我们，只是**使**我们身体上发生一种变动而已"等主要表达"中立"态度。

（3）WECCL 中的 MAKE+NP+VP/AP。如表 7.2 所示，在 WECCL 中，MAKE+NP+VP 和 MAKE+NP+AP 中的 VP 和 AP 都倾向于表示积极语义，分别占相应词语索引的 76% 和 89% 左右，而 NP 分别以 NP$_1$ 和 NP$_2$ 为主。例如，"It will make us remember the word deeply""Help and care from friends will make one feel happy""make our country stronger and stronger""many useful tools that make our daily life better"等。其中，"remember the word deeply""make one feel happy""make our country stronger""make our daily life better"都表示积极动作或变化，是说话者所希望的。MAKE+NP+（积极）VP/AP 倾向于实现"赞成"态度。

其余词语索引中，MAKE+NP+VP/AP 中的 VP 和 AP 主要表示消极语义，如"the cease from learning for just a few days will make a person lag behind""overusing the E-dictionary will make our spelling ability and memory deteriorative *""So many rules... have made the students tired of it"等。它们分别表达了对"不学习""依赖电子词典"和"规章制度太多"的不满，主要实现"反对"态度。

7.4.2.2　LET+NP+VP vs"让+NP+VP"

（1）BNC 中的 LET+NP+VP。在 BNC 中，祈使句 Let's/us/me+VP 高频出现，约占 40%，主要用于直接引语，口语化倾向比较明显。其中，VP 主要包括 forget、tell、recognize、look、consider 等表示心理和交际活动的动词，带有中性语义。例如，"let's forget the whole thing""Let us recognise that there is a figure""Well, let me tell you something"等，分别表示"建议忘掉某事""提议注意某一事实"和"请求他人听取信息"。Let's/us/me+VP 趋于实现较为强烈的"赞成"态度。

在其余词语索引中，LET+NP+VP 主要表示让 NP 自愿或自然发生 VP（动作、心理活动或状态变化)。如"when you let it drip through your fingers""He was happy to let Draper make the creative decisions""so she let him carry her to the living-room"等,分别表示"允许某物从指间掉下"、"允许某人作出决定"和"同意某人将她移动"。"He was happy""creative""so"等语境信息表明,这类词语索引中的 LET+NP+VP 也实现"赞成"态度,但不如祈使结构 Let's/us/me+VP 强烈。

(2) MCC 中的"让+NP+VP"。该结构中的 VP 主要带有中性或积极语义特征。其中,祈使句"让我(们)+VP"约占 10%,如"让我们再选一个例子来说明""让我把他的事办完"等,主要表示"提议"或"请求",趋于实现强烈的"赞成"态度。需要说明的是,祈使句"让我(们)+VP"在 MCC 中共出现近 500 次,主要来自直接引语,多用于对话。由此可推测,"让我(们)+VP"口语化倾向比较强,可能在汉语口语中高频使用。

在其余词语索引中,"让+NP+(积极)VP"和"让+NP+(中性)VP"分别约占 20%和 45%。其中,"让+NP+(积极)VP"主要表示说话者的愿望。例如,"让我们的爱有意义些才是!"和"那就该不断让我们多增加点收入呀!"等,它们也趋于实现比较强烈的"赞成"态度。与之相比,"让+NP+(中性)VP"中的 VP 主要表示"执行某任务或完成某动作"。然而,这些任务或动作并不是 NP 自愿执行或自然发生的。例如,"我示意让他说话"和"妈妈忙让我拿件衣服追了上去"分别表示"要他说话"和"要求我拿衣服追",隐含着"非自愿"或"不愿意"的态度。此外,部分词语索引中,VP 趋于表达消极语义,约占词语索引总数的 25%。例如,"怎么还让他留着"和"绝不能让这种人篡权"等,分别表示"不让他留"和"不让这种人篡权",实现"反对"态度。极少数词语索引中,"让+NP+VP"趋于表示"被动",本章不予讨论。

(3) WECCL 中的 LET+NP+VP。在 WECCL 中,祈使句 Let's/us/me+VP 高频出现,约占词语索引总数的一半。VP 主要包括 see、look at、take … for example 和 say 等表示心理和交际活动的动词。例如,"Let's look at the second graph.""Let's take mobile phones for example.""Now, let's see some differences between them."等,趋于表示"提议"或"请求",实现强烈的"赞成"态度。与 BNC 不同的是,WECCL 中的祈使句 Let's/us/me+VP 主要用于间接引语。

在其余词语索引中,LET+NP+(积极)VP,LET+NP+(中性)VP 和 LET+NP+(消极)VP 分别占词语索引总数的 20%、20%和 9%。其中,LET+NP+(积极)VP 主要表示"实现某一愿望"。例如,"We should let them have more freedom""It is the right opportunity to let them touch the society*""it can let us lead a meaningful life"等。其中,"have more freedom""touch the society*""lead a meaningful life"都表示美好的愿望,"should""right opportunity""meaningful life"等语境信息表

明,LET +NP+(积极)VP 趋于实现较为明显的"赞成"态度。

在 LET + NP + (中性) VP 中, VP 趋于表示"承担某任务"。例如,"Competition would let you work hard"、"let children be away from computer games""We must let children understand the significance of"等词语索引中,LET+NP+VP 都表示"要求或促使某人付出努力、完成任务"。上下文语境表明,work hard、be away from computer games、understand the significance of 等任务都具有一定难度,并非这些 NP 自愿去完成的,暗藏着"非自愿"或"不愿意"的态度意义。此外,在少数词语索引中,VP 主要带有消极语义,LET+NP+(消极)VP 趋于实现"反对"态度,如"living outside probably will let us miss the due pleasure"和"but not let it block their progress"等。

上述数据分析表明:学生英语与英、汉本族语使役态都表现出各自的共选特征。如图 7.1 所示,BNC 中的 MAKE 型使役态因搭配词 NP 和 VP/AP 的语义特征不同而分别表示"导致消极动作或状态变化"和"促使中性或积极事物发生",

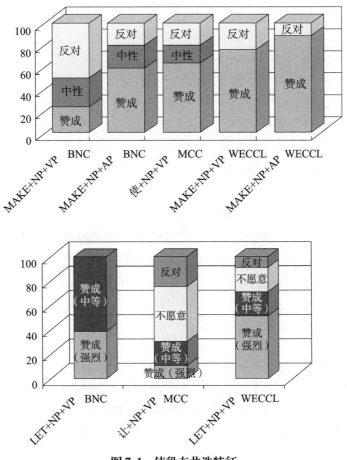

图 7.1　使役态共选特征

实现"反对"、"中立"和"赞成"态度;LET 主要与带有中性或积极语义的 VP 共现,实现"赞成"态度。在 MCC 中,"使+NP+VP"中的 VP 主要表示积极语义,倾向于实现"赞成"态度;而"让"则趋于与三种不同语义的 VP(消极、中性和积极)高频共现,分别实现"反对"、"不愿意"和"赞成"态度。WECCL 中的 MAKE 型和 LET 型使役态在类联接上与 BNC 趋于一致,但在语义选择趋向和语义韵特征上差异明显。

7.5　讨论

7.5.1　本族语者的共选知识特征

本族语数据表明,英、汉使役态都有其特定的语法结构,倾向于与特定语义特征的词语共现,实现具体的态度意义即语义韵;英语和汉语使役态在语法结构上貌似对应,但在语义选择趋向和语义韵特征上差异明显。从表面上看,LET、MAKE、"让""使"等类型的使役态均表示"允许某人做某事或某事发生",但分别隐藏着不同程度的"赞成""中立"和"反对"态度,因搭配词不同而异。如图 7.1 和表 7.2 所示,MAKE+NP+NP/AP 有明显的积极语义选择趋向,实现"赞成"态度,而 MAKE+NP+VP 中的 VP 则趋于表示消极语义,实现"反对"态度。与之相比,"使+NP+VP"则趋于表示"中性/积极"语义,实现"中立/赞成"态度。再如,LET+NP+VP 和"让+NP+VP"都用于表示"请求/提议",构筑强烈的"赞成"态度,然而,后者还高频用于实现"非自愿/不愿意"和"反对"态度。

英、汉使役态共选特征表明,除语法知识外,本族语者还懂得给定语法结构倾向于与哪些语义特征的词语共现、实现何种态度意义或语用功能。换言之,本族语语言能力取决于多个层面的共选知识(Partington 1998:16;Hoey 2005:10),涉及词汇、语法、语义和功能方面(Larsen-Freeman 1991;Bachman & Palmer 1996)。交际中的语言形式选择总是从话题以及对话题的态度出发(Becker 1976;Morley & Partington 2009)。对于给定话题,本族语者之所以选择某些词语和语法结构而不选择其他,主要取决于所要表达的态度意义,即语义韵制约着词汇和语法项的选择。由此可见,本族语语言知识中各层面的共选知识交互作用,共同实现交际目的,语义韵知识起统领作用。

7.5.2　学生英语共选知识特征

分析表明,学生英语中的各类使役态与英语本族语在类联接型式上趋于一致。数据显示,MAKE 和 LET 使役结构的语法特征较为复杂,如其主动式均接不带 to 的动词不定式,MAKE+NP +AP 高频出现,而 LET+NP+AP* 则不符合语法等。尽管如此,学生英语中 90% 以上的词语索引都符合语法。即使部分英汉翻译对等在形式上差异较大,学习者仍能使用符合英语语法的使役态实现相应的功能。例如,"使+NP+AP"在汉语中很少出现,而学生英语高频使用 MAKE+NP+AP,主要表示"使+NP_2+VP"所要表达的意思,即 "使某事物或状态发生变化"。

然而,学生英语使役态与英语本族语在语义选择趋向和语义韵方面差异较大,与汉语翻译对等趋于一致。例如,在 WECCL 中,MAKE+NP+(积极)VP 高频出现,主要实现"赞成"态度,与英语本族语差异明显,而与"使+NP+VP"趋于一致;与英语本族语相比,学习者除了高频使用 LET+NP+VP 表示"赞成"态度以外,还大量用之表达"非自愿/不愿意"和"反对"态度,与"让+NP+VP"趋于一致。由此说明,学习者较好地掌握了英语语法知识,但倾向于依靠汉语语义韵选择英语搭配词和语法结构,表现为其特有的二语共选知识。

7.5.3　二语知识体系主要影响因素

(1) 母语共选要素是构造二语知识体系的重要隐性知识源。英汉本族语共选特征表明,语法结构总是趋于与具有某些语义特征的词语共现,实现特定的交际功能。母语者在交际中反复接触这些共现现象,重复启动(repetition priming)共选知识,在头脑中逐渐建立起相应的词语搭配、类联接、语义联结(semantic association)和语用联结(pragmatic association),自然而然地能够利用这些联系选择搭配词和类联接实现交际目的(Hoey 2005)。由此说明,共选要素是母语知识的主要内容,属隐性知识。

在二语交际中,学习者不可避免地要借助母语来理解和表达。当目标语知识不能满足其交际需要时,他们倾向于依靠翻译对等之间的联系借助母语系统表达意思(Kroll & Stewart 1994;Jarvis & Pavlenko 2008:120;桂诗春 2004:131)。中国学生英语使役结构共选特征表明:学习者倾向于根据交际目的触发其母语共选知识,然后选择目标语的翻译对等词和语法结构。这实质上是利用母语共选知识启动目标语词汇和语法结构,随着二语交际的延续,学习者头脑中就逐步建立起其特有的词语搭配、类联接、语义选择趋向和语义韵,构成二语知识体系的主要内容。这些在交际活动中自然习得的语言知识主要是隐性知识(Bialystok 1978;Krashen 1981;R. Ellis 1994;N. Ellis 1996)。由此可见,母语共选要素是重要的二语隐性知识源。

(2) 语义韵是高度抽象的隐性知识,在二语知识体系构造中起主导作用。母语共选要素中,语义韵具有潜藏特性,难以凭直觉判别,是各共选层面中抽象程度最高的,在词汇和语法项选择中起着统领作用(Sinclair 1996, 2004;Xiao &

McEnery 2006;Stewart 2010)。本研究所调查的学生英语使役态共选特征表明，二语语法知识受母语影响较小，语义知识受汉语影响较大，学习者基本不能区别英汉语义韵特征的差异。这从二语角度进一步证实，语义韵是抽象程度最高的隐性知识。

就二语教学而言，目标语语法知识有规则可循，语义特征可参照母语翻译对等描述。相应地，教师和有关专家都倾向于把母语与目标语语言形式等同起来，依靠翻译对等（包括语法结构和词语）之间的联系编撰词典、编写教材和开展教学等。这些做法忽视了语言形式和意义之间的联系，容易造成错误匹配（Berry 1999；Tognini-Bonelli 2001：41）。其根本原因在于语义韵是高度抽象的隐性知识，难以觉察。这种将两种语言形式等同起来的做法促使学习者利用母语语义韵知识选择目标语词汇和语法结构，逐步形成二语知识体系。由此表明，母语语义韵知识在二语知识体系构造中起着主导作用。

7.6　结论与英语使役态教学设计

7.6.1　结论

本章利用多重比较法考察了学习者英语使役态的词汇、语法、意义和功能方面的知识。研究发现，本族语语言知识包括多个层面的共选知识；学习者基本掌握了英语使役态语法知识，但缺乏语义选择趋向和语义韵知识，倾向于依靠汉语知识选择英语词汇和语法项进行英语表达；学习者特有的共选知识，特别是语义韵知识，在二语表达中起主导作用，是二语隐性知识的主要内容。究其原因，二语知识体系由词语搭配、类联接、语义选择趋向和语义韵知识等要素共同构成，是母语和目标语知识交互作用的结果。其中，母语共选知识是重要的隐性知识源，语义韵知识抽象程度最高，在二语知识体系构造中起主导作用。

上述发现说明，语法知识并非语言能力的决定性因素，用之考察"隐性/显性"知识接口会产生不同结果；学习者 L2 词汇的共选特征很大程度上由 L1 界定，但反之不然，是造成 L1—L2 词库不对称性的主要原因；反复触发和启动二语共选关系是造成中介语石化的主导因素。此外，本章基于扩展意义单位模型的多重比较方法有助于显化和区分英、汉语法结构在共选特征上的异同，对推动 EFL 教学改革具有一定价值。下文就如何基于上述语料库研究发现开展英语使役态教学设计展开讨论。

7.6.2　基于语料库的英语使役态教学设计探讨

上述语料库调查主要揭示了两个问题：①中国英语学习者在使用 LET 和

MAKE 使役态时存在困难,结果在表达中大幅偏离目标语习惯,不能准确传递态度意义,对交际效果产生严重影响;②上述偏差与学习者倾向于过度依赖汉语对等词或结构有关,而这种依赖或偏离一般难以被学习者意识到(即所谓的隐性知识)。换言之,即使能够通过语料库数据显示以下差异:在英语本族语中 MAKE+NP+VP 有 50％的可能性用于表示对消极事件的反对态度,而"使+NP +VP"只有20％的概率,如何让学习者掌握这 30％的差距、让他们少偏离目标语用法仍然是教学实践中的难点。因此,要有效解决二语表达中的使役态问题,尚需要在相关发现的基础上进一步深入开展教学设计研究。

　　语料库调查结果说明,二语使役态使用的偏离与过度依赖母语对等结构有关,而学习者所依赖的母语结构并非唯一对等结构。由于这些结构比其他对等结构更趋于在字面意思上对应,再加上学习阶段所接触的目标语材料非常有限等原因,学习过程中主要建立并且不断巩固了特定的双语对应联系,而其他多种对应关系并未能够启动或充分启动(Hoey 2005),是现有教学活动中二语表达偏离目标语型式的主要原因。因此,让学习者全面接触目标结构和相应的母语对等结构、尽可能充分学习目标语用法,是掌握上述"30％偏差"的路径之一。

　　典型的双语对等结构往往需要通过平行语料库数据进行观察和发现,因此,基于平行语料库证据开展对等结构对比分析和教学设计研究有助于解决上述问题。平行语料库数据发现,MAKE+NP+VP 型式除了翻译成汉语"使+NP+VP"以外,还翻译成其他多种对等结构。如表 7.3 所示,从英汉双语社论平行语料库(ECCE2.0)http://www. icorpus. net/application/ft 随机抽取的 19 条含有MAKE+NP+VP 的词语索引中,有 11 例翻译成"让+NP+VP"结构,如"Make their own fears come true"、"make investors buy into what seems like an attractive deal"和"make taxpayers pay for the follies of private bankers"等。它们倾向于表达"反对"或"不愿意"的态度。上文表 7.2 显示,与"使+NP+VP"结构相比,"让+NP+VP/AP"结构更倾向于表达"反对"或"不情愿"的态度。这从语义韵上说明了上述例句中 MAKE 结构与汉语中"让+NP+VP"趋于一致的重要原因。

表 7.3　MAKE+NP+VP 的英汉平行语料库证据

| 1 | Investors fearing that a state cannot refinance itself on bearable terms will drive up yields and | make | their own fears come true. |
| 2 | 投资者担心,政府无法以可承受的条件为自己再融资,这将推升收益率,进而 | 让 | 他们的担心变成现实。 |

（续表）

3	Unlike monetary debt financing, there is no legal shadow over the ECB's authority to	make	monetary policy work.
4	与通过货币手段为债务融资不同,欧洲央行	维护	货币政策效力的权力在法律上不存在争议。
5	And why was it not easier to	make	investors buy into what seems like an attractive deal?
6	还有,既然市场贴现率看起来如此诱人,	让	投资者去市场中买入希腊债券,难道不是更简单吗?
7	And finally, to	make	stocks look cheap history must be analysed selectively.
8	最后,	若说	如今的股票似乎挺便宜,要看以哪段时期做参照。
9	He did, however, enumerate ways in which policy makers are seeking to	make	the system work better, whether by tightening capital requirements, or ring fencing investment banking arms off from retail subsidiaries.
10	不过,他还是枚举了一些政策制定者	用以改善	金融体系的办法,例如收紧资本金要求,或把投资银行部门与零售银行部门隔离开来。
11	Shooting the messenger will not	make	that truth disappear.
12			伤害信使也无济于事。
13	Iceland, the first of many countries in the financial crisis to be submerged by its bloated banks, uniquely refused to	make	taxpayers pay for the follies of private bankers.
14	在本次金融危机中,冰岛是首个被本国过度膨胀的银行压垮的国家,但在遭遇此类问题的众多国家中,冰岛却是仅有的一个拒绝	让	纳税人为私人部门银行家的愚蠢行为埋单的国家。
15	To take part in Europe's single banking market, states must	make	the sector set up and run a deposit insurance scheme.
16	若想加入欧洲单一银行市场,各国必须	让	银行业建立起存款保险计划并付诸实施。

（续表）

17	President Obama supports the increase, but has so far been reluctant to risk political capital to	make	it happen.
18	美国总统奥巴马（Obama）支持增加贡献额，但他迄今仍不愿拿自己的政治资本为赌注来	促成	这件事。
19	Recall that the creditor states, led by Germany, were all too willing to	make	taxpayers bail out bank investors when the taxpayers were Irish and the investors their own banks, insurers and pension funds.
20	回忆一下，在爱尔兰危机中，当纳税人是爱尔兰人，而投资者是来自债权国的银行、保险公司和养老基金时，以德国为首的债权国是非常乐意	让	纳税人为银行投资者纾困的。
21	The debate is now about a single resolution mechanism and the nature of rules to	make	investors bear the cost of bank failures.
22	目前的争论焦点是单一处置机制以及	让	投资者承担银行破产成本之规则的性质。
23	However, it is precisely this unwillingness to	make	people face the true cost of their risks that made Europe so vulnerable to a financial crash.
24	不过，正是因为不愿意	让	人们面对与其自身所冒风险相关的真实成本，才让欧洲如此容易发生金融危机。
25	The threat of asset freezes on leading oligarchs connected to Mr Putin would certainly	make	the Kremlin think twice.
26	如果对与普京有关联的主要寡头发出冻结他们资产的威胁，肯定会	让	俄罗斯三思而行。
27	On Monday, the Environmental Protection Agency launched a plan to	make	US states limit their carbon dioxide emissions.
28	周一，美国国家环境保护局（Environmental Protection Agency）才公布了一项计划，	要求	各州控制二氧化碳排放量。

（续表）

29	While promising to "	make	the terrorists pay the price", he has not rushed through a sudden change of policy, insisting he will not provide even logistical support for the military coalition against Isis.
30	在承诺	"让	恐怖分子付出代价"的同时,他没有仓促改变政策,并坚称不会为打击 ISIS 的军事同盟提供哪怕是后勤上的支持。
31	While this week's revelations	make	tax evasion appear almost comically blatant—brick-sized wads of foreign currency, clients disguised by code-names—criminal prosecutions are difficult, rare and expensive.
32	虽然,在本周的爆料中,捆成砖头大小的外币、用代号隐瞒身份的客户,	都使得	那些避税行为表现出一种近乎滑稽的明目张胆。但是,提出刑事起诉既不容易也不多见,还要付出高昂成本。
33	None is likely to	make	Mrs Clinton feel the heat.
34	他们不可能	让	希拉里感受到威胁。
35	As befits a gathering deservedly known for having a high ratio of words to actions, the G20 wrapped up its meeting last weekend with a strong but ill-defined call to	make	globalisation and capitalism work for the good of all.
36	周一闭幕的 20 国集团(G20)峰会发出了强烈但含混的呼吁:全球化和资本主义	应造福	所有人。这很衬一场有着"言多于行"之名的盛会。
37	For that few, though, the option might be very valuable—and its very existence might	make	all users think more about the trade-offs they are making.
38	不过,对这部分人而言,这一选择可能非常有价值,而它的存在或许会	让	所有用户多想一想自己的取舍。

如表 7.4 所示,从 ECCE2.0 所提取的 10 条含有 LET+NP+VP 的词语索引中,有 7 例翻译成"让+NP+VP"结构。其余 3 例分别为: let its currency rise vs

"允许……升值"、let the bank fail vs "可以放任这家银行破产"和 let it resume vs "又恢复了这一进程"。在这 3 例中,LET 与"让"在用法和语义上有很大差异,相应译文中的"允许"、"可以放任"和"又恢复了"可以在一定程度上替换为"让……升值"、"让这家银行破产"以及"让它恢复"。然而,替代后的译文与原有译文在意义和功能上有微妙差异,需要考察更多的语料库证据进行比较分析。这说明,LET+NP+VP 除了与"让+NP+VP"高频对应以外,还与汉语中的其他词汇语法手段趋于对应,可能与所共现的 NP 和 VP 等有密切关联。具体比较分析可以采用可比语料库和平行语料库证据相结合的方法(参见陆军、卫乃兴 2012)。

表 7.4　LET+NP+VP 的英汉平行语料库证据

1	It attempted to use the forum as a vehicle for global rebalancing—specifically pressing ××× to #**let** its currency rise and reducing trade surpluses and deficits.
2	美国试图把这个论坛作为推动全球再平衡的工具——尤其是要迫使×××国#**允许**×××币升值,以及力争减少贸易顺差与赤字。
3	Political parties should ignore the vagaries of polls—whose methodology in Japan is questionable—and #**let** their leaders stick around long enough to accomplish something.
4	政党应该无视变化莫测的民调结果(况且日本民调的方法也值得怀疑),#**让**领导人在任上停留足够多的时间,取得一些成就。
5	The worry is that the slowdown may encourage ××× to go for another stimulus package similar to the one in 2009 and to abandon its intention to #**let** the ××× appreciate, in the hope of protecting domestic exporters.
6	目前的担忧是,经济放缓可能鼓励×××方面决定出台又一套刺激计划(类似于 2009 年的那套计划),同时放弃#**让**×××币升值的意图,以求保护本国出口企业。
7	It is hard to see how Berlin, in particular, can find the political space to #**let** the eurozone support Greek banks.
8	难以想象欧元区其他国家(尤其是德国)现在找得到#**让**欧元区支持希腊银行的政治空间。
9	The board had ample reason to #**let** him go, however.
10	不过,花旗董事会的确有充足理由#**让**潘伟迪离开。
11	Yet, had the government been told the truth, it could have decided to #**let** the bank fail instead of pouring in taxpayers' money.
12	然而,如果当初政府了解了真相,本来#**可以放任**这家银行破产,而不会倾纳税人之囊施与援手。
13	The decision to #**let** solar-panel maker ×× Solar default—the first such instance in recent ×× history—will help introduce much-needed discipline in a market that has too often enjoyed the luxury of bailouts.

（续表）

14	#让太阳能电池板制造商××××太阳能(Shanghai Chaori Solar)违约(这是近年××首例违约)的决定,将有助于在一个过于频繁地坐享纾困的市场引入亟需的纪律。
15	started letting the nominal exchange rate appreciate after 2005, paused it for two years during the financial crisis, and then **#let** it resume.
16	2005 年后开始允许名义汇率升值,金融危机期间暂停了两年,然后#又恢复了这一进程。
17	"I will not **#let** any obstacle stop me," Mr Macron declared on Sunday night.
18	"我不会#让任何障碍阻挡住脚步,"马克龙上周日晚宣称。
19	One of the ways the US dollar has maintained its standing as a reserve currency in the past quarter-century is having successive administrations **#let** it find its own level rather than perpetually trying to micromanage it for reasons of international competitiveness.
20	美元在过去 25 年保持储备货币地位的方式之一是,历届行政当局#让它找到自己的汇率水平,而不是出于国际竞争力原因,没完没了地试图对其进行微观管理。

　　需要指出的是,由于 ECCE2.0 的语料主要来自《金融时报》《纽约时报》的社论,所以还不能够代表 MAKE+NP+VP 和 LET+NP+VP 的总体使用情况,但是在目前平行语料库资源非常有限的情形下,仍然是帮助学习者意识到英、汉使役结构交叉对应关系的最可靠手段。上述平行语料库数据说明:在 MAKE+NP+VP 的教学设计中,除了提供 MAKE+NP+VP vs "使+NP+VP" 的对应实例以外,还要提供相当数量的 MAKE+NP+VP vs "让+NP+VP" 等对应实例,促使学习者意识到汉语中有部分含"让+NP+VP"等结构的表达也与 MAKE+NP+VP 对应,而不是一味地使用 LET+NP+VP。同样,在 LET+NP+VP 的教学设计中,除了提供 LET+NP+VP vs "让+NP+VP" 的对应实例以外,还需要列出 LET+NP+VP 与 "允许+NP+VP"、"可以放任+NP+VP"等对应实例,促使学习者意识到汉语中还有其他结构与 LET+NP+VP 趋于对应。不仅于此,还需要帮助学习者掌握它们在何种情形下趋于对应。根据表 7.2 中的语义韵数据解释说明上述对应机理,有助于开展英语使役态结构显性教学。然而,正如前文所述,语义韵很难概括,即使做出显性概括也会有较大偏差,需要设计出能够促进相关结构的语义韵隐性学习的学习活动。因此,在基于平行语料库证据开展显性教学的基础上,还需要进一步提供大量目标语数据,促使学习者在反复接触中感知和抽绎相关语义韵。为了帮助学习者更为全面掌握 MAKE+NP+VP 和 LET+NP+VP 的用法,可参照第 5 章和第 6 章教学设计思考部分的论述,如借助 BNC 或 COCA 等英语本族语语料库数据设计各类能够促进显性、隐性教学的活动,也可以使用 CLEC 和 WECCL 等学习者语料库中有偏误的使用案例开展显性学习。

第 8 章

英语写作中定冠词 THE 的共选特征研究①

8.1 引言

英语冠词是使用频率最高的词类,主要包括定冠词 THE、不定冠词 A/AN 和零冠词(Master 1990, 2003)。从形式上看,冠词总是位于限定词短语的限定位置(Abney 1987; Longobardi 1994);从意义或功能上讲,主要用于表达定指性等信息(Ionin 2003);从跨语言视角看,英语冠词特别是定冠词 THE 与很多二语学习者的母语(如汉语)在词语对应关系上不确定(Chung 2000)。再加上其在交际中高频使用,例如,约翰·辛克莱(John Sinclair)2005 年 10 月在新鲁汶的视频大会演讲题目为"The phrase, the whole phrase and nothing but the phrase"(参见 Sinclair 2008),在短短 10 个单词的标题中定冠词 THE 共出现 3 次,其功能远远不止是语法上所描述的限定作用。由此可见,尽管其形式特征看似简单,但所表达的意义和功能却非常微妙而复杂,是最难掌握的语法结构,是最后才能完全习得的部分之一(Master 1990)。

8.2 文献综述

英语冠词系统非常复杂,相关研究的理论视角和体系有很大差异。例如,比克顿(Bickerton 1981)主要关注"是否特指"(±specific referent)和"是否假定听话人知晓"(±assumed known to the hearer)两组特征。实际使用中,这两组特征并不完全独立,往往会有交叉。例如,在某些情形中"特指"蕴含着或伴随着"听话人知晓",但孰轻孰重则取决于说话者的交际意图。贡德尔、赫德伯格和扎哈尔

---

① 本章部分内容发表于《语料库语言学》2017 年第 2 期第 55 至 68 页。

斯基(Gundel, Hedberg & Zacharski 1993：275)通过已知性层级(Givenness Hierarchy),利用相互关联的六种认知情形(即"聚焦"(in focus)→"激活"(activated)→"熟悉"(familiar)→"独一无二的可确定性"(uniquely identifiable)→"指称"(referential)→"可确定类型"(type identifiable))反映出具体用法特征,与自然语篇中的指称语(referring expressions)用法更为切合。不过,这些认知情形可能会出现非常复杂的组合关系,在实际研究中并不容易操作。马斯特(Master 1990, 2003)将整个英语冠词体系分为两个主要特征,即"分类"(classification)和"定指"(identification),体现出语言使用中冠词(a 和 THE)在形式与功能之间存在一定的对应关系。相比之下,该体系具有较强的概括性和可操作性。就定冠词 THE 而言,马斯特(Master 1990, 2003)指出,当某一名词用于表示"再次提及"(subsequent mention)时,必须要与定冠词 THE 连用,以表明其不再是新出现词;与等级形容词(ranking adjectives)(R-ADJ)共现时,主要分为三类:最高级(superlative)、顺序关系(sequential)和唯一性(unique)。其实,最高级和顺序关系可以看作唯一性的特殊类型。例如, the most beautiful/the next/the only city 中的 city 为特指,主要突出唯一性。根据马斯特(Master 1990, 2003),当定冠词 THE 用于表示共享知识(shared knowledge)时,主要包含两种情况:"普遍性"(universal)和"区域性"或"逻辑性"(regional/logical)。例如,使用 the moon/the school/the window 等表达主要是为了突出交际双方共同知晓的事物,是已经确定或定指的。在后置修饰用法(post-modification)中,THE 可与后置定语共同对目标名词加以限定,使其变得更加确定、凸显,如 The water in this glass is dirty 等。当后置限定"of -结构"用来表述中心名词(head noun)时,如 the length of the room,需使用定冠词 THE 对中心名词限定,使其进一步确定或凸显。

上述文献说明,英语冠词所表达的意义和功能非常复杂。相应地,在二语习得研究中也备受关注。相关研究主要从学习者的语言水平、学习和使用策略、母语影响以及中心名词的语义特征等角度探讨英语冠词的使用特征。研究发现,中国学习者使用英语冠词有很大困难,出现不同类型的错误,与汉语中缺少明确的冠词系统有着密切关联(如蔡金亭、吴一安 2006;李景泉、蔡金亭 2001;闫丽莉 2003;朱叶秋 2003;朱叶秋、文秋芳 2008 等)。造成二语冠词难以习得的另一个原因在于其较为复杂的句法、语义特征(如 Lardiere 2004, 2009;Robertson 2000;White 2008;常辉、赵勇 2014;戴炜栋、韦理 2008;邵士洋、吴庄 2017;周保国 2007 等)。

尽管 EFL 学习者冠词使用的缺失或失误与母语影响有密切关联,但中国学习者并没有因为汉语中缺少冠词系统而少用定冠词,有时反而倾向于过度使用。例如,朱叶秋(2003)等发现中国英语学习者在母语者使用零冠词的语境中也会使用 THE 或 A/AN。不过,有些研究则认为中国学习者可以完全习得冠词的指称信息(如常辉、赵勇 2014;戴炜栋、韦理 2008;于善志、苏佳佳 2011 等)。由此可见,除了母语影响以外,另有重要因素影响着中国学生的冠词习得。例如,邵士洋、吴庄(2017)指出,学习者除掌握冠词的指称信息外,还需习得相关句法知识。从共选(Sinclair 1991, 1996)视角看,英语冠词总是出现在特定的句法结构中,实现"指称"等特定的意义和功能,应当是形式、意义和功能共选的产物。

此外,研究方法的差异也会对得出的结果产生一定的影响。常用研究方法包括强制选择任务(forced choice)(如朱叶秋 2003 等)、语料库数据分析以及诱导数据分析(如邵士洋、吴庄 2017 等)等。其中,强制选择任务往往要求受试者根据语境从 THE、A 或"空缺"选项中选出最佳答案。此类任务明确要求受试者考虑冠词的用法,倾向于调用冠词的显性语言知识。然而,在真实语言表达中隐性语言知识起主要作用(N. Ellis 2011;R. Ellis 2006)。由此可见,强制选择任务能够反映学习者具有哪些冠词知识,但不能代表其在交际中的典型知识。与之相比,语料库数据则有助于反映真实语言使用中的典型语言知识(Barlow 1996;Barnbrook 1996;陆军 2017;陆军、卫乃兴 2014)。再者,学习者频繁使用英语冠词也为探讨冠词习得特征提供了重要证据。学习者语料库数据能够直观地反映出"过多使用""错误使用"和"过少使用"三种定量特征(Granger 1998)。其中,"过少使用"可能是由于学习者缺乏相应的语言知识或能力而回避使用相应的语言形式,也可能是由于语料库构成材料的特殊性使得相关语言形式未能充分体现,一定程度上妨碍了相关二语使用特征的研究。为此,一些研究采用诱导数据来克服这一缺陷。不过,诱导数据充其量只是用于反映"可能性"的语言知识(Thráinsson et al. 2007),而语料库数据则是反映"典型"语言知识的首选材料。由此可见,研究方法上的差异对研究结果会产生不同影响。

基于上述分析,二语冠词使用特征及其影响因素等方面仍然有诸多问题迫切需要解决。本章以共选说为理论框架,基于语料库数据考察中国高中英语学习者使用定冠词 THE 的特征。主要选题理据如下:首先,语言表达中的词语总是趋向于出现在特定的结构中;而这些结构也总是趋向于与特定的词语共选,实现特定的意义和功能(Sinclair 1991, 1996;Stubbs 1996, 2009)。英语定冠词 THE 也不例外,总是出现在 NP 短语中的特定位置上,如 THE+N, THE+N1+N2, THE+ADJ+N 和 THE+R-ADJ+N 等(参见 Master 1990, 2003)。这些型式都是 THE 与特定语法范畴的共现,其本质上为类联接(colligation)(参见 Hoey 2005;Sinclair 1991, 1996;卫乃兴 2002a)。THE 与这些结构共现表达"指称"、"重复提及"以及"共享知识"等功能。其次,在多数情况下,冠词的具体用法由上下文语义决定,并不能够为现成的规则所囊括(Ellis 1994),二语冠词使用尤其如此。

学习者在英语表达中高频使用冠词,高中学生也不例外,相应的语料库数据有助于通过上下文来揭示高中学生的真实冠词使用特征。再者,我国学生在中小学英语学习阶段广泛接触定冠词 THE。例如,江苏教育出版社出版的《牛津英语》初中教材中定冠词 THE 在课文、会话和练习中就出现 3 200 多次。据此估算,从小学到高中,加上课外练习,学习者接触定冠词的次数会非常之多。到高中阶段为止,应已掌握丰富的用法知识。一定意义上讲,中小学英语学习是影响冠词习得的关键阶段,而高中学习阶段又是基础教育和高等教育的重要衔接阶段。因此,高中英语学习者的语言使用研究既有助于反映中小学阶段的英语学习效果,同时也能够为后续大学英语教学研究提供参照。此外,与很多功能词相似,定冠词 THE 与汉语词语对应关系不确定,其习得特征研究对其他英语功能词的教学研究也有启示意义。综上所述,以共选为理论,基于语料库数据研究高中英语学习者的定冠词使用特征及其影响因素具有很大的理论意义和实践价值。

8.3　研究设计

8.3.1　研究问题

本研究尝试回答以下问题:

(1) 与英语本族语者相比,中国高中生英语写作中的定冠词 THE 在类联接、意义、功能上有何特征?

(2) 影响上述特征的因素有哪些?

8.3.2　研究工具与对象

本研究以中国学习者英语语料库(桂诗春、杨惠中 2003)中的高中学生英语作文子库(ST2)为二语语料库,以英语本族语学生语料库 LOCNESS(Granger 1998)为参照,考察中国高中学生英语定冠词 THE 的使用特征及其影响因素。两个语料库皆为学习者英语语料库,具有较好的可比性,能为探讨中国高中英语学习者定冠词 THE 的使用特征以及相应的影响因素提供参照数据。为了便于描述,下文分别将这两个语料库简称为 ST2 和 LOCNESS。

8.3.3　研究步骤

定冠词 THE 所修饰或限定的词语和结构比较丰富,相应的类联接所表达的功能也比较复杂,因此往往需要参照跨越单个甚至多个句子的语境方可确定。经典的 KWIC(Key word in context)检索方法(参见 Sinclair 1991, 1996, 2004)

所提供的上下文语境信息(节点词左右 4～5 个词的跨距)虽然能够反映共现词语型式,但不便于确定冠词的具体用法特征。为此,我们借鉴霍伊(Hoey 2005)所采用的考察手段,以段落作为主要观察单位,必要时参照上下文其他段落,确定目标结构所表达的意义和功能。具体操作步骤如下:

首先,数据提取。分别从 ST2 和 LOCNESS 中随机抽取 100 条符合要求的词语索引,同时根据词语索引信息定位和获取相应的段落和文章,提取更为丰富的语境信息。其次,类联接、意义和功能标注。逐行观察、分析和概括定冠词 THE 的类联接特征,同时通过阅读其所在段落(必要时相邻段落)概括其功能,并进行相应的标注。如表 8.1 所示,可根据中心词的修饰语位置,将含定冠词 THE 的结构分为两大类:"前置修饰、限定结构"(THE+ PRE-MOD +N)和"后置修饰、限定结构"(THE+NP+ POST-MOD)。如表 8.1 所示,前置修饰、限定结构主要包括 THE+N、THE+N1+N2、THE+ ADJ +N 和 THE+R-ADJ+N(其中,R-ADJ 表示等级形容词,而 ADJ 表示除此以外的形容词)等类联接;而后置修饰、限定结构则包括 THE+(ADJ+)N +RL(其中 RL 表示关系从句)、THE+(ADJ+)N+of、THE+N+PREP(of 除外)和 THE+NP+ POST-MOD(介词和关系从句除外)等类型。根据定冠词 THE 所在结构以及上下文语境确定其所贡献的意义或功能,如"再次提及""共享知识""等级性描述"和"限定性后置修饰"等(参见 Master 1990,2003)。

表 8.1　定冠词 THE 的类联接类型

分　类	类　联　接	示　例
THE+PRE-MOD+N	THE+N	the boy
	THE+N1+N2	the red book
	THE+NUM +N	the two legs
	THE+ADJ +N	the lovely girl
	THE+R-ADJ +N	the next year
THE+NP+POST-MOD	THE+N+RL	the boy who is laughing
	THE+ADJ+N+RL	the young man who is crying
	THE+N+of	the window of my house
	THE+ADJ+N+of	the beautiful girls of our class
	THE+N+PREP(of 除外)	the water in the bottle
	THE+N+POST-MOD(介词和关系词除外)	the book written by Mo Yan

最后,分析讨论。采用中介语对比分析法(Granger 1996),以英语本族语为参照,并结合相应的母语表达,分析中国高中生使用英语定冠词 THE 的特征及其影响因素。

8.4 定冠词 THE 的使用特征

8.4.1 定冠词 THE 的类联接分布特征

如表 8.2 所示,LOCNESS 中 THE+ PRE-MOD +N 和 THE+NP+ POST-MOD 分别约占 60%和 40%,而在 ST2 中则分别占 93%和 7%左右。相比之下,中国高中生倾向于少用 THE+NP+ POST-MOD,而主要使用 THE+PRE-MOD +N 型式,以 THE+N 为主,约占全部词语索引的 53%,如 the dog、the door、the fire、the river、the headmaster、the playground 和 the baby 等。而在 LOCNESS 中,THE+N 只占 24%左右(如 the system、the child、the mother、the author、the government 和 the day 等),但 THE+NP+ POST-MOD 结构频繁出现,包括 THE+N+ of(如 the beginning of their articles、the effects of the discrimination 和 the subtleties of their opponents' argument 等)、THE + N + PREP(of 除外)(如 the need for such programs、the rise in crimes 和 the great controversy over animal experimentation 等)和 THE+N+RL(如 the censorship that is on public television now、the shows that are aimlessly thrown on the air 和 the group that viewed the violent programs 等)。与之相比,ST2 中 THE+NP+ POST-MOD 只有少数几例,如 the students in our class、the bank on* the lake、the sound of nature、the place where ...、the day which* I went to ... 和 the surface of the floor 等。

表 8.2　ST2 和 LOCNESS 中定冠词 THE 的类联接与功能分布

分类	类 联 接	功能	LOCNESS	ST2
前置修饰、限定	THE+N	再次提及	10%	17%
		共享知识	13%	15%
		误用	1%	21%
	THE+N1+N2	再次提及	2%	1%
		共享知识	1%	3%
	THE+ADJ +N	再次提及	2%	4%
		共享知识	5%	2%
		误用		5%

（续表）

分类	类　联　接	功能	LOCNESS	ST2
	THE+R-ADJ +N	等级性、唯一性	4%	6%
	PREP+THE+N/NP	公式化构成	7%	15%
	Proper Name	专有名词	14%	
		专有名词误用		2%
	其他组合，如 the other、the practical 等		1%	2%
后置修饰、限定	THE+（ADJ+）N+RL THE+（ADJ+）N+of THE+N+PREP（of 除外）		40%	7%

此外，THE+R-ADJ+N 和 PREP+THE+N 在两个语料库中也都频繁出现。前者在 LOCNESS 和 ST2 中分别约占 4% 和 6%，与 THE+N 和 THE+ADJ +N 在结构上非常相似，所不同的是含有表示"顺序"、"最高级"或"唯一性"的 R-ADJ，如 first、second、best 和 most 等。与其他类联接不同的是，PREP+THE+N 是本研究所讨论的唯一不以 THE 开头的类联接。在该结构中，THE+N/NP 倾向于与特定的介词高频共现形成相对稳定的词语语法共选单位，即通常所说的介词短语，如 in the end、on the way 和 in the morning 等。在这类短语中，THE 与其他成分高度融合，形成公式化序列（formulaic sequence）。这类短语单位是二语教学关注的焦点之一，常常作为一个整体进行教学处理，学习者在表达中也倾向于整体调用，在 LOCNESS 和 ST2 中分别约占 7% 和 15%。

8.4.2　定冠词 THE 的功能特征

如表 8.2 数据显示，在 THE+ PRE-MOD +N 类联接中，THE 主要用于表达"再次提及""共享知识""等级性、唯一性""公式化构成"等多种功能，ST2 数据尤为明显。相比之下，THE+R-ADJ +N 和 PREP+THE+N 与所表达的功能具有较为明确的对应关系。例如，在 LOCNESS 和 ST2 中，学习者都倾向于使用 THE+R-ADJ +N（如 the first+NP、the best+NP 和 the second+NP 等 THE 与序数词、形容词最高级等词语共现）来强调或凸显"唯一性"或"等级性"。与之相比，PREP+THE+N 型词语组合中的 THE 所贡献的意义或功能已经非常微弱（如 in the end、by the way 和 in the afternoon 等），主要表现为与其他词语成分共同构成一个短语单位，即实现"公式化构成"的功能。在其余的前置修饰、限定结构中，同一类联接形式可用于表达两种及以上的功能。LOCNESS 数据显示，本族语学生主要使用 THE+N 实现"再次提及"和"共享知识"的功能,分别约占 10% 和 13%。与之相比,ST2 中 THE+N 类联接实现"再次提及"和"共享知识"功能的用法则更为明显,分别约占 17% 和 15%。两个语料库中的 THE+N1+N2 和 THE+ADJ +N 也都用于实现这些功能。

与 LOCNESS 相比,ST2 中的定冠词 THE 除了在类联接和功能分布上存在差异以外,还存在大量"误用"现象,约占全部例证的 28%。其中,大部分情况是 THE 与首次出现的 NP 共现,根据上下文语境判断,作者并没有表达"特指"或"定指"信息的意图。有些英语专有名词或名词短语(如人名、地名和节假日名词)前习惯性地不使用定冠词 THE,但中国英语学习者却有使用 THE 的倾向(如 that morning my classmates and I came to the * Peilei Theatre very early、as there are over 1 200 000 000 people in the * China 和 like the * New Year's Day more than the * Christmas 等)。LOCNESS 中很少出现类似的误用。此外,LOCNESS 中高频使用"THE+N+POST-MOD"结构来实现类似于"共享知识"等类型的具体功能。然而,中国学习者很少使用此类型式,因此,本研究不做具体细分和讨论。

8.5 讨论

8.5.1 英语本族语者定冠词 THE 的使用特征

LOCNESS 语料库数据表明,无论是在前置限定、修饰结构中(如 THE+N、THE+N1+N2、THE+ADJ+N 和 THE+R-ADJ+N 等),还是在后置限定、修饰结构中(如 THE+N+RL、THE+ADJ+N+RL 和 THE+N+of 等),在绝大多数情况下(PREP+THE+N/NP 除外)定冠词 THE 都标志着一个 NP 的开始(即为 NP 的左边界,是 NP 短语单位的标志性成分)。在英语本族语中,定冠词 THE 高频出现,THE+N 和 THE+ADJ+N+RL 为典型的类联接。根据辛克莱(Sinclair 1991, 1996)和霍伊(Hoey 2005),这些结构的大量使用体现了 THE 与 N 以及 THE 与 ADJ+N+RL 等语法范畴的高频共现,构成 THE+N 和 THE+ADJ+N+RL 等类联接。语言使用者反复接触这些类联接,不断建立或加强相应的联系,形成比较牢固的类联接知识。换言之,当使用者接触到 THE 时,自然而然就会预测到 N 或 ADJ+N+RL 等语法范畴的出现,而不是 VP 等范畴。

数据还表明,这些类联接中的 NP 主要用于表示中心名词(N)或名词短语(NP)所承载的概念或所传递的信息"被再次提及""为说话者或听话者共享"或"NP 受到后置限定或修饰"等(参见 Master 1990, 2003)。由此可见,含有 THE 的 NP 短语除了传递具体的命题意义以外,还用于表达上述具体功能,体现了 NP 短语与相应功能的共现。根据辛克莱(Sinclair 1991, 1996)和莫利、帕廷顿

（Morley & Partington 2009）等，在英语本族语表达中，NP 是否与定冠词 THE 共现取决于说话者的交际目的，即是否为了强调"再次提及""共享知识"或"后置限定或修饰"等"定指"或"分类"功能。因此，就英语本族语者而言，THE+N 和 THE+ADJ+N+RL 等类联接知识是 NP 短语单位与相应功能反复共现后所形成的，是形式、意义和功能共选的产物。根据霍伊（Hoey 2005）和纳丁格尔（Nattinger 1980），由于 THE 是这些短语单位的标记性开头，语言使用者在反复接触上述共现关系的过程中，不断建立和加强这些 NP 形式与相应功能的联系。因此，每当他们在交际中接触到 THE 时就会预测相应的 NP 或 ADJ+N+RL 等语法范畴出现，同时也会自然而然地联系上它们所实现的"再次提及"、"共享知识"或"后置限定、修饰"等功能。而当他们需要表达其中的某（些）功能时，就倾向于借助 THE 进行表达。

8.5.2　中国高中学生冠词使用特征

　　与本族语学习者相比，中国高中生很少使用 THE+N/NP+POST-MOD 结构，但倾向于高频使用 THE+PRE-MOD+N 结构，特别是其中的 THE+N 结构，趋于占主要部分。根据霍伊（Hoey 2005）和辛克莱（Sinclair 1991，1996），中国学习者懂得英语定冠词 THE 总是与 NP（特别是 N）这一语法范畴共现，即具有相应的类联接知识；当他们在二语表达中需要使用 NP 表达特定的概念或传递信息时，就倾向于启动定冠词 THE 并将之置于相应的位置（主要位于 N 或 NP 之前）。此外，THE+R-ADJ+N 结构也占有相当高的比例，说明他们还知道 THE 与序数词或形容词最高级等词语共现；PREP+THE+N 型式的频繁使用则说明他们具有 THE 与 PREP 和 N 共现的知识。由此可见，中国高中生已经掌握了定冠词 THE 与特定语法范畴的共现知识，表现为具体的类联接（主要为 THE+PRE-MOD+N）知识；但缺少 THE +N/NP+ POST-MOD 类联接的知识。

　　上述分布比例分析表明，中国高中生倾向于过度使用 THE+N 类联接。下文通过其所表达的功能作进一步探讨。数据显示，与英语本族语学习者相似，中国学习者也频繁使用 THE+N 来表达"再次提及""共享知识"等功能。这似乎说明，他们掌握了类联接 THE+N 以及相应的功能。然而，他们在使用 THE+N 和 THE+ADJ+N 型式时普遍存在误用现象，即很多结构中不需要使用定冠词，约占全部用法的 28%。例如，that is used to prevent the* thief stealing、I know that is the* important time for us to study 和 Everywhere we can find the* laughing. 等。根据上下文语境信息，这些 N 或 NP 前无需使用定冠词，既不用于表示任何"定指性"共享知识也不是再次提及，像 prevent stealing、an important time 和 move to the countryside 等表达可以更好地传递作者所要表达的意思。这些数据说明，中国学习者虽然掌握了定冠词与特定语法范畴的共现,但是并没有掌握特定类联接与相应意义、功能的共选知识。这一特征阐释了中国学生在母语者使用零冠词的语境中也会使用 THE 或 A/AN 的现象(参见朱叶秋 2003)。

相比之下,"等级性、唯一性"和"公式化构成"用法分别倾向于与特定的类联接(THE+R-ADJ +N 和 PREP+THE+N)对应,前者往往带有非常明确的语法标记,如 the first game、the second record 和 the best month 等,有很强的语法化倾向,而后者则主要是公式化程度很高的序列,如 in the end、in the afternoon 和 outside the window 等,这些表达常常整体存储和调用(参见 Becker 1983:341;Nattinger 1980:218;Pawley & Syder 1983:192),有很强的"词语化"倾向。无论是"语法化"还是"词语化"现象,它们的形式与功能都高度对应、高度融合。这些数据进一步说明,学习者掌握了相应的共选知识,前者主要是 THE 与序数词或最高级语法范畴的共选,后者则主要是具体词语(PREP、THE 和 N)之间的共选,但未必是真正或主动地掌握短语单位与相应功能的共选。上述特征从共选角度解释了邵士洋和吴庄(2017)有关句法—语用接口难以被中国学生完全习得的结论,其原因与他们缺乏形式与意义和功能共选的知识有密切关联。

8.5.3　原因分析

(1)中国学习者使用冠词 THE 的特征与其频繁接触 THE+N/NP 等型式有密切关联。上述分析表明,中国学习者具有 THE 与语法范畴 N 或 NP 的共现知识,即具有相应的类联接知识。正如英语本族语数据所示,冠词 THE 在英语中高频使用,且总是与 N 或 NP 共现。这种形式的普遍性对二语学习自然会产生直接影响。如前文所述,仅江苏教育出版社出版的《牛津英语》7A—9B(初中英语)教材中,THE 就出现数千次,且主要在 THE+N/NP 结构中。由此可见,即使是在汉语环境下学习英语,中国学生也在频繁接触 THE+N/NP 结构,也就容易抽象出 N 或 NP 与 THE 在形式上或语法范畴上的共现关系。根据霍伊(Hoey 2005),在成千上万次接触 THE 的过程中,学习者反复启动这些共现关系,自然而然地建立了比较牢固的联系。换言之,中国学习者具有比较牢固的类联接知识,以至于在英语表达中需要调用 N 或 NP 表达具体概念或意义时,就趋向于启动 THE+N/NP 等类联接。

(2)中国学习者缺乏 THE 类联接与相应功能的共选知识,与汉语中缺少相应的冠词有密切关联。中国高中生在写作中大量误用 THE 的数据表明,尽管他们懂得 THE 与特定语法范畴共选,但并没有掌握 THE+N/NP 等型式与相应功能的共选知识。产生后者的可能原因包括:汉语中也没有与 THE 直接对应、相对固定的表述方式,而是借助于所谓的零冠词或指示词来实现"共享知识""再次提及"等功能。因此,尽管定冠词 THE 高频出现,用于表达多种功能,但中国英语学习者在接触 THE 的具体使用时,能够感知(听到或看到)到含有 THE 的词语组合,也能够概括出 THE+N 或 THE+NP 等类联接,但是很少能够掌握或应用到这些型式所表达的具体功能,即与英语本族语者相比,缺乏相应的形式与意义或功能的共选知识,结果导致他们误用 THE+N/NP 结构的现象,如"But *the fruit and green vegetables** are the most important."和"*the women leader** are not better than *the man*."等。这里的 *the fruit and green vegetables*、*the women leader* 和 *the man* 都是首次出现,且没有任何特指或定指的意图。根据 Hoey(2005),中国英语学习者在处理 THE+N 和 THE+NP 等类联接型式时,并没有启动相应的功能。

此外,由于英语冠词系统很复杂,再加上汉语中并没有与之直接对应的冠词形式,所以往往通过显性语法教学来帮助学习者获得相应的用法知识。这对中国英语学习者冠词使用产生一定影响。其中,"特指"和"再次提及"等用法特征往往是强调的中心。例如,《实用语法》(张道真 2002:69)对定冠词 THE 的第一点用法的描述为"和个体名词的单数或者复数连用,表示某个(些)特定的人或者东西"并使用相关例句说明,如:

(1) Where is (are) *the other girl*(*s*)? 那(几)个姑娘在哪里?

(2) Put *the parcel*(*s*) on the table. 把那个(那些)包裹放在桌上。

为了凸显这些"特指"用法,汉语译文往往借助于限定词或指示词"这""这个""这些""那""那些"和"那个"进行强调。结果,THE+N/NP 结构通常都被翻译成"这""这个""那"和"那个"(Chung 2000;王丽娜 2007)。相应地,在英语教学和学习过程中,教师和学生也就会倾向于使用"这""这个""那"或"那个"与 N/NP 共现的结构或表述方式来强调 THE+N/NP 的用法特征。然而,双语词语的对应关系是具有方向性的(卫乃兴、陆军 2014),尽管 THE+N/NP 在很多情况下对应汉语"这/这个/这些/那/那些/那个"+NP,但反之不然,除 THE+N/NP 之外,它们还可能对应 this/that/these/those+N/NP 等。因此过度使用限定词来强调定冠词用法等显性语法教学方式也是导致学习者忽视形式与功能共选的因素之一。

8.6　结论与英语定冠词 THE 教学设计

8.6.1　结论

本章以英语本族语学生写作语料为参照,考察中国高中生英语写作中定冠词 THE 的使用特征及其影响因素。研究发现,与英语本族语学生相比,中国高中生作文主要使用以 THE+N 类型为主的前置限制、修饰结构,在使用频数上有过度使用倾向;在意义和功能上有误用倾向。分析表明:① 本族语学生作文中,英语定冠词倾向于与特定的语法范畴共现构成多种类联接,表达特定的意义或功能,体现了形式、意义和功能的共选;② 中国高中生懂得定冠词与某些特定语法范畴共现,但是缺乏相应的意义和功能知识;③ 中国高中生的定冠词共选特征与其频繁接触 THE+N/NP 等型式、汉语中缺乏相应的冠词系统以及显性语法教学影响等因素有密切关联。

8.6.2　基于语料库的定冠词 THE 的教学设计探讨

本研究取得一个特别的发现:虽然英语 THE 在汉语中没有特别明显或稳定的对等词,但是中国学习者却倾向于过度使用 THE+N 类联接。过度使用主要包括两种情形:一是二语学习者在并非反复提及、共享知识等情形下使用了定冠词 THE,即表 8.2 中所显示的误用;二是尽管有些表达看上去也是反复提及、共享知识,但本族语者并不使用定冠词 THE。本章基于语料库的定冠词共选调查说明,这两类情形可在很大程度上归因于学习者过于关注定冠词 THE 与相关 NP 在形式上的联系,而忽视了 THE+NP 与不含 THE 的 NP 在所表达的交际功能或态度意义等方面的差异。这些发现启示我们,既要在正常教学活动中(特别是在英语学习的初级阶段)加强对定冠词功能的教学研究(帮助学习者掌握定冠词的意义和功能),同时又要对已经形成的误用倾向进行纠正。下文分别探讨相关教学设计。

1) 基于自然语篇的冠词 THE 教学设计

中国高中生倾向于过度使用 THE+N 类联接,同时过少使用含有定冠词的后置修饰 NP 结构。显然,这两种结构并不能完全通过规则明确规定或描述。由于定冠词的"指称"(referential)等功能往往超越句子的边界,因此,准确反映定冠词 THE 的具体用法需要提供较为丰富的语境信息。霍伊(Hoey 2005:5)所使用的搭配环扣分析(interlocking collocations)思想和方法适用于开展定冠词教学与研究。所谓搭配环扣分析,就是观察真实交际中词语使用如何在形式和意义上环环相扣、不断推进自然文本或语篇发展的分析方法。与前面几章基于词语索引的教学设计相比,环扣分析往往基于完整的语篇开展。下文以《新概念英语》第三册第一课课文 A Puma at Large 为例,开展定冠词 THE 的教学设计研究。

Pumas are large, cat-like animals which are found in America. When reports came into London Zoo that a wild puma had been spotted forty-five miles south of London, they were not taken seriously. However, as the[①] evidence began to accumulate, experts from the[②] Zoo felt obliged to investigate, for the^{③} descriptions given by people^{④} who claimed to have seen the^{⑤} puma were extraordinarily similar.

The^{⑥} hunt for the puma began in a small village where a woman picking blackberries saw 'a large cat' only five yards away from her. It immediately ran away when she saw it, and experts^{⑦} confirmed that a puma will not attack a human being unless it is cornered. The^{⑧} search proved difficult, for the puma was often observed at one place in the^{⑨} morning and at another place twenty miles away in the evening. Wherever it went, it left behind it a trail of dead deer and small animals like rabbits. Paw prints were seen in a number of places and puma fur was found clinging to bushes. Several people complained of "cat-like noises" at night and a businessman on a fishing trip saw the^{⑩} puma up a tree. The experts were now fully convinced that the animal was a puma, but where had it come from? As no pumas had been reported missing from any zoo in the country, this one must have been in the possession of a private collector and somehow managed to escape. The hunt went on for several weeks, but the puma was not caught. It is disturbing to think that a dangerous wild animal is still at large in the quiet countryside.

首先,我们从原文中取出 10 个与定冠词使用有关的实例,并进行相应描述,如表 8.3 所示。

表 8.3　语篇中定冠词使用实例与用法描述

例　证	用　法　描　述
① the evidence began to accumulate	根据上下文语境,evidence 一词第一次出现,一般来说不应加定冠词 THE。
② experts from **the** zoo	名词 zoo 第二次出现,再次提及前文所述的 London Zoo。
③ **the** descriptions given by ...	被定冠词限定的 description 在文中第一次出现,但出现在 given by 的后置修饰、限定表达前,为特指的共享知识。
④ people who claimed to have seen ...	此例中的 people 有后置修饰、限定表达,但未使用定冠词 THE 对之进行限定。
⑤ claimed to have seen the puma	此处的 puma 第二次出现,属再次提及。

（续表）

例　　证	用 法 描 述
⑥ The hunt for the puma	此处的 hunt 为第一次出现,但传递共享知识。
⑦ experts confirmed that a puma will not attack …	此处的 experts 第二次出现,但并非特指上文所提及的那些 experts。
⑧ The search proved difficult	此处的 search 第一次出现,表达共享知识。
⑨ in the morning, in the evening, at night	约定俗成的词语序列。
⑩ saw the puma up a tree	此处的 puma 再次出现,属再次提及。

表 8.3 所列出的定冠词使用中,除出现像②等重复提及使用以外,还出现了很多其他用法。例如,①、③、⑥和⑧中的 THE 所修饰的 N/NP 都是第一次出现,相关定冠词 THE 的使用与传递共享知识、信息有关。其中,例①中的 the evidence 用于表示与前文 a wild puma had been spotted forty-five miles south of London 紧密相扣的"证据",实指具有一定确定性的"共享知识";例③属后置修饰的用法;例⑧中的 the search 有再次提及前文 the hunt for the puma 的作用。例⑨是约定俗成的词语序列。例⑩看上去是通过词形复现再次提及,但是仔细考虑一下,puma 并没有找到,所以无法确定"就一定是那只美洲狮"（其实,"a businessman on a fishing trip saw a puma up a tree"更加科学、客观）。但根据上下文可以发现,这里使用 the 是为了实现特定的交际目的:整个地区被美洲狮逃逸的消息搞得人心惶惶、谈"狮"色变,以至于相关传闻都有非常夸张、过度渲染之倾向。上述分析说明,定冠词 THE 的重复提及和共享知识等用法在很大程度上取决于交际目的,并不只是形式上是否重复出现的简单概括。

需要指出的是,例④people who claimed to have seen … 是后置限定性结构,例⑦experts confirmed that a puma will not attack … 中的 experts 看似再次提及,但这两例都没有加上定冠词 the。根据上下文可以理解为,所谓后置修饰或再次提及,其实只是定冠词使用形式上的特征。但是,并不是重复出现和后置修饰就一定要实现这种功能。这里的 experts confirmed 可以理解为一种普认的权威判断;the descriptions given by people who claimed to have seen 实现交际目的的重心在于 the descriptions,而 people who+VP 已经是广泛使用的表述方式,一般不需要定冠词 THE 进行强调、突显。一定意义上讲,是由节点词 people 的搭配行为所决定的。总之,上述研究设计的重心在于提醒学习者:在再次提及相关 NP 和后置修饰 NP 的情形中,并非一定要使用定冠词 THE。

2) 基于本族语语料库数据的冠词 THE 教学设计

上述调查显示,中国学习者倾向于过多使用 THE+NP 结构,同时过少使用后置修饰、限定结构(见表 8.2)。这种倾向可由上例基于语篇的学习方法得以部分解决。例如,The hunt for the puma 和 the descriptions given by 等例证分析可以说明相关用法。不过,本研究并未对后置修饰、限定使用的功能进行具体概括。后置修饰仅仅是 NP 与后置修饰成分在形式关系上的描述,而其所表达的功能则会因节点词和搭配词而异,需要根据具体节点词和后置修饰结构进行专门描述。这类用法是定冠词教学的难点。

表 8.4 展示了 COCA 语料库中 by+the+N+who 和 by+N+who 结构中频数最高的 20 个词语序列。比较发现,首先,对于同一复数名词节点词而言,by+N+who 的出现频率远远高于 by+the+N+who。例如,by people who 出现 3 178 次,而 by the people who 仅出现 484 次;by men who 出现 301 次,而 by the men who 只出现 78 次;by individuals who 出现 235 次,而 by the individuals who 仅出现 15次;by women 出现 197 次,而 by the women who 仅出现 25 次。再如,by parents who(185)vs by the parents who(11)、by students who(133)vs by the students who(24)、by folks who(88)vs by the folks who(28)。这些数据说明,同一复数名词在两种结构中的出现频率相差很大。其次,同一单数名词节点词在 by+a/an+N+who 中的出现频率也高于 by+the+N+who,如 by the man who(226)vs by a man who(594)、by the woman who(56)vs by a woman who(270)、by the guy who(59)vs by a guy who(130)和 by the girl who(15)vs by a girl who(32)。这种频率差异意味着它们所表达的意义和功能可能有很大差异,需要根据更丰富的上下文语境去观察和发现。类似地,定冠词 THE 还有很多其他的结构和用法,需要我们在教学实践中通过二语学习者语料库和英语本族语语料库证据进行比较分析,逐一开展相应的教学设计,帮助学习者掌握。

表 8.4 by+the+N+who 和 by+N+who 结构分布比较(COCA)

序号	by+ the+N+ who	频数	by+ N+ who	频数
1	by the people who	484	by people who	3 178
2	by the man who	226	by men who	301
3	by the person who	125	by individuals who	235
4	*by the men who*	78	*by women who*	197
5	by the guy who	59	by parents who	185

序号	by+ the+N+ who	频数	by+ N+ who	频数
6	by the woman who	56	by students who	133
7	by the folks who	28	by teachers who	94
8	by the women who	25	by folks who	88
9	by the students who	24	by persons who	84
10	by the guys who	20	by artists who	71
11	by the way who	18	by children who	64
12	by the artist who	15	by politicians who	62
13	by the girl who	15	by adults who	52
14	by the individuals who	15	by doctors who	52
15	by the doctor who	13	by authors who	49
16	by the soldiers who	13	by critics who	48
17	by the scientists who	12	by republicans who	46
18	by the individual who	11	by police who	45
19	by the judge who	11	by scientists who	42
20	by the parents who	11	by workers who	40

3）基于学习者语料库数据的冠词 THE 教学设计

基于语料库的数据显示，定冠词 THE 的用法难以准确概括，而与具体节点词和搭配词相结合的用法数量巨大，不易在较短时间内掌握。因此，帮助学习者知道容易出现哪些使用失误是二语学习中颇受青睐的策略。如前文所述，CLEC是进行语言失误标记的语料库。例如，使用 wd5 标注"赘述"（redundancy）类型的语言使用失误。通过检索关键词"the［wd5"可获取相关语言使用失误近 500例（见附录1）。这些实例可以直接用于开展教学活动。促使学习者通过发现、分析和纠正误用来增进学习意识（awareness）。

表8.5列出了 10 个误用实例。其中，第 1、5、6、7、8 和 10 例可以根据所给出的词语索引较为准确地判断相关使用失误并发现原因。例如，every weekend、read newspaper、in these days、in Zhongshan University、have other examples 和 full of people 都是常用词语序列，不需要定冠词 THE。不过，在其余几行中，仅仅通过词语索引未必能够充分论证定冠词 THE 的误用现象，需要通过原文完整的语境信息在教学中展示误用的因素。例如，第 2 个词语索引的原文信息如下。

表 8.5　CLEC 中定冠词 THE 误用示例

序号	词语索引	来源
1	spare time to help them with their lessons on **the** [wd5,-] every weekend . She not only imparts knowledge	st4. txt
2	study so that we can serve our country and **the** [wd5,-] people. let us remember that time is more	st3. txt
3	. Today, I woke up very early. I put on **the** [wd5,1-] clothing [wd2,5-] and left home to run. The	st2. txt
4	, [sn9,-] But when I lay [vp6,-s] down on **the** [wd5,1-1] bed, them [pr4,-3] mini concert begin I c	st5. txt
5	tudy very hard in university. Then, I should read **the** [wd5,1-1] newspaper usually [wd3,-] and plan to get t	st4. txt
6	d [vp7,5-2] from serious disease [np6,s-]. And in **the** [wd5,1-2] these days, the developing countries develop	st4. txt
7	centification [fm1,-] , I have studied English in **the** [wd5,-2] Zhongshan university [fm3,-] for a year. [	st5. txt
8	have some doubt in what I said, I have **the** [wd5,2-2] other examples. For example, doing homework	st3. txt
9	tmas and [np7,-2] Spring Festival, they both are **the** [wd5,3-3] festivals for jubilation. 　　<ST 5><SEX 2	st5. txt
10	Park... On holiday [np6,-], the parks are full of **the** [wd5,7-1] people. Round [pp1,0-9] the parks are also	st2. txt

　　<ST 3> <SEX 1> <Y 7> <AGE 19> <DIC 1> <TYP 1> <WAY 3> <Title ? > <Score 10> Time is more precious than gold, although we cannot sell or buy it. As life is limited, deligent [fm2,-] people try to make the best use of their time, because time and tie wait for no man. We do know that time passes very quickly, however, some students do not know the value of time, [wd4,-] they do not know how to make the best use of time, either. [sn1,-] they [fm3,-] spend much time in going to films, playing games and so on. We know that time is life. since [fm3,-] life is short, we must devote our time to our study so that we can serve our country and the [wd5,-] people. let us remember that time is more valuable than money.

　　该实例来自 ST3 子库。尽管 people 这一词形在前文中已经出现（deligent [fm2,-] people try to make the best use of their time），但与 we can serve our country and the［wd5,-］people 中的 people 并不共享所指内容（与本节第一部分设计讨论中的 experts confirm 表达类似）。前者是泛指所有的人、普通人（与汉语"人们"对应），而后者则趋向指"我国人民"。再者，此处的 people 与 country 并列使用，二者共享限定词 our，因此不能使用 THE。此类误用实例容易造成过度使用。

最后使用附录 1 中的定冠词 THE 失误分布数据来总结本章对定冠词 THE 的教学设计探讨。统计数据显示，ST2、ST3、ST4、ST5 和 ST6 子库中的定冠词失误频数分别是 120、109、116、58 和 51 次，总体上似乎呈递减趋势。仔细比较发现，从高中学习者到非英语专业低年级学习者，再到非英语专业高年级学习者，在失误频数上基本没有明显变化。即使英语专业学习者总体上有明显减少，低年级和高年级之间的差异也并不明显。这些频数分布特征说明，中国英语学习者在定冠词 THE 的使用上普遍存在问题，且与学习阶段没有明显的相关性。由此可见，定冠词 THE 的很多用法既难以显性学得，也很难隐性习得，急需深入开展相关教学设计。本研究提出的第一种设计方案可适用于常规课堂教学。不过，这种方案的教学潜势非常有限，很多实际问题尚无法解决。需要进一步依靠第二和第三种设计方案的语料库调查分析开展隐性、显性教学与学习活动，进行补充和完善。

第 9 章

二语写作中的（be+）*V+-ed* 型式研究[①]

9.1 引言

大规模语料库的建立和语料库语言学的兴起使得观察语言交际中的典型词语和语法行为成为可能。辛克莱（Sinclair 1991，1996，2004）基于大量语料库证据观察发现，交际中的词语倾向于与具有特定语法特征、属于特定语义范畴的词语共现，表达特定的态度意义。以辛克莱（Sinclair）为代表的语料库语言学家主张把共选（co-selection）作为语言描述的核心机制，主要包括：词与词共选、词与结构共选，以及形式与意义共选，分别表现为词语搭配、类联接、语义趋向和语义韵等共选型式。与此同时，二语语料库也纷纷出现，学习者语言的词语行为备受关注（如 Granger 1998；Nesselhauf 2003；桂诗春、杨惠中 2003；濮建忠 2003；卫乃兴 2006；陆军 2012，2018 等）。以格兰杰（Granger 1998）为代表的中介语对比分析法（CIA）是揭示二语学习者词语行为偏离本族语的典型研究方法。其中，二语词语搭配、类联接、语义趋向和语义韵特征研究主要从具体词语着手，着重关注学习者特有的词语行为。然而，二语语法教学主要从语法范畴（如英语被动式）着手，帮助学习者形成和建立二语语法"系统"。相比之下，词的行为总是零散多变，如果仅仅从单个词出发，探究语法行为，就很难帮助学习者系统认识二语语法的偏离程度。为此，本研究尝试以高中学生写作中的 be+V-ed 被动式为主要对象，以共选为框架，考察二语表达在语法结构上的偏离情况以及引发因素。

[①] 本章部分内容发表于《第二语言学习研究》2019 年 12 月（第 9 辑）第 13 至 25 页。

9.2 文献回顾

Be+V-ed 结构在传统语法研究中早有关注,其语言学属性一直是讨论的焦点。转换生成语法认为被动句与主动句之间存在一种转换关系(如 Chomsky 1957 等)。这种思想对传统的语法教学有很大影响。例如,被动句与主动句的转换改写是广泛采纳的被动式学习训练方式。显然,这种训练方式容易掩盖 be+V-ed 结构在意义和功能方面的丰富性和复杂性(参见 Granger 1983)。正如保茨马(Poutsma 1929)和舍尔维格斯(Scheurweghs 1961)所指出的那样,如果 be+V-ed 表示源自某一动作的状态,那就不是传统的被动形式,更倾向于是"系动词+表语"的组合。奥尼恩(Onion 1971)认为,被动语态的形式有两种不同的意义,既可以表示延续的或习惯性的动作,也可以表示源自某一动作的状态。

Be+ V-ed 结构的意义复杂性使得研究者对其分类产生兴趣。米哈伊洛维奇(Mihailovic 1967)认为 be+ V-ed 是个连续统,一端是与主动式相对的被动式,另一端是系表结构(be+predicative adjective),中间包括假被动(pseudo-passive)。这种具有主动—被动转换关系的被动结构往往被视为真正的被动态;语义上与被动态有密切关系、形式为主动式的结构为假被动态(pseudo-passive);而当 be+V-ed 中的 V-ed 具有很强的形容词特征时,则被视为状态被动态(statal passive)。夸克(Quirk 1985)将该结构分为:核心被动态(central passive),具有直接对应的主动式;准被动态(semi-passive),V-ed 兼有动词与形容词的特征;假被动态,既没有对应的主动式,又不能添加施事者。这些分类主要围绕是否真正表达被动意义开展,揭示了 be+ V-ed 结构在意义和功能上的连续统特性。正是由于这种连续性特征,在没有大量语言数据的条件下,很难通过这些分类系统揭示 be+V-ed 型式的复杂意义特征,更不用说揭示相关功能特征。

格兰杰(Granger 1983)基于口语语料库证据,提出了词汇—句法分类法(lexico-syntactic classification),这种方法主要以 be+V-ed 结构的句法特征以及 V-ed 的词汇性质为标准分为七类。① 被动式:在语义上与主动式有直接对应关系,施动者有的是明显的,有的是潜在的。② 形容词性假被动式:在语义上没有对应的被动式,V-ed 具有形容词特征或能被 so、more、rather、very 等副词修饰,如 is rather more complicated 等。③ 动词性假被动式:没有对应的同义主动式,V-ed 没有形容词特性。如 as far as I am concerned、be supposed to do ... 和 be situated in 等。④ 混合式:该类有对应的同义主动式,介于被动式和形容词性假被动式之间,例如,be impressed by、be amused 和 be surprised 等。⑤ 习惯性被动式:它介于被动式和动词性假被动式之间,但其句法上对应的主动式很少见,甚至不存在。如 be lined with 和 be faced with 等。此外还有⑥交接式和⑦状态类。这种分类得益于语料库数据,兼顾词汇和句法的双重考虑,结果较为全面。然而,分类中的被动、假被动和主动、以及 V-ed 为形容词还是动词都难以直接判断,非常复杂,带有较强的主观性。

综上所述,格兰杰(Granger 1983)及其以前的各种分类都具有较强的理论性,但过于抽象、复杂,很难为普通英语学习者、教师甚至研究者所掌握或操作,在二语教学和研究中的可操作性不强。上述分类的抽象性和复杂性同时也说明,尽管(be+)*V+-ed* 结构看似简单,往往被当作在中学阶段完成的学习任务,其实际用法非常复杂,很多特征难以为二语学习者掌握(参见肖忠华、戴光荣 2010)。事实上,由于分类框架等方面的原因,中学生被动式习得研究很少有系统开展。不过,上述探讨启示我们,可以从普通教师和学习者熟悉的词类范畴着手,在具体类联接的框架下观察相应的意义和功能,即辛克莱(Sinclair 1996)提出的共选框架。这类研究对重新审视传统的语法规则,充分利用语料库数据解决基础阶段词汇与语法相孤立的状态、改进语法教学具有重要意义。

9.3　研究设计

9.3.1　研究问题

本研究旨在发现中国高中英语学习者使用 (be+) *V+-ed* 型式的特征及其影响因素,为(be+) *V+-ed* 型式等常用语法结构教学提供借鉴。尝试回答以下具体问题:

(1) 与英语本族语者相比,中国高中英语学习者写作中(be+)*V+-ed* 型式有何分布特征?

(2) 与英语本族语者相比,中国高中英语学习者写作中(be+) *V+-ed* 型式在语义趋向和语义韵上有何特征?

(3) 产生以上特征的原因有哪些?

9.3.2　研究工具与对象

本研究以中国学习者英语语料库(桂诗春、杨惠中 2003)中的高中学生英语作文子库(ST2)为考察对象,以英语本族语学生语料库 LOCNESS(Granger 1998)为参照,考察中国高中学生英语使用(be+)*V+-ed* 型式的特征及其影响因素。为了便于描述,下文分别将这两个语料库简称为 ST2 和 LOCNESS。两者皆为学习者语料库,题材比较接近,具有较好的可比性,能为探讨中国高中英语学习者(be+)*V+-ed* 型式的使用特征以及相应的影响因素提供数据。

9.3.3 研究过程

研究过程如下：首先是数据抽取。分别从 ST2 和 LOCNESS A-level（涉及高中学生的多种文体，下文简称 LOCNESS）中随机抽取含（be+）V+-ed 型式的语料各 750 条。逐条检查，删除不符合要求的语料（如过去式 V+-ed、完成时态 V+-ed 以及重复出现的 V+-ed 等）。最后分别得到 344 和 583 条词语索引。其次是型式特征归纳。逐条观察词语索引，根据上下文语境归纳（be+）V+-ed 的类联接、语义趋向和语义韵。最后是数据分析与结果讨论。

9.4 （Be+）V+-ed 型式的使用特征

9.4.1 （Be+）V+-ed 型式的分布特征

表 9.1　LOCNESS 和 ST2 中（be+）V+-ed 型式的类联接分布

类　联　接	LOCNESS			ST2		
	RF	NF	Percent	RF	NF	Percent
NP+BECOME+V+-ed（AP）	51	1 530	4.00%	0	0	0.00%
NP+系动词（除 BECOME 外）+V+-ed（AP）	33	990	2.59%	1 792	8 960	41.07%
NP+be（助动词）+V+-ed	691	20 730	54.24%	1 231	6 155	28.21%
NP+V+-ed/V+-ed+NP	348	10 440	27.32%	935	4 675	21.43%
Make+NP+V+-ed	0	0	0.00%	218	1 090	5.00%
NP+which/that/who+be+V+-ed	45	1 350	3.53%	140	700	3.21%
be+SEEN（as）	36	1 080	2.83%	31	155	0.71%
It+be+V+-ed+that 从句	70	2 100	5.49%	16	80	0.37%

注：RF 表示原始频数（在语料库中出现的次数），NF 表示标准频数（每百万词中出现的次数）

如表 9.1 所示，在 LOCNESS 中，V+-ed 型式包括 NP+BECOME+V+-ed（AP）、NP+系动词（除 BECOME）+V+-ed（AP）、NP+be（助动词）+V+-ed、NP+V+-ed/V+-ed+NP、NP+which/that/who+be+V+-ed、be+SEEN（as）和 It+be+V+-ed+that 从句等主要类型。其中，NP+系动词（除 BECOME 外）+V+-ed（AP）在 LOCNESS 和 ST2 中分别约占 2.59% 和 41.07%。NP+V+-ed/V+-ed+NP 和 NP+which/that/who+be+V+-ed 在 LOCNESS 和 ST2 中所占的比例接近。其中，前者在两个子库中分别约占 27.32% 和 21.43%，后者分别约占 3.53% 和 3.21%。相比之下，中国高中英语学习者倾向于较少使用 NP+

BECOME + *V+-ed*（AP）、NP + be(助动词) + *V+-ed*、be +SEEN（as)和 It + be + *V+-ed* + that 从句。它们在 LOCNESS 中分别约占 4%、54. 24%、2. 83% 和 5.49%,而在 ST2 中分别约占 0%、28. 21%、0. 71% 以及 0. 37%;中国学习者倾向于过多使用 NP+系动词(除 BECOME 外)+*V+-ed*（AP）;Make +NP+*V+-ed* 为中国学习者特有的型式。

9.4.2　(Be+) *V+-ed* 型式的语义趋向和语义韵

9.4.2.1　NP + 系动词+ *V+-ed*（AP）

据表 9.1 数据显示,中国学习者和英语本族语者在使用 NP + BECOME + *V+-ed*（AP）和 NP + 系动词(除 BECOME 外) + *V+-ed*(AP) 型式上存在明显差异。与英语本族语者相比,中国英语学习者倾向于频繁使用 NP +系动词(除 BECOME 外)+ *V+-ed*(AP),以系动词 be 和 feel 为主。其中,V+-ed 倾向于表达情感意义（如"tired""pleased""worried""interested""frightened""excited"等）;相比之下,英语本族语者很少使用这类型式,而是更倾向于高频使用 NP + BECOME +*V+-ed*（AP）的型式。具体分析如下:

表 9.2　NP+BECOME+*V+-ed*(AP)和 NP+系动词(除 BECOME 之外)+*V+-ed*(AP)的使用特征

语料库	类联接	语义趋向（VP）		语义韵
LOCNESS	NP+BECOME+*V+-ed*	偏离正常状态	71%	不赞同
		正常/积极状态	29%	不赞同
CLEC（ST2)	NP+be（系动词)+*V+-ed*	消极	66%	不赞同
		积极	34%	赞同
	NP+FEEL+*V+-ed*	消极	90%	不赞同

中国学习者趋于过少使用 NP+BECOME+*V+-ed*(AP) 型式。在 LOCNESS 中,NP+BECOME+*V+-ed* 型式中的 NP 通常是由具有中性语义特征的名词或名词短语组成(如"a boxer""more children""many people""young people"等）。V+-ed 的语义特征可以分成两类,一类为"偏离正常状态"(如"unbalanced""addicted""congested"等）。NP+ BECOME+[偏离正常状态]*V+-ed* 表示某物或某人逐渐超出正常情况,产生一种消极的变化,构筑了一种"不赞同"态度的语义韵,约占 71%。第二类表示"正常、积极状态",(如"advanced"等),只占 29% 左右。NP+BECOME+[正常、积极状态]*V+-ed* 用来表示尽管某人或某物正在经历积极正常的变化但未能带来好的效果,建立一种"不赞同"态度的语义韵。与英

语本族语者相比,中国学习者较少使用 NP+BECOME +*V+-ed* 型式。

中国学习者频繁使用 NP+be(系动词)+*V+-ed*(AP)和 NP+FEEL+*V+-ed*(AP)型式。在 ST2 中,be+*V+-ed* 和 FEEL+*V+-ed* 通常与表示中性语义特征的人称代词共现,例如:"I"、"all of us"和"He"。在 NP+be(系动词)+,V+-ed 中,V+-ed 主要可以分成两类:具有消极语义特征的(如"tired""worried""frightened"等)和具有积极语义特征的(如"pleased""interested""excited"等),并且与"so""quite""very"等程度副词共现,分别用来描述主语人物的情感状态。前者表明说话者对某事难以忍受,构筑了"不赞同"的语义韵,约占 66%;后者表达了说话者极度喜悦的情感状态,构筑了"赞同、愉悦"的语义韵,约占 34%。在 NP + Feel + *V+-ed* 中,与之共现的 V+-ed 基本都是表示消极意义(如"tired"、"annoyed"、"ashamed"等),前面也都伴有"so"、"quite"和"very"等程度副词,表明说话者由于某件事情非常难受,构筑了"不赞同"的语义韵,约占 90%。

9.4.2.2 Make + NP + *V+-ed*

如表 9.1 所示,与英语本族语者相比,中国高中英语学习者趋向于频繁使用 Make +NP+ *V+-ed* 型式,约占 5.00%,而在 LOCNESS 中,该型式基本未出现。本研究又以 make 为节点词从 BNC 语料库中抽取 300 条数据进一步检查,仍未出现上述型式。在中国学习者频繁使用的 Make + NP + *V+-ed* 型式中,NP 通常表示人物,如"people"、"us"和"the people of ×××"等,V+-ed 主要表示消极语义。如:"It **makes me depressed** because smiling was so difficult to me at that time"、"In Guang Zhou, which is a beautiful and modern city, there are some people such as these, they really **made us disappointed** very much"。Make + NP + *V+-ed* [消极]型式趋向于构筑"反对"的语义韵,约占 71.43%。而 Make + NP + [积极]*V+-ed* 型式趋于构筑"赞同"的语义韵,约占 28.57%。如"It **makes the people of** ××× ... excited"和"The fine rhythms and melodies will **make you relaxed** and enjoy it"等。

表 9.3 ST2 中的 Make+NP+AP 型式

语料库	NP	语义趋向(AP)	语义韵	百分比
CLEC	人	积极	赞同	28.57%
		消极	反对	71.43%

9.4.2.3 NP+*V+-ed*/*V+-ed*+NP

如表 9.1 所示,中国高中英语学习者和英语本族语者在使用 NP+*V+-ed*/*V+-ed*+NP 型式的数量上没有明显区别,但在 NP+*V+-ed* 的共选特征上有明显差异。根据 V+-ed 后面是否出现介词,可以将 NP+*V+-ed* 型式分成两类(a)NP+*V+-ed*;

(b) NP + *V*+-*ed* + PREP。在 LOCNESS 中,以 NP + *V*+-*ed* + PREP 为主,高达 77.78%,而 ST2 则以 NP+*V*+-*ed* 为主,约占 84%。

表 9.4 **NP+*V*+-*ed*/NP+*V*+-*ed*+PREP 的使用特征**

语料库	类联接	百分比	语义偏向(NP)	语义韵
LOCNESS	NP+*V*+-*ed*+PREP	77.78%	消极 35.71%	不同意
			中性 64.29%	中立
CLEC	NP+*V*+-*ed*	84.00%	中性	中立

从表 9.4 可以看出,LOCNESS 中的 NP+*V*+-*ed*+PREP 型式中的 NP 按照语义特征可以分为两类:中性和消极语义特征。以中性为主,约占 64.29%,如 "knowledge and information stored in a computer" "a house of representatives voted in" "another way linked with" "income provided by" 等。[中性]NP+*V*+-*ed*+PREP 型式趋于构筑"中立"态度的语义韵。消极语义特征的 NP 约占 35.71%,与 *V*+-*ed*+PREP 共现趋于构筑"不同意"的语义韵,如 "an argument directed against" "damage caused to" "objections raised against" 和 "criticism aimed at" 等。在 ST2 中,NP+*V*+-*ed* 型式中的 *V*+-ed 倾向于和具有中性语义特征的名词短语共现,比如 "a painting named" "a book called" "the second record named" 等;*V*+-ed 属于命名类 VP(如 "called" 和 "named" 等),趋向于说明 NP 的名称或称号,表达"中立"态度的语义韵。

9.4.2.4 NP+which /that/who+be+*V*+-*ed*

从表 9.1 可以看出,中国学习者和英语本族语者都倾向于频繁使用 NP + which /that/who + be+ *V*+-*ed*。在 LOCNESS 中,与 which/that/who + be + *V*+-*ed* 共现的 NP 可以分为两类:具体名词 NP 和抽象名词 NP,分别占 60% 和 40% 左右(见表 9.5)。该型式用来强调、说明前面提及的名词,构筑"强调重要性"的语义韵。如 "artificial life that is now most widely used" "the brain which is affected" 和 "a tradition which should be continued"。

表 9.5 **NP+which /that/who+be+*V*+-*ed* 的使用特征**

语料库	语义趋向(NP)	语义韵	百分比
LOCNESS	具体意义	中立	60%
	抽象意义	中立	40%
ST2	具体意义	中立	100%

在 ST2 中,NP 的语义特征通常是具体名词或名词短语,例如:"the boy who named*① Men Yan"和"a mountain which is named Yuping feng",NP+which / that/who+be+*V+-ed* 也趋于强调前面提及的名词。不过,在 ST2 中,中国学习者有一个普遍的问题:当 V+-ed 为"called""named"、表示"命名"时,经常会遗漏掉 be 动词,如"the boywho named* Men Yang""the girl who named* Lin Minghua""a mountain which called* Qiu Shan"等。

9.4.2.5　NP + be(助动词) + *V+-ed*

如表 9.6 所示,在 LOCNESS 的 NP + be(助动词)+*V+-ed* 中,NP+情态词+be+*V+-ed* 占主要部分,约 71%,主要包括 NP+should/must+be +*V+-ed*、NP+can/could+be +*V+-ed* 和 If+ NP+ be +*V+-ed* 三种类型。其余为一般的被动型式,约占 29%,如"Hundreds of people are killed on the roads every year""This is emphasised and exaggerated when . . .""the sperm is selected"等。与之相比,在 ST2 中选取的 62 条 NP+be(助动词)+*V+-ed* 词语索引中,情态动词 can 和 must 各一次,其余都为一般被动型式,如"a number of books were collected soon""his ministers was* cheated by two cheats""Air was polluted these days"等。

表 9.6　NP + be(助动词) + *V+-ed* 在 LOCNESS 中的分布特征

类　联　接		LOCNESS	ST2
NP+情态词+be+*V+-ed*	NP + should/must+ be +*V+-ed*	30%	2%
	NP + can/could + be + *V+-ed*	25%	2%
	If + NP + be +*V+-ed*	14%	
NP+非情态词+be+*V+-ed*		29%	96%

数据显示,在 LOCNESS 中,NP+should/must +be+*V+-ed* 中的一部分 V+-ed 趋向于表示"禁止、预防"之意,如"fox hunting **should be banned**""Monarchy **should be abolished**""that boxing **ought to be banned**"等,倾向于去表达要克服、解决一些社会问题的意思,构建"不赞成"现有问题或现状的语义韵。另一部分倾向于与表示"促使、实施"之意的动词相结合,如"then car-sharing schemes **should be encouraged**""these means **should be employed**"以及"An age limit **should be set and adhered to**",趋向于表示一些解决问题的措施应当得到实施、推广,构建"同意"的语义韵。Can/Could+be+*V+-ed* 型式汇总的部分 V+-ed 趋于表示"运用",如"However, genetic manipulation **can also be used** to recreate dead

---

① ＊表示原始数据出现了语法或词语错误。

organisms""the genes **can be replaced** with normal genes instead of the diseased ones"等,主要表达"要推广运用先进的科学技术",构建"同意"的语义韵,其余的主要构建"中立"的语义韵,如"the eggs **can be stored** and **used** later""a crop **could be designed** that would grow in the dry, hot conditions""treatment costs **could be used** to fund more life-saving treatments"等。If+ NP+ be +*V+-ed* 型式中,V+-ed 包括"misused"和"banned"等,趋向于构筑"不赞同"的语义韵。如"**If** boxing **was banned** it would be ruining the lives of many talented boxers""**If** a father fox **is killed**, then there is no way his young cubs will survive""Everything in life, **if misused**, can have harmful effects"等。

与之相比,ST2 中以普通 NP+be+*V+-ed* 的型式为主。在该型式中,具有积极语义趋向的 V+-ed 占 13%,构建"积极"语义韵,如"Tom **was praised** by the firefighters' leader""Our teachers are excellent and **are respected** by the students""everyone Chinese **is encouraged** to wear red clothes in Malaysia"等。消极语义 V+-ed 约占 29%,构筑"消极"语义韵,如"She **was forced to** go to the Buddhist nunnery when she was just thirteen years old""So I **was scolded** by the head of the teacher. Let's take an active part in the long running next time""Air **was polluted** these days"等。

9.4.2.6　It+be+*V+-ed*+that 从句和 be+SEEN（as）

在 LOCNESS 中,"It+be+*V+-ed*+that 从句"也较为频繁出现,如"It was also **argued** that many people under the age of sixteen would buy lottery cards . . . ""It has also been **alleged** that the jackpots are too high . . . "和"It is **believed** that there is a contractable human equivalent called . . . "。V+-ed 主要包括"say""argue""allege""believe"等**报道性动词和心理动词**(参见 Biber et al. 1999: 360 - 373)。此外,be+SEEN（as）型式也频繁出现,SEEN 主要包括"considered""deemed""argued"等,如"may be **considered** unethical""are **deemed** suitable""is still **considered** a sport""be **classed as** a sport""was not **seen as** good evidence for"等。相比之下,中国学习者倾向于很少使用这些型式。

9.5　讨论

(1)（Be+）*V+-ed* 型式具有特定的语义趋向和语义韵特征,因核心动词 *V* 不同而异。英语交际中,过去分词 *V+-ed* 是重要的语法结构,主要表达"完成时"和"被动式"。理论上讲,所有及物动词都可以用于"被动式"。然而,本研究数据表明,在英语本族语中,V+-ed 主要用于某些特定的型式,如 NP+BECOME/

FEEL+*V*+-*ed*（AP）、NP+be（助动词）+ *V*+-*ed*、NP+*V*+-*ed*/*V*+-*ed*+NP、NP+which/that/who+be+*V*+-*ed*、"It+be+*V*+-*ed*+that 从句"和"be+SEEN（as）"等，而像 Make +NP +*V*+-*ed* 等型式尽管符合语法规则，但很少或从不出现。

　　数据分析还表明，特定的型式倾向于与特定的词语共现，实现特定的意义和功能（参见 Sinclair 1996；Hunston & Francis 2000；陆军、卫乃兴 2013）。例如，在 BECOME+ *V* +-*ed* 型式中，大部分 V +-*ed* 趋于表示"偏离正常状态"（如 "unbalanced" "addicted" "congested" 等），表达"不赞同"态度的语义韵；少部分 V+-*ed* 表示"正常、积极状态"（如"advanced"等），构成 BECOME+［正常、积极状态］V+-ed 型式，表示正在发生一种积极的变化，但未能带来好的效果，也表达 "不赞同"态度的语义韵。再如，在 NP+*V*+-*ed*+PREP 型式中，有些 NP 趋于表示中性语义，也有些趋于表示消极语义，分别参与构筑"中立"态度和"不赞同"态度的语义韵。此外，在 It+be+*V*+-*ed*+that 从句和 be+SEEN(as)型式中，前者主要趋向于与报道动词（如"say" "argue"）、心理动词（如"think" "believe" 等）等共现，后者主要和"considered" "deemed" "argued"等词共现，所表达的语义韵因具体词语序列不同而异。根据霍伊（Hoey 2005）的词语启动理论，语言使用者在口头和书面表达中，反复接触、不断积累和巩固语法结构与相关词语的共现形式（如词语搭配和类联接）和语境信息（如语义倾向和语义韵特征），积累和发展了相关语法结构的使用知识。一言蔽之，(be+) *V*+-*ed* 型式既受到特定的语法限制，同时也受到意义和功能的约束。

　　（2）中国高中生能掌握(be+) *V*+-*ed* 型式的部分类联接知识，但是缺乏相关语义趋向和语义韵知识，在交际中倾向于依靠汉语对等表达和目标语法规则在线组合。上述分析表明，与英语本族语者相似，中国学习者倾向于选择具有中性语义特征的名词或名词短语用于 NP+BECOME+*V*+-*ed*（AP）、NP+系动词+*V*+-*ed*(AP)和 NP+FEEL+*V*+-*ed*(AP) 型式；但在使用 NP+BECOME+*V*+-*ed*（AP）、NP+be（助动词）+ *V*+-*ed* 和 NP+*V*+-*ed*/*V*+-*ed*+NP 等型式时，中国学生在语义趋向和语义韵上与英语本族语学生有明显差异。例如，英语本族语者倾向于频繁使用 NP+BECOME +*V*+-*ed*，趋向于表示偏离常态，表达"不赞同"的语义韵。中国学习者则很少使用这一型式，而是较为频繁地使用 NP+Feel+［消极］V+-*ed* 构筑"不赞同"的语义韵。再如，英语本族语学习者倾向于使用 NP+*V*+-*ed*+PREP 型式构筑"中立"和"反对"态度，因核心动词语义特征不同而异；而中国学生则倾向于高频使用 NP+*V*+-*ed* 型式，主要构筑"中立"态度的语义韵。根据辛克莱（Sinclair 1996, 2004）和斯塔布斯（Stubbs 2009），语义韵揭示整个短语单位的功能，统领着词汇和语法的选择，是短语单位中抽象程度最高的构成要素，很难凭直觉发现。相对于(be+) *V*+-*ed* 型式的类联接知识和搭配知识，其语义趋向和语义韵知识难以抽象和概括,很少在英语教科书和课堂教学中得到关注,相应地,中国学习者能够掌握目标语法结构知识,但难以掌握相关语义趋向和语义韵知识。

二语习得研究表明,由于学习者缺乏目标语知识,但已经形成成熟的母语知识体系,因此会借助于母语进行表达,结果产生了很多学习者特有的语言(参见 James 2001:175)。桂诗春(2004:131)指出,学习者会尝试使用新学的语言系统表达较为复杂的思想概念,但当这个系统的知识不完整时,就得借助于母语系统。在这种情况下,他们就会依靠翻译对等之间的联系进行在线交际(Kroll & Stewart 1994;Jarvis & Pavlenko 2008:120;陆军 2019)。类似地,中国学生缺少(be+)*V*+-*ed* 型式的知识,倾向于依靠母语知识。例如,在使用 NP+which/that/who+be+*V*+-*ed* 型式时,他们倾向于把 who is named/called 中的 be 动词遗漏掉,如"the boy who named* Men Yang"、"the girl who named* Lin Minghua"和"a mountain which called* Qiu Shan"等。尽管这些表达不符合英语类联接,但趋向于与汉语对等表达"名字叫 Men Yang 的男孩"、"名字叫 Lin Minghua 的女孩"和"叫做 Qiu Shan 的山"高度对应。再如,Make +NP+*V*+-*ed*:"makes me depressed" "made us disappointed" "makes the people of ××× … excited"和"make you relaxed"分别与汉语表达"使我压抑""使我们失望""使×××人兴奋不已"和"让你放松"对应。根据陆军、卫乃兴(2013),英语使役态 MAKE+NP+ADJ/VP 与汉语使役态"使+NP+VP/AP"趋于对应。此外,中国学习者倾向于使用 NP+be+*V*+-*ed* 型式表达"消极"语义韵。这与汉语被字句通常带有消极语用意义的倾向一致(参见肖忠华、戴光荣 2010)。

9.6　结论与(be+)*V*+-*ed* 型式的教学设计探讨

9.6.1　结论

本章以英语本族语学生写作语料为参照,考察中国高中生英语写作中(be+)*V*+-*ed* 型式的共选特征及其影响因素。数据表明,中国高中生倾向于过多使用部分(be+)*V*+-*ed* 型式,同时也少用某些型式;其所使用的型式在语义趋向和语义韵方面与英语本族语学生有明显差异。分析表明:① 英语(be+)*V*+-*ed* 型式具有特定的语义趋向和语义韵特征,因核心动词不同而异。这一特征很少在英语教科书和课堂教学中得到关注;② 中国高中生能较好地掌握相关型式的类联接知识,但是缺乏相关语义趋向和语义韵知识,在交际中倾向于依靠汉语对等表达翻译或依靠语法规则在线组合。

上述发现对重新审视(be+)*V*+-*ed* 等语法特征貌似较为清晰的型式、促进基础教育阶段的语法教学研究有一定的启示意义。一方面,就语法研究而言,有必要从共选的角度进一步探讨(be+)*V+-ed* 等语法结构的型式特征。在总结普遍语法规则的基础上进一步揭示出其典型搭配词、语义趋向和语义韵特征。另一方面,在语法教学方面,利用语料库数据通过典型的型式把常用的词汇和语法结合起来,如通过 It+be+*V+-ed*+that 从句和 be+SEEN(as)等型式可以衍生出学习者喜闻乐见的词语序列或词束(lexical bundles)(Biber et al. 1999)。同时,根据学习者语料库数据所体现的使用特征(特别是多用、少用和误用部分),在教学中针对性地凸显学习者倾向于少用和误用的型式,如 NP+should/must+be +*V+-ed*、NP+can/could+be +*V+-ed*、If+ NP+ be +*V+-ed* 和 Make+NP+*V+-ed* 等。

9.6.2　基于语料库的(be+)*V+-ed* 型式教学设计探讨

　　上述语料库调查发现,中国英语学习者在(be+)*V+-ed* 型式使用上与英语本族语学习者或 BNC 数据都有较大偏离。产生这种偏离的根本原因在于(be+)*V+-ed* 型式的具体用法因节点动词不同而异(事实上,汉语被字句也表现出因节点词不同而异的特征),因此,尽管英语(be+)*V+-ed* 结构与汉语被字句往往被视作对应型式,但是二者的实际用法和对应程度都因相关节点词不同而异,即使是常用双语对应词,在被动式和被字句结构上也会存在很大差异。总的来说,英语中被动式所占比例要远远高于汉语中被字句的比例,而汉语中很多动词的被字句带有明显的语用意义(参见 Xiao 2007;肖忠华、戴光荣 2010;卫乃兴、陆军 2014)。尽管如此,这些差异很难被意识到,在中国英语课堂教学上,英语被动式教学往往借助汉语被字句等手段描述和说明;主动句与被动句转换成为相关语法结构教学的主要操练方式之一。相应地,中国学习者使用英语被动式时会受到相关节点词的汉语对等词的词汇语法行为等因素影响。由此可见,要提高英语被动式的学习效果,需要考察英语动词被动式的共选特征、相应的汉语对应结构的共选特征,以及学习者英语动词的被动式特征等多个方面。这些特征的考察离不开大量真实语言使用证据,下文分别从平行语料库证据、英语本族语语料库证据,以及学习者英语语料库证据着手,探讨(be+)*V+-ed* 型式的教学设计方案。

　　1)基于平行语料库数据的(be+)*V+-ed* 教学设计探讨

　　平行语料库证据用于说明,英汉双语中的"被动式"与"被字句"不完全对应,学习过程中需要克服借助"被字句"学习被动式所产生的负面影响,刷新、纠正学习者对两种关系的认识。可以分别从英汉和汉英对应关系进行揭示。表9.7 列出英汉双语社论平行语料库(ECCE 2.0)(http://www.icorpus.net/application/ft)中随机选出的 18 例含有 have been+V-ed 的英文句子以及相应的中文翻译。双语数据显示,只有 5 例翻译成汉语"被"字句:"have been defeated in once" vs "被挫败了一次"、"have been pushed down" vs "被……压低"、"have been pushed higher" vs "被进一步推高"、"have been sold to advertisers" vs "被卖给了广告商"、"have been targeted like battleground states" vs "被各党派激烈争夺";还有 2 例翻译成"由"或"受"字结构被动式:"have been conducted by 'lone wolves'" vs "由所谓'孤狼恐怖分子'进行的"、"have been scuppered" vs "受挫"。在这些表达中,大部分原文和译文都倾向于表达"消极"语义韵。另外,"have been stuck there" vs "处于胶着状态"和"have been saddled with loans" vs "背上了大量贷款"则借助"处于胶着(僵持)状态""背上了"等主动形式的词汇语法序列表达消极态度意义。

其余 11 例没有翻译成被字句。其中有 4 例翻译成"得到"、"给予",如"have been promoted" vs "获得升迁"、have been accepted vs "得到认可"、"the powers that have been agreed" vs "各方已商定授予","have been penalised in favour of state-owned enterprises" vs "得到的待遇不如国有企业"。这些表达中,accept、promote 和 agree 都具有"给予"的语义特征,与相关序列共现,倾向于表达"积极"的语义韵。另外几例为:"have been conducted on commercial terms." vs "一直是单纯的商业关系"、"have been designed better." vs "制定得更合理一些"、"have been routed through tax havens such as Mauritius" vs "通过……进行的"、"have been put in place" vs "已建立的"、"have been emboldened by Brexit" vs "为许多种族主义者壮了胆"。这些结构中的被动式也都趋向于表示中性或积极的态度意义,相应的汉语翻译都使用了主动式(或非"被"字句)。通过平行语料库的数据可以帮助学习者意识到:英语中的"被动式"只有一小部分与汉语"被字句"对应或互译(本例约 30%),而大部分(本例约 70%)对应的则不是被字句;这种对应关系主要与汉语中的"被字句"倾向于表达特定的态度意义,而英语被动式有较为广泛的态度意义等用法特征有关。这些用法特征因具体动词不同而异。因此,英语被动式教学需要根据具体动词的搭配行为并参照其汉语翻译对等确定其用法。下文将进一步把汉语被字句与其英语翻译对等进行比较,为被动式的教学设计丰富视角。

表 9.7　**have been+V-ed 词语索引及其汉语翻译示例(ECCE2.0)**

1	Internet companies have gone some way to letting their users see what assumptions about them **have been sold** to advertisers.
2	互联网公司已付出一定努力让用户看到,关于他们的哪些假设#被卖给了广告商。

（续表）

3	That would certainly be the best solution—but the ECB cannot secure this outcome if recalcitrant states refuse to give the EFSF the powers that **have been agreed**, let alone the greater ones that it actually needs.
4	那无疑是最佳解决方案,但欧洲央行无法确保得到这一结果——因为那些有抵触情绪的国家可能拒绝授予 EFSF#**各方已商定授予**其的权力,更遑论 EFSF 实际上需要的授权要比已商定的授权更大。
5	Several of the conclusions of the report **have been accepted** already by IMF management, headed by Christine Lagarde, and its executive board, which represents its shareholder countries.
6	报告的几个结论已#**得到**以克里斯蒂娜·拉加德(Christine Lagarde)为首的 IMF 管理层,以及代表 IMF 会员国的 IMF 执委会的**认可**。
7	Since the early 1980s relations between the oil producers and the consumers, although not always amicable, **have been conducted** on commercial terms.
8	自上世纪 80 年代以来,石油生产国和消费国之间的关系,#**一直是单纯的商业关系**——尽管这种关系并不总是那么融洽。
9	True, the budget for 2012 could **have been designed** better.
10	诚然,2012 年的预算本可以#**制定得更合理**一些。
11	They **have been stuck** there for several months.
12	两人几个月来一直#**处于胶着状态**。
13	Nearly $40bn in planned Chinese deals **have been scuppered** since mid-2015, mostly because of tightened scrutiny over competition and national security concerns.
14	自 2015 年年中以来,总计近 400 亿美元的中资收购计划#**受挫**,多数是因为出于竞争和国家安全顾虑的更严格的审查。
15	One fear among banks is that long-term interest rates, which **have been pushed down** by central banks buying government bonds through quantitative easing, could rise suddenly as liquidity is withdrawn too fast.
16	银行普遍担忧的一点是,业已#**被央行购买国债的量化宽松之举压低**的长期利率,可能会因流动性过快撤出而骤升。
17	municipalities **have been saddled** with loans since 2009,
18	自 2009 年以来,地方政府#**背上了大量贷款**。
19	Yet throughout the past two decades they **have been penalised** in favour of state-owned enterprises.
20	然而,在过去 20 年里,它们#**得到的待遇不如**国有企业。
21	As emerging economies' demand has grown, oil prices **have been pushed higher**, encouraging consumers in rich countries to drive less, use more efficient cars and pursue alternative fuels such as natural gas.

（续表）

22	由于新兴经济体需求增长,油价已**#被进一步推高**,促使发达国家消费者减少开车、使用节能汽车和换用天然气等替代能源。
23	Many of the takeovers by Indian companies of foreign ones **have been routed** through tax havens such as Mauritius.
24	印度公司对外企的不少收购案也是**#通过毛里求斯等避税港进行的**。
25	The World Health Organisation warns that there are "shadow zones" where people are dying and the disease is spreading outside the medical surveillance systems that **have been put in place**.
26	世界卫生组织(WHO)警告称,在**#已建立的**医疗监控体系之外存在一些"阴影区",在那里,人们正濒临死亡,病毒正在蔓延。
27	Many of the recent jihadist attacks—in Sydney and Ottawa—have been conducted by "lone wolves".
28	近期的多起圣战者袭击(在悉尼和渥太华)都是**#由所谓"孤狼恐怖分子"进行的**。
29	This has been a dispiriting campaign, where a few dozen swing constituencies **have been targeted** like battleground states in a US presidential election.
30	这是一场令人沮丧的竞选,几十个摇摆选区就像美国总统选举中的摇摆州一样,**#被各党派激烈争夺**。
31	Conveniently, four heads of a task force co-ordinating the investigation **have been promoted**.
32	协调此次调查的工作小组的 4 名负责人顺势**#获得升迁**。
33	The European Central Bank's attempt to pull all euro-denominated clearing into the eurozone may **have been defeated** in once.
34	欧洲央行(ECB)把所有以欧元计价的清算都集中到欧元区的企图或许**#被挫败了**一次。
35	But it does appear that many racists **have been emboldened** by Brexit.
36	但看起来英国退欧**#为许多种族主义者壮了胆**。

　　表 9.8 列出从 ECCE2.0 中随机选出的 28 例汉语"被"字句及其相应的英文句。双语数据显示,在 28 个"被"字句中,有 11 例英文表达未使用 be+V-ed 型式,约占 39%。其中 4 例对应英文的 NP+V-ed 型式。例如,"一个曾经伟大的国家,被……搞得乱七八糟" vs a once great country terribly misused by、"被……强迫成为性奴隶的'慰安妇'" vs the "comfort women" forced to become、"被认为……的自闭症患者" vs autists—often perceived as,以及"被认为对……无动于衷的阿拉伯世界" vs a region once held to be indifferent to。在传统教学中,NP+VP-ed 可能被视为被动语态的省略形式,就相当于 NP+that/which/who+be+VP-ed。然而，根据辛克莱（Sinclair 1996）的类联接等共选特征、霍斯顿和弗朗西斯（Hunston & Francis 2000）的型式语法（pattern grammar），以及本研究的调查发现，NP+VP-ed 与完整的被动式在用法特征上可能存在着很大差异。因此，建议把 NP+VP-ed 型式独立进行教学设计探讨。

表 9.8 "被字句"词语索引及其英语翻译示例（ECCE2.0）

1	欧洲可能会奇怪自己为什么**被**排除在外。
2	Europe may wonder why it **has been airbrushed** out of the picture.
3	那么多年轻士兵**被**集中到一起，连学校体育馆都**被**征来容纳他们。
4	So many young soliders **have been rounded up** that school gyms **have been commandeered** to house them.
5	遗憾的是，本周改革法律业的努力**被**意大利议会中的律师议员出于私利否决。
6	Sadly, an attempt to reform the legal profession this week **foundered on** the self-interest of lawyers in the Italian parliament.
7	正式认可汇率**被**低估或**被**操纵的货币可谓一场噩梦。
8	Establishing what counts as **an undervalued or manipulated currency** is a nightmare.
9	这位前欧洲央行（ECB）副行长并不是经过选举、而是在信誉扫地的政客们两周的讨价还价之后，**被**任命为希腊新总理的。
10	The former European Central Bank vice-president has **won his nomination**, not by election, but after two weeks of haggling between discredited politicians.
11	在曾**被**认为对民主的种种好处无动于衷的阿拉伯世界，长期受压迫的民众不惜一切代价挣脱了独裁政权的铁爪。
12	Across the Arab world—**a region once held to be indifferent to** the attractions of democracy—long-oppressed peoples have risked everything to free themselves from the grasp of authoritarian regimes.
13	但是自从 2008 年华盛顿允许印度获取民用核技术以来，该条约的效力已**被**削弱。
14	But ever since Washington granted India access to civil nuclear technology in 2008, the treaty's force **has been weakened.**
15	当事实证明对希腊的第一轮纾困不足以达到效果时，IMF 又**被**说服在今年 3 月签署了第二轮纾困计划，只是这一次它疑虑重重。
16	Once the first Greek rescue had proved inadequate, the fund **was persuaded to** sign up to the second version this March only with great misgivings.
17	人们指责法官无视地震不可能**被**预测的科学事实、为安抚受灾居民而寻找替罪羊。
18	The judge stands accused of ignoring the scientific truth that earthquakes **cannot be predicted**, and of seeking scapegoats to appease the embittered population.

（续表）

19	这也有利于欧元区其他国家,因为部分额外资金将**被**用于购买进口产品。
20	It would also help the rest of the eurozone, since some of the extra cash **would be spent** on imports.
21	既然通常**被**认为无法在工作场所正常工作的自闭症患者能够胜任工作,有其他缺陷的人也应当得到机会。
22	If autists—**often perceived as** unable to function in a workplace—can thrive on the job, it should be possible to include those with other handicaps, too.
23	员工可能**被**剥夺假期和带薪病假,即便他们定期为同一雇主工作。
24	Staff may **be denied holiday and sick pay** even though they work regularly for the same employer.
25	它们可能需要更多的保护措施防止**被**收购,以避免高端人才的流失。
26	These may require more protection **against takeover** to avoid top talent leaving.
27	如果非洲的崛起因为类似的错误而**被**打断,那么这将是一场悲剧。
28	It would be a tragedy if Africa's rise **were cut short** by similar mistakes.
29	这种组织结构后**被**废除,因为人们认为项目组不了解各国国情。
30	This **was abandoned** because project teams were deemed insensitive to country realities.
31	上个月,越南渔船与中国渔船相撞后沉海,落水的越南渔民幸**被**救起。
32	Last month, Vietnamese fishermen **had to be rescued** when their boat sank after clashing with a Chinese vessel.
33	印度等国封杀了它们是签约国的协议是一回事,阻止其他成员参与谈判则完全是另一回事。世贸组织并不想**被**迫走出它正考虑的那一步。
34	It is one thing for the likes of India to block a deal to which they are signatories: it is quite another for them to stop others entering into talks. The WTO would rather not **be forced into the position** it is contemplating.
35	传统上,美元走强**被**证明是发展中国家陷入动荡的预兆。
36	A stronger dollar **has historically proved to** be the harbinger of turmoil in the developing world.
37	这段插曲势必将使英国国会议员与外部工作的关系问题**被**重提。
38	This episode will inevitably **resurrect questions** about the relationship between British MPs and outside work.

（续表）

39	该协定曾**被**兜售为将会为美国创造数百万就业岗位。
40	**It was sold as** a deal that would generate millions of US jobs.
41	他对气候辩论的贡献不应**被**忽视。
42	His contribution to the climate debate should **not be dismissed**.
43	**被**帝国陆军强迫成为性奴隶的"慰安妇"
44	the "comfort women" **forced to become** sex slaves by the Imperial Army
45	整个欧洲大陆追捕的阿卜杜勒-萨拉姆竟然**被**邻居隐藏了4个月,这一点值得深思。
46	It is chastening to learn Mr Abdeslam, pursued across the continent, **was hidden by** neighbours for four months.
47	到上周日,数千名军人**被**逮捕,数千名法官被解雇,Twitter 上出现了大量要求恢复死刑的呼声。
48	By Sunday, thousands of military personnel **were under arrest**, thousands of judges sacked and calls to bring back the death penalty were trending on Twitter.
49	其中大部分是针对银行家的指责,但也有一些指向了人们眼中银行家的同伙,包括在那些后来很快**被**曝存在欺诈的账目上签字的审计师。
50	Most of this has bespattered the bankers, but some have also adhered to their perceived accomplices, including the auditors who signed off on accounts that **were quickly exposed** as fraudulent.
51	这意味着……,而外国人**被**禁止收购相等的×××国公司。
52	This means that . . . but foreigners **are barred from** buying equivalent ×××firms.
53	人们将很难忘记演说的开篇,它描绘了一幅黑暗景象:一个曾经伟大的国家,**被**本国的政治阶层和其他国家搞得乱七八糟。
54	It will be hard to forget how the speech began: with a dark portrait of a once great country **terribly misused by** its own political class and by other nations.
55	然而,一个更重要的问题是,审计行业的结构是否鼓励了审计机构与**被**审计公司互相通融。
56	A larger question, though, is whether the structure of the industry encourages cosiness between auditors and **the companies they scrutinise**.

其余 8 例所对应的英文表达并非严格意义上的被动式。如"……的努力被……否决" vs an attempt to . . . foundered on the self-interest of lawyers in the Italian parliament、"防止被收购" vs **against takeover**、"被证明是" vs **has historically proved to**、"的关系问题被重提" vs inevitably resurrect questions about、"被任命为" vs has won his nomination、"被逮捕" vs were under arrest,以

及"被审计公司" vs the companies they scrutinise。这些数据说明,英语中使用 against takeover、under arrest、founder on 以及 question about 词语序列实现"被"字句的态度意义,使用 have proved to be、win nomination 和定语从句等词汇语法手段表示"被动关系"的命题意义并表达中性、积极态度意义。这一类对应型式说明了汉语被字句与英语主动式也存在对应关系,是教学和学习的难点所在(传统语法教学倾向于依靠"被"字句教授英语被动式;学习者倾向于根据"被"字结构选择英语被动式),也需要在教学设计中独立呈现和探讨。

上述双语实例分析用于帮助学习者重新认知:被动式与被字句在形式、意义和功能上的对应程度非常有限,绝非完全对等。可以通过相互对应率(Mutual Correspondence Rate,MC Rate)予以直观的说明。"相互对应率是阿尔腾贝格(Altenberg 1999:254)提出的概念,指双向翻译语料库中语法结构或词汇相互被译的程度。其基本思想如下:如果语言 A 中的词语 X 总是被译为语言 B 中的词语 Y,同样,语言 B 中的词语 Y 总是被译为语言 A 中的词语 X,那么这两个词语的相互对应率为 100%。反之,如果二者总是不被互译,相互对应率则为 0%。相互对应率越高,被比对象就越有可能是跨语言对应单位"(引自卫乃兴、陆军 2014:22)。实际语言使用中,相互对应率很难接近 100%。相互对应率的计算公式如下:

$$MC = \frac{(A_t + B_t) * 100}{A_s + B_s}$$

其中,A_t 和 B_t 分别代表词汇语法项 A (如被动式)和 B(如被字句)在译文文本中出现的频数(本研究中可视为 18 和 5,见表 9.7),A_s 和 B_s 分别代表词汇语法项 A 和 B 在原文文本中的频数(本研究中可视为 18 和 28,见表 9.8)。根据该公式,我们计算出被字句与被动式的相互对应率 MC 大约为 50%(本研究采用的数据来自单向平行语料库,采用样本频数作为计算依据,因此并不非常准确,但足以直观地展示:被动式与被字句的对应率并不很高,需要在学习中引起注意)。

2) 基于本族语语料库数据的(be+) *V+-ed* 教学设计探讨

理论上讲,高质量的双语平行语料库足以为二语教学提供直观、形象的数据。然而,由于平行语料库资源有限、对齐工作困难等因素,大型平行语料库很难获得,很多词语型式的双语对应例证非常有限。例如,分别以 it is begun、it was begun、is looked at 和 was looked at 为节点词对 ECCE 2.0 进行检索,都没有得到相应的词语索引。而在 COCA 中,it was begun 出现了 26 次,it is begun 出现了 9 次(见表 9.9),is looked at 出现了 105 次,was looked at 出现了 73 次。在很多情况下,同一个动词主动态与被动态都频繁出现,而且所表达的命题意义也接近,但在所表达的态度意义或功能上存在很大区别。需要通过本族语语料库数据进行观察和比较。例如,像 begin、look at 等所谓的不及物动词并不是没有被动式,而是出现频率低于其主动式。这种低频出现说明了其用于表达特定的意义和功能,与高频出现的主动态或其他动词的高频被动式可能存在很大差异。例如,表 9.9 中的前 3 例分别为:**It was begun** in 1994 and ... was completed in 2002、**It was begun** during the Cold War. And that will never, be taken out of the DNA of the Central Intelligence Agency. 和 **it was begun** in 1964 and not completed until 1967。通过上下文语境可以发现,这三例中的 it was begun 都倾向于表达"有难度"的语义韵。与 it begins 或 it began 等序列使用有较大差异。因此,在较高层次的被动式教学设计中,可通过考察本族语语料库数据比较和呈现同一(组)节点词主动式和被动式在用法特征上的异同。

表 9.9　**It was begun 和 It is begun 词语索引(COCA)**

1	largest and most ambitious project ever funded by the National Science Foundation. **It was begun** in 1994 and, in its first implementation, was completed in 2002. In
2	Russians. It has been since its beginning in the'40 s. **It was begun** during the Cold War. And that will never, be taken out of the DNA of the Central Intelligence Agency.
3	writes, "Fuses was the result of several years' labor: **it was begun** in 1964 and not completed until 1967?. The density of the imagery demonstrates
4	Parents' overall impression of the VITAL program was very positive both when **it was begun** (276 responses) and when it ended (261 responses). About 78%
5	of the modern town of Luxor (site of ancient Thebes). **It was begun** by Amenhotep III and largely completed by Ramses II, though later builders added to
6	for neo-Nazis, a group called White Military Men hosts numerous contributors. **It was begun** by "Fighting for Whites," who identified himself at one point as Lance Cpl.
7	hours in the canal by telling us the history of it. # **It was begun** in 1859 and took ten years to build. The work is estimated to have
8	one which imperatively called for answers to neglected problems of national defense. **It was begun** as a police action; it developed rapidly into an undeclared war of no
9	compare the notes on John 1 : 13. It was on the fact that **it was begun** by God, that he based his firm conviction that it would be permanent.
10	million people who live in the potential flood zone along the Mississippi. **It was begun** after 1927, when record flooding on the great river killed hundreds of people.
11	book of formulas is the most ancient in the world. They say **it was begun** by Adam Smith himself." He looked to me for verification, so I
12	blood is dotted with bubbles as though it is going sour. Once **it was begun**, it was impossible to stop. "Wolf! Hair!" someone shouted

（续表）

13	belonged to all five centuries of the city's past and present. **It was begun** in the first decades of the Spanish occupation of the island, when the city
14	sting. # Austin, Texas—New congressional filing period ends. **It was begun** after confirmation of the new state redistricting map. # New York—50th annual
15	has since hosted four U. S. Open championships. # Like many clubs, **it was begun** by people who couldn't get in elsewhere—in this case, Germans,
16	old campus, and it houses most of the undergraduate freshman class. **It was begun** be Theodore Dwight Woolsey, president of Yale from 1846 to 1871. Over here
17	, Lori has sustained Kiss of the Wolf in the spirit with which **it was begun**. The business operates with a small devoted team, each member contributing in a
18	, or soon after when this great action was performed. But before **it was begun**, they gave orders unto the Chirurgeon of the boat, to bore a hole
19	a time, I guess, when the National League players strike—**it was begun** by some of the St. Louis Cardinals—had just been averted because Ford Frick
20	us the power to see it undone And turn back time to whence **it was begun**—It didn't work? —Nothing happened. Whose phone is that?
21	back and arms the strength to do it. And then, once **it was begun**, the work elaborating itself in the familiar sequence of motions and days, he
22	doesn't have one yet because of the uncertainty that has existed since **it was begun** over what it will be used for. It has had a number of intended
23	they fill out questionnaires about the film. That's how **it was begun**. And then it became a tool for the studios to cover their ass.
24	the stories and the silence. And with this peace process, since **it was begun** about a year ago, the real story has been in the silence, the
25	her father, automatically," but p102 it seems to me that **it was begun** by a genius, continued by an idiot, and translated into Middle English by
26	Their intense self-preoccupation is shown well by the earliest Nuremberg history-book. **It was begun** in 1360 by Ulman Stromer who called it his little book ot my family and
27	us a good start and speed, easy to continue, when once **it is begun**. In short, there is no man who is not at some time indebted
28	as yet not perfect, but will be fulfilled in all in whom **it is begun**. # But ye are justified; not by the works of the law,
29	wherefore it may be depended on, this work will be performed wherever **it is begun**, and that "until the day of Jesus Christ", meaning either the
30	Guerilla war has a destructive consequence which outlasts the civil war in which **it is begun**. Traditional soldiers may be demobilized and debriefed and ceremoniously discharged from the duty and

（续表）

31	fair that the only life a small girl knows should end almost before **it is begun**, in an agony of injuries. It is just not fair that so many
32	aperture, tells a haunting story. Meant to adorn and protect, **it is begun** in a controlled, orderly fashion so that the sudden rift and slow disintegration of
33	, injections, and other forms of treatment are helpful. Treatment works best if **it is begun** as soon as the condition is diagnosed. If you've not seen one already
34	training. Legal education is endless and far too all-encompassing in Germany; **it is begun** right after high school (or military service for most men), it is
35	and the curriculum is the same regardless of the grade level in which **it is begun**. # "It doesn't really matter if it is introduced in elementary or

3) 基于学习者语料库数据的(be+) *V+-ed* 教学设计探讨

无论是平行语料库还是本族语语料库数据,都难以直接应用于教学,需要经过高度提炼和概括。这要求教学实践者具有一定的语言学素养和研究能力。广大教师和学习者喜闻乐见的教学材料是呈现一定数量的正确表达实例,同时还要提供学习者容易犯错或失误的实例。换言之,在传统被动式教学的基础上进一步让学习者明白中国学习者容易出现哪些使用失误,能够引起他们的注意,大大提高英语被动式的学习兴趣和效果。二语学习者语料库能够反映被动式等语法结构的使用特点以及存在的主要问题,是增强被动式教学效果的重要途径。

CLEC 学习者语料库数据显示,主动式 vs. 被动式失误是中国学习者英语中高频发生的现象。表 9.10 显示,这些失误主要包括以下三种类型:第一类是被动式形式不够完善,有的缺少 be 动词,如 It (is) called* "here waiting"、Mid-Autumn Festival (is) celebrated* on 和 Many factories and companies (are) set up* nowadays 等;有的缺少了过去分词标记(-ed),如 They are warn (ed)* by ... 和 More and more people ... are require(d)* 等。第二类是部分动词的特定用法更偏好主动式(也就是所谓的"没有被动式"),如 the old year was passed*、as the science is develop* 和 the art festival was began* 等。第三类是应该使用被动态的情形使用了主动态,如 the reforming policy are carrying out*、lost the diamond necklace that borrow from Jeanne*、the umbrella which are holding up* 等。其中,第一类失误可以通过增进学习者的意识、帮助他们获得英语被动式知识来解决,如反复接触被动式使用实例和纠正误用实例。在一定意义上讲,这些失误与具体节点动词并不直接相关。与之相比,第二类和第三类失误则与具体词语的用法相关。理论上讲,节点词 PASS、DEVELOP、BEGIN、PUT up、

CARRY out、BORROW 和 HOLD up 既可用于主动语态,也适用于被动式。事实上,当 PASS 与 year、BEGIN 与 festival 共现时,一般不用于被动式;science 后接 DEVELOP 时习惯性使用主动态;而当 CARRY out 与 policy 共现、BORROW 与 diamond 共现、HOLD up 与 umbrellas 共现时,更倾向于使用被动态。附录 2 列出了 CLEC 语料库中的使用失误,可在教学中为增强学习者对被动态语法结构的学习意识而选择使用。

表 9.10　CLEC 学习者语料库中被动式使用失误

1)	tudents didn't have other choices. When a person allocated a job, he or she must [vp6,
2)	in China gradually. Many factories and companies set up nowadays as China's economy is develo
3)	a English song. It called "here [fm3,-] waiting" [fm3,-]. Miss,
4)	Mid-Autumn Festival Mid-Autumn Festival celebrated on the night of the 15th of Augus
5)	people are very pleased, the old year was passed, All the streets and shops and the parts [
6)	an old bird. Now, as the science is devolop. GuangZhou [fm2,-] is putting on a new sh
7)	very busy, because the art festival was began, every class must be [wd5,3−5] get r
8)	have been rapid progressed Until [fm1,-] today, China has been [wd3,
9)	same jobs and don't like to be changed, in fact, they don't believe in themselves
10)	is clean. There is a broom which is putting up and down against the wall, on
11)	-]. There are many reasons that we can be found make out [wd3, s-]. First, if a unskilled [w
12)	lding a bottle and smiling. The two pictures are cutting carefully and crossing on the wall.
13)	the boo [wd7, 1−1] first. Then the students will devide [fm1, -] into different groups, usua
14)	Although as the open policy the reforming policy are carrying out, which [vp3, −1] have create
15)	de was [vp7, 1−4] lost the diamond necklace that borrow from Jeanne. So Mathilde was [vp7, 1−
16)	flowers. In the street, the umbrellas which are holding up make up a colorful painting. <ST
17)	observing their Halloween. They are warn by all kinds of terrible stories and they wi
18)	More and more people of high quality are require in the job market. That's why the situation
19)	fm1,-] or eat. On that day women will be recieved [fm1, -] present by [pp1, 1−] their
20)	e burden for hospitals and the state will surely reduce, and more other patients will have mo

基于语料库的(be+)*V+-ed*教学设计不仅需要考虑到相关使用规律的揭示,还需要发挥学习者记忆相关使用实例的潜力。例如,鉴于中国学习者倾向于过少使用 NP + BECOME + *V+-ed*（AP）、NP + be+ *V+-ed*、be +SEEN（as）和 It + be + *V+-ed* + that 等型式,可以利用本族语语料库提供相应的高频序列作为学习材料(如表 9.11 和表 9.12 所示)。表 9.11 列出了 be +V-ed +as 的高频序列,频率最前的 10 个序列依次为 bee seen as、be regarded as、be used as、is known as、is seen as、be treated as、be described as、was seen as、is regarded as 和 be taken as。进一步观察发现,前 30 个高频序列可以概括为 be + V-ed（seen、regarded、used、known、described、taken、considered、interpreted、known、viewed、defined、construed）+as。更为重要的是,这些序列共享"（被）视为"之类的语义,有助于促使学习者意识到 be +V-ed+ as 型式趋于与属于特定语义集合的动词共现,共现后的词语序列趋向于共享特定的语义(参见 Hunston & Francis 2000)。

表 9.11　BNC 中 be+V-ed+as 高频序列

序号	词语序列	频数	序号	词语序列	频数	序号	词语序列	频数
1	be seen as	1 767	11	are seen as	393	21	was used as	272
2	be regarded as	1 672	12	was regarded as	349	22	been described as	261
3	be used as	1 032	13	be considered as	340	23	is used as	238
4	is known as	891	14	was described as	331	24	is defined as	234
5	is seen as	831	15	be interpreted as	321	25	be defined as	229
6	be treated as	756	16	be known as	318	26	been seen as	215
7	be described as	754	17	is described as	316	27	are regarded as	204
8	was seen as	658	18	was known as	308	28	been regarded as	188
9	is regarded as	486	19	be viewed as	291	29	be construed as	186
10	be taken as	412	20	are known as	280	30	been used as	186

表 9.12 显示,BECOME +V-ed 型式的高频序列依次为:became known、become known、become established、become involved、become used、became involved、became established、become addicted、become associated 和 become attached。进一步观察发现,在前 30 个高频序列中,按照 BECOME 后接动词的频数排列依次为:known（630）、involved（157）、established（152）、used（85）、associated（72）、embroiled（49）、lost（48）、entangled（43）、addicted（40）、attached（40）、trapped（36）、separated（34）、entitled（27）、acquainted（24）、 engaged（22）、absorbed（20）、incorporated（20）、stuck（19）和 disillusioned（16）。与 be +V-ed +as 型式相比,BECOME +V-ed 型式的语义特征并不那么明显,需要按照相关核心动词分别观察、讲授和学习。

表 9.12　BNC 中 BECOME +V-ed 高频序列

序号	词语序列	频数	序号	词语序列	频数	序号	词语序列	频数
1	became known	406	11	become trapped	36	21	became absorbed	20
2	become known	176	12	became associated	32	22	become incorporated	20
3	become established	106	13	become lost	31	23	became stuck	19
4	become involved	98	14	becoming known	31	24	become entangled	19
5	become used	69	15	become embroiled	28	25	become separated	18
6	became involved	59	16	become entitled	27	26	became lost	17
7	became established	46	17	became entangled	24	27	becomes known	17
8	become addicted	40	18	become acquainted	24	28	became disillusioned	16
9	become associated	40	19	become engaged	22	29	became separated	16
10	become attached	40	20	became embroiled	21	30	became used	16

综上所述,英语被动式与汉语被字句只有部分对应关系,且因具体动词不同而异。中国英语学习者在使用英语被动式上存在很多困难。教学设计除了考虑传统的语法规则教学以外,还可以利用平行语料库证据、英语本族语语料库证据和学习者语料库证据开展相应的教学活动。可参照本书第 5 章、第 6 章,利用语料库证据开发填空、判断和用法纠正等学习任务,开展相应的显、隐性教学设计研究。

第 10 章

同题作文词语型式与写作教学研究①

10.1　引言

　　弗斯(Firth 1957)"由词之结伴可知其词"的论断说明词义不仅通过音素、词素和语法形式表现出来,还通过词项搭配来体现;词项搭配是一种"结伴关系",结伴的词项彼此之间存在一种"相互期待"(mutual expectancy)性,这种靠"相互期待"聚集在一起的"伙伴"决定了该词的特定意义和用法。韩礼德(Halliday 1976)提出:"词语似乎只需线形共现,并达到某种程度的显著邻近,或是一个连续体,或是某个截断。这种线形组合关系被称为搭配。"辛克莱(Sinclair 1991)的"成语原则"(Idiom Principle)认为"语言使用者有大量的半构筑预制块可使用"(ibid.:110)。弗斯(Firth 1957)的词语结伴使用论断、韩礼德(Halliday 1976)的线形组合描述、以及辛克莱(Sinclair 1991)的成语原则都在说明一个普遍的语言现象,即"词语组合是主要的语言选择单位,包括各种不同的词语组合、搭配、固定词组、半固定词组、成语等"(卫乃兴 2005:9)。根据辛克莱(Sinclair 1996)基于大量语料库数据的描述,这些组合都属于广义的词语搭配,是本族语者普遍用于传递命题和态度意义的短语单位。

　　词语搭配的普遍性促使二语研究者意识到一些基本问题:二语表达不仅需要关注语法性,更主要的是使用本族语者的词语搭配。例如,吉萨基(Gitsaki 1996)研究发现,"V+Object"型搭配是二语学习者最难掌握的。英语句子的 S+V(+O)型基本结构决定了名词和动词是英文表达的必要成分,它们和形容词依次构成了英语中的三大词类。不过,S 和 O 部分既可由单个名词或代词承担,也可以是比较复杂的词语组合。例如,中等偏下水平的学习者倾向于使用单个名

---

① 本章和第十一章的部分内容发表于《扬州大学学报(高教研究版)》2016 年第 4 期第 86 至 91 页。

词或代词,而较少使用相关词语搭配。相比之下,动词则是完整英文句子的必要成分,且容易与其后的补足成分构成搭配。因此,与其他类型的搭配相比,动词型搭配更有助于反映二语学习者的表达能力。然而,语料库数据显示:即使是高频动词,在单篇文本中的复现频率也不会高;随着写作水平的提高,同一词语的复现率会逐步减少,而异形同义复现逐步增加。因此,以高频词为主要观察对象的语料库研究方法并不适用于语料规模较小的情形(如课堂教学)。教学实践中往往只需要考察某(几)个班级的作文,语料规模一般不大。为此,本研究开发出适合课堂教学研究的语料库方法,即穷尽提取样本中的动词型搭配,进行观察和分析,力图揭示特定学习者群体的二语搭配使用情况和发展规律。

10.2 研究方法

本研究试图回答以下问题:① 不同水平的二语学习者在动词型搭配使用上有何异同? ② 随着二语水平的提高,动词型搭配使用有何发展变化特征? 这两个问题的解决可有两方面的实践价值:一是可以帮助后进学习者知道他们与先进学习者在语言表达上的差距,促进其调整学习方法;二是帮助教师发现学习者使用词语搭配的发展变化规律,有助于在教学中更好地遵循、利用规律。

10.2.1 语料处理

考虑到非英语专业与英语专业学习者在英语学习条件和目的等方面的显著差异,以及相应语料之间的异质性(桂诗春,杨惠中 2002:3)等因素,本研究特别选择了中国学习者英语语料库(CLEC)ST3 和 ST4 两个子库,分别代表非英语专业一、二年级和三、四年级写作语料,同时以英国国家语料库(BNC)为参照。具体研究对象为两个子库中的同题作文(文章题目、提纲和完成时间等条件相同)(Health Gains in Developing Countries)各 100 篇。

本研究两个水平语料的产生条件基本相同,即同一主题、提纲和完成条件,这些要素确保了可比性。语料选择后进行赋码处理和检索提取。考虑到赋码软件对带有 -ing 和 -ed 等屈折变化的词形(动词或形容词)有识别困难而容易造成误差,因此,需对赋码后的相关语料进行人工检查。检索所有动词型搭配,经过人工筛选异常词语组合后以 BNC 为参照计算相关搭配的 T 值,考虑到非英语专业学习者搭配使用能力总体偏低的事实,本文取 T>1 为搭配强度阈值下限(参见卫乃兴 2002a:41-50;T 值越大,搭配显著程度越高;具体操作技术参照本书第四章),并按表 10.1 列出的搭配类型进行分类。此外,还检索出 life expectancy 在学习者语料和 BNC 中的词语索引。

表 10.1　常用动词型搭配类型（杨惠中 2002:102）

类　　型	示　　例
1. V+N	perform an operation, earn a degree, settle the dispute
2. V+ADV	judge harshly, refuse flatly, fight desperately, draw heavily
3. ADV+V	highly recommended, seriously affect, persuasively suggest
4. V+PREP	apply for, adhere to, alternate with disassociate from
5. N+V	heart … sinks, data … show, water … evaporates
6. phrasal verbs	take off, break down, point out, do away with, make believe

10.2.2　语料分析方法与步骤

首先，对动词搭配频数与写作得分进行相关分析，以发现动词型搭配使用能力与写作水平之间的关系。其次，利用卡方检验判断两个水平的写作在动词型搭配使用等方面的差异。最后，比较分析两组作文中各类动词型搭配的分布特点、与英语母语的异同，以及两组语料中动词型搭配失误的分布特点。

10.3　动词型搭配的分布特征

10.3.1　学习者组间动词型搭配的比较分析

对两组作文中各类动词型搭配频数进行卡方检验，结果见表 10.2。

表 10.2　ST3 和 ST4 组样本中动词型搭配分布

搭配类型	ST3	ST4	χ^2	P
V + N	258	391	13.44	.000**
V + ADV	75	101	1.94	.163
ADV + V	5	6	.00	1.000
V + PREP	68	81	.49	.485
Phrasal verb	117	308	42.77	.000**
N+V	72	68	2.06	.151
总计	595	955	33.67	.000**

注：* 表示 $p<0.05$；* * 表示 $p<0.01$。

结果表明：

（1）两组作文在动词型搭配总频数上存在显著差异。ST4 组一共使用了

955 个动词搭配,而 ST3 组只有 595 个,$\chi^2 = 33.67$,$p = .000$,差异显著。

（2）ST3 和 ST4 组在 V+ADV、ADV+V、V+PREP 和 N+V 等类型搭配的频数上没有显著差异。与之相比,V+N 型搭配分别出现 258 和 391 次（$\chi^2 = 13.44$,$p = .000$）,而短语动词的频数则分别为 117 和 308 次（$\chi^2 = 42.77$,$p = .000$）,均存在显著差异。由此可见,两组作文中动词型搭配的差异主要表现在 V+N 型搭配和短语动词使用上,是影响英语表达的重要因素。

10.3.2　Life expectancy 的 VP 搭配词分布特点

表 10.3　life expectancy 的 VP 搭配词分布

实　例	BNC	ST3	ST4
have + a . . . life expectancy	29	0	1
is / was/ will / might / may be + （about/ under/ only/ approximately/ barely）+数值	21	13	15
is / was/ will / might/ may be + （about/ under/ only/ approximately/ barely）+数值+old	0	80	51
is short/ fairly low/ good/ the same as/ less than/ limited/ greater than . . .	20	8	20
change	0	26	18
improve	4	3	2
increase（from . . . to/ by/to/ADV）	9	35(6/1/10/5)	40(10/2/7/5)
rise from . . . to . . ./by	9	8	18

从表 10.3 可以看出,学习者与本族语者在 life expectancy 的动词型搭配词使用上有很多共同点,都使用了 life expectancy + be + NUMBER 和 life expectancy+ increase/ improve/ rise . . . 等搭配形式。不过,学习者偏向于集中使用其中的某些类型,如 is / was/ will / might/ may be + （about/ under/ only/ approximately/ barely）+NUMBER+old* 类型的词语序列,在 ST3 和 ST4 样本中分别高达 80 和 51 次;本族语者更倾向于使用 have a . . . life expectancy 等表达。

10.3.3　搭配失误分布

从表 10.4 可以看出,ST3 组和 ST4 语料库中分别出现了 1 051 和 864 次搭配失误（本研究样本为 117 和 102 次）（根据 CLEC 的失误标注统计）,其中动词型搭配失误为 851 和 601 次（本研究样本为 89 和 64 次）,分别占相应样本中搭配失误总数的 80.97% 和 69.56%,占搭配失误的主要部分。其中 Verb+Noun 型失误在 ST3 和 ST4 组中分别为 598 和 505 次,Noun+Verb 型为 206 和 60 次,这些数据进一步说明动词型搭配研究的实际意义:学习者在动词型搭配(特别是 Verb+Noun 型搭配)使用上面临着很大困难,ST3 组(大学一、二年级阶段)尤其如此。

表 10.4　搭配失误分布表

类型	ST3 样本	CLEC	ST4 样本	CLEC
N+N	15	76	7	92
N+V	39	206	17	60
V+N	40	598	34	505
ADJ+N	14	110	28	163
V+ADV	10	47	13	36
ADV+ADJ	0	14	3	8
V 型总数	89	851	64	601
失误总数	117	1 051	102	864

表 10.5 列举了 V+N 型搭配失误例证。这些实例说明,相关英语表达可能没有明显的语法问题,但不符合表达习惯,与相关汉语表达在词语层级上趋于对应。例如,changed two times* vs "变了两倍"、living condition increased* vs "生活条件提高了"、life expectancy will be older* vs "寿命将变老"、know some knowledge of* vs "知道一些……知识"provided some policy* vs "提供一些政策"、cause the above thing* vs "导致以上事情"、the life expectancy adds* vs "寿命增加"、improved about 20-year-old* vs "增加了 20 岁"。这些对应特征表明,二语词语组合使用有着逐词翻译倾向,是造成失误的直接原因。

表 10.5　V+NP 型搭配失误示例

changed two times	build hope	lies in three reasons
living condition increased	decrease the reason	made many deaths
life expectancy will be older	defend ill	make a great development
know some knowledge of	develop the people's life situation	relax their spirit
provided some policy	does their infrusture*	say a aspect*

（续表）

cause the above thing	get health gains	take activities
the life expectancy adds	increased 20 years old	took on a new variation
	inflect their health	went to death
	improved about 20-year-old	extends 20 years old

注:星号＊标记表示原文中的拼写错误。

10.4　分析与讨论

10.4.1　高低水平学习者使用动词型词语搭配的异同

第一,不同水平的学习者所使用搭配的丰富程度不同。表 10.2 数据说明:学习者所使用的动词型搭配以 V+N 型和短语动词为主。两组学习者在短语动词使用上的差异最大,是反映两组作文差异的重要方面。英语短语动词(phrasal verbs)是由动词加上小品词构成的,如 let down、come in、take away 等,表达一个不可分割的完整动词概念 (Dagut & Laufer,1985;Darwin & Gray,1999)。有些短语动词语义透明,从其组成成分中可以推测出整个短语动词的意思(如 go away、come in);有些则不是组成成分的意义简单相加(如 give in、turn up)。词语索引数据比较发现,两组作文中都使用了诸如 pay attention to、take place、take part in 等表达;相比之下,ST4 组样本还使用了 be aware of、be concerned with、be concerned about、die of、increase by、decrease by、break out、lead to、account for、bring about、vary from ... to、save ... from、apply ... to ... 等透明和半透明短语动词。总体而言,ST4 组作文不仅比 ST3 组短语动词的数量多,而且类型也更丰富。

ST3 和 ST4 在 N+V 型搭配的频数上没有显著差异,但在使用特征上差异明显。例如,词语索引数据表明:二语学习者高频使用 life expectancy +change 表示寿命变化,在 ST3 和 ST4 中分别出现 26 和 18 次;但是母语者几乎未使用该型式,他们倾向于使用 life expectancy 与动词"improve"、"increase" 和"rise"等搭配,以及 life expectancy is/ was +falling / rising / the same as / less than / greater than ... 等序列表示变化趋势或幅度(后者在 ST3 和 ST4 中分别出现 46 和 60 次);此外,母语者还使用了 life expectancy is/ was +about 10 years below... / less than... / under... 等比较形式来表示变化幅度,ST4 组学习者使用类似表达的频数要高于 ST3 组学习者。这些数据进一步说明,不同水平的学习者使用搭配的丰富程度不同,与英语水平正相关。

第二,高水平组学习者所使用搭配的复杂程度较大。短语复杂度是反映学习者语言表达水平的重要维度,与句法复杂相比有很多优势(Paquot 2019)。本研究词语索引数据显示,ST3 组使用了很多像 have great changes、affect people's lives、develop medical technology 等序列,NP 以"ADJ/DET+N"类型为主;相比之下,ST4 组则较多地出现了像 get more nutritious food such as、know how to develop good habit、get what they needed、causes the increasing life expectancy 等序列。后者具有复杂程度较高的 NP 结构。由此说明,水平较高的学习者倾向于使用复杂程度较高的词语搭配。

第三,不同水平学习者的词语搭配失误频率不同。表 10.4 数据显示,ST3 和 ST4 组在动词型搭配失误数量上也存在显著差异。其中,ST3 组写作中出现搭配失误频数高达 851 次(本研究样本中发生 89 次),ST4 组中发生 601 次(本研究样本中发生 64 次)。此外,学习者作文还大量使用了 life expectancy is/was 40/60 years old*、it (life expectancy) is/was 40/60 years old*、increase to 60 years old* 等表达,ST3 组样本高于 ST4 组样本(后一类失误不包括在 CLEC 统计数内,BNC 中基本没有出现)。

10.4.2 原因分析

首先,二语表达倾向于使用母语策略,产生典型词语组合的同时也产生了部分搭配失误现象。运用已有知识(prior knowledge)学习新知识是普遍采用的学习策略。类似地,二语学习者也普遍依靠母语进行表达(参见 Jarvis & Pavelenko 2008)。学习者作文趋于大量使用 V+N 型搭配。V+N 型词语组合是英语和汉语表达中的基本动词型词语组合,且在很多情况下趋于对应。这种一致性使得学习者借助中文表达直译就可以实现很多典型的英语词语组合,如 build better hospitals、improve living conditions 等。

学习者的母语策略倾向可由学习者与本族语者表达的异同进一步说明。本族语者趋向于频繁使用 have + a ... life expectancy、life expectancy + be + NUMBER 和 life expectancy + be +ADJ 这三种搭配表示"寿命长短"。相比之下,学习者则明显偏向于高频使用 life expectancy + be + NUMBER 以及 change 与 life expectancy 共现表示"寿命变化",后者在 BNC 中则几乎未出现。学习者偏好这些序列在很大程度上是由于它们在词语层级上与相关汉语表达趋于对应。

尽管学习者依靠母语表达可以产生很多地道的表达,但也会产生大量不地道或不符合目标语表达习惯的词语序列。表 10.5 数据显示,二语写作中的动词型搭配失误基本都是按照中文表达直译的"产物"。张军、李文中(2004)的研究发现也说明了这一点:"在所有搭配模式中,动名搭配失误最为显著,造成这些搭配失误的原因主要来自母语的影响,属于负迁移。"

第二,随着英语水平的提高,母语依赖程度趋于减弱,调用现成词语序列的能力增强。文秋芳和郭纯洁(1998)发现:外语写作能力高的学生比能力低的学生对母语依赖性小。本研究发现,与 ST3 组的学习者相比,ST4 组学习者所使用搭配的丰富程度和复杂程度都较高,而搭配失误的数量呈现递减趋势(尽管文章的长度倾向于增加),在一定程度上说明依赖母语逐词翻译的倾向趋于减弱。此外,学习者高频使用 life expectancy+be + NUMBER+years old * 的误用倾向说明:他们能够整体记忆和调用诸如 be ... years old 等相对固定的词语组合,但是由于过度依靠 be + NUMBER+years old vs "(是)几岁"的对等关系而产生了 life expectancy+be + NUMBER+years old 的误用现象。ST4 组学习者的误用频率明显低于 ST3 组(51 vs 80 次),但比 ST3 组多使用了 is short/ fairly low/ good/ the same as/ less than/ limited/ greater than ... 和 have + a ... life expectancy 等接近于本族语的表达,说明 ST4 组学习者使用现成词语序列的能力更高。

10.5　结论与基于语料库的写作教学设计

10.5.1　结论

根据两组作文中动词型搭配的分布和发展特征、学习者作文中 life expectancy 的动词搭配词与母语语料之间的差异分析,以及动词型搭配失误分析,可得出以下结论:① 不同水平的学习者所使用搭配的丰富程度、复杂程度不同,词语搭配失误频数也不同;② 动词型搭配使用能力与语言表达能力显著正相关;③ 学习者倾向于依赖母语进行二语表达,但随着英语水平的提高,母语依赖程度减少,目标语序列的整体调用程度逐步提高。

根据上述研究结论可以得出以下启示:① 在母语环境下学习英语无法摆脱对母语(如汉语)的依赖,需要不断认识目标语构成特征和语言习得规律,合理利用母语和目标语知识,减少对母语的过度依赖。② 在教学中,通过重视数据驱动教学减少对目标语的过度依赖。让学习者多接触典型的语言表达,促进典型词语组合的输入。同时培养学习者利用英语本族语语料库词语索引等途径来查验语言输出的典型性和地道性,强调以搭配为输出单位进行表达。③ 可以采用本研究的方法分析教学活动中所产生的小规模写作、口语语料,通过不同水平学习者或不同类型学习活动之间的词语序列对比,发现和克服词语搭配学习的困难。

10.5.2　基于语料库的写作教学设计探讨

根据上述分析,学习者倾向于依靠母语表达构成动词型词语组合,产生部分典型搭配的同时也出现了比较多的失误。显然,依靠母语表达直译产生的不合适翻译一旦被巩固,就需要在未来的学习中花费大量精力进行纠正。因此,如果在写作训练中多使用地道、恰切的词语序列,则能够大幅度提高学习效率和效果。为此,下文探讨基于语料库的写作教学设计,帮助克服过度依靠母语对等表达所产生的负面影响。

1) 基于主题词建立写作所需要的词语搭配清单

写作是大部分中国学生使用英语进行交际的主要途径。在这种意义上讲,写作教学对学习者的词语使用有直接影响,应当成为提高二语学习者词语搭配使用能力的重要突破口。就大部分学习者而言,英语写作成功与否在很大程度上取决于他们能否使用与主题相关的词语搭配进行表达。鉴于此,帮助学习者围绕主题构建典型词语搭配清单或集合有助于他们调用现成的词语序列,克服其在写作中过度依靠母语进行表达的问题。下文仍然以作文题 Health Gains in Developing Countries 为例,探讨如何借助语料库建立与主题相关的词语搭配清单,为英语写作训练提供丰富多样且具有一定复杂性的地道词语序列。

除了题目中 health gains 和 developing countries 以外,写作提纲中还提供了 life expectancy 和 infant mortality 等关键词。我们可以围绕这些关键词从目标语语料库中提取与主题密切相关的词语搭配。除 AntConc 软件外,Wordsmith Tools 也是常用检索软件。本章和下一章将介绍如何使用 Wordsmith Tools 开展基于语料库的写作教学和评估研究(该软件与第四章介绍的 AntConc 软件有很多相似之处,后者也可以实现以下功能)。利用 WordSmith Tools 的 Concordance 模块,以上述主题词或关键词为搜索词(search word)对英国国家语料库(BNC)进行检索,分别得到含有 life expectancy 和 infant mortality 的词语索引 485 和 270 条。词语索引界面下方有 concordance(词语索引)、collocates(搭配词)、plot(统计图)、patterns(型式)、clusters(词丛统计)、filenames(文件名)、source text(源文本)和 notes(备注)选项卡(参见图 10.1),其中 concordance、collocates 和 clusters 对提供写作需要的词语搭配有直接帮助(AntConc 同样可以实现这些功能)。

使用搭配词分布信息(collocates)有助于寻找与节点词关系密切的词语。单击 collocates 选项卡,出现图 10.1 所示的搭配词界面,上方出现 Word(搭配词)、With(节点词)、Relation(搭配力度,0.000 表示未计算)、Total(搭配词总数)、Total Left(左侧搭配词总数)、Total Right(右侧搭配词总数)、L5、L4、L3、L2、L1、R1、R2、R3、R4 和 R5 等选项卡,可分别用作排序依据。其中,后 10 张卡则分别表示节点词左侧和右侧第 1 至第 5 个单词位置上相应搭配词的频数。

图 10.1 的数据表明,life expectancy 的高频左搭配词依次为 AV、the、a、of、in、have、to、average 等,其中 have、has 和 average 分别为 32、9 和 18 次,average 在

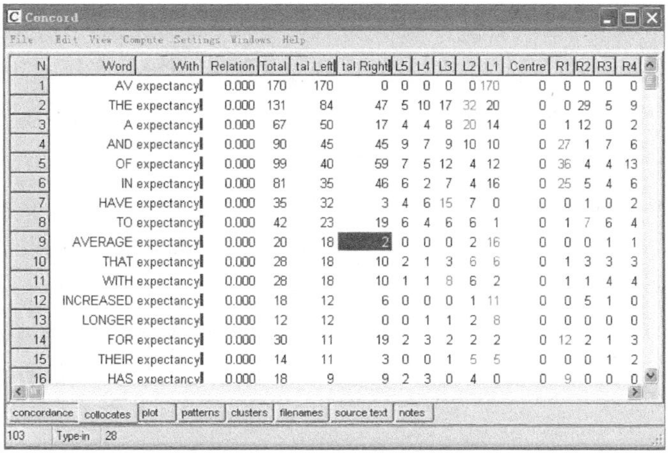

N	Word	With	Relation	Total	tal Left	tal Right	L5	L4	L3	L2	L1	Centre	R1	R2	R3	R4
1	AV	expectancy	0.000	170	170	0	0	0	0	0	170	0	0	0	0	0
2	THE	expectancy	0.000	131	84	47	5	10	17	32	20	0	0	29	5	9
3	A	expectancy	0.000	67	50	17	4	4	8	20	14	0	1	12	0	2
4	AND	expectancy	0.000	90	45	45	9	7	9	10	10	0	27	1	7	6
5	OF	expectancy	0.000	99	40	59	7	5	12	4	12	0	36	4	4	13
6	IN	expectancy	0.000	81	35	46	6	2	7	4	16	0	25	5	4	6
7	HAVE	expectancy	0.000	35	32	3	4	6	15	7	0	0	0	1	0	2
8	TO	expectancy	0.000	42	23	19	6	4	6	6	1	0	1	7	6	4
9	AVERAGE	expectancy	0.000	20	18	2	0	0	0	2	16	0	0	0	1	1
10	THAT	expectancy	0.000	28	18	10	2	1	3	6	6	0	1	3	3	3
11	WITH	expectancy	0.000	28	18	10	1	1	8	6	2	0	1	1	4	4
12	INCREASED	expectancy	0.000	18	12	6	0	0	0	1	11	0	0	5	1	0
13	LONGER	expectancy	0.000	12	12	0	0	1	1	2	8	0	0	0	0	0
14	FOR	expectancy	0.000	30	11	19	2	3	2	2	2	0	12	2	1	3
15	THEIR	expectancy	0.000	14	11	3	0	0	1	5	5	0	0	0	1	2
16	HAS	expectancy	0.000	18	9	9	2	3	0	4	0	0	9	0	0	0

图 10.1　搭配词统计信息

L1 位置上出现 16 次，而 have 在 L3 位置上出现 15 次，这就意味着 average life expectancy 和 HAVE a/an + ADJ. + life expectancy 是经常使用的词语型式。除此以外，increased life expectancy、longer life expectancy、greater life expectancy、limited life expectancy 和 shorter life expectancy 也频繁出现。对右搭配词排序观察发现，a life expectancy of X years、life expectancy is X years 和 shorter/longer life expectancy than 也是高频使用的词语序列。类似地，high/low/general + infant mortality、the level(s) of infant mortality、reduce infant mortality、the decline of infant mortality、overall infant mortality、infant mortality rate(s)和 mortality rate is/was 等都是与写作主题密切相关的词语搭配。

单击 clusters 可以对包含 life expectancy 节点词的词语组合进行统计，其长度和最低频率参数可以根据要求设定。现在将 clusters 长度设定为 3、最低出现频率定为 10，结果如图 10.2 所示。可以发现，life expectancy of 和 life expectancy is 在该库中出现的频数最高，分别为 33 和 25 次，average life expectancy 出现 15 次。但是像 have a ... life expectancy 和 life expectancy is ... years old* 这些非连续性的词语组合还需要通过观察词语索引来提取。

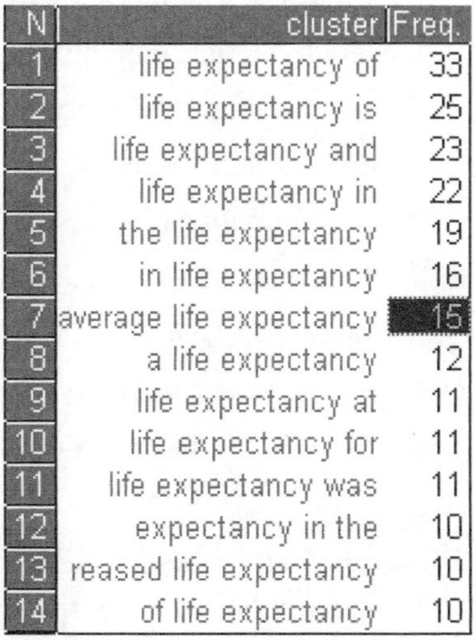

N	cluster	Freq.
1	life expectancy of	33
2	life expectancy is	25
3	life expectancy and	23
4	life expectancy in	22
5	the life expectancy	19
6	in life expectancy	16
7	average life expectancy	15
8	a life expectancy	12
9	life expectancy at	11
10	life expectancy for	11
11	life expectancy was	11
12	expectancy in the	10
13	reased life expectancy	10
14	of life expectancy	10

图 10.2　life expectancy 的词丛分布

单击界面下方的 concordance 选项卡,可切换到词语索引界面以便有针对性地浏览相应词语索引,较全面地获取节点词与搭配词的共现语境信息。当词语索引的数量比较大时,需要排序处理,以便发现搭配词的分布规律。通过观察排好序的词语索引,很容易获取 life expectancy 的以下典型右搭配词:

life expectancy is/was + falling/rising

life expectancy is/was + the same as/less than/greater than

life expectancy is/was +about ... years below/under/less than

life expectancy + has increased/risen/fallen

按照左关键词排序后发现,最明显的共现序列是 160 多条缩略表达,如:Av. life expectancy:74 ys。同时还可以观察到 life expectancy 的典型左搭配词:

have/has/had + a ... life expectancy

normal/long(er)/average/short(er)/low + life expectancy

remaining/increased + life expectancy

increase/decrease/change/variation in + life expectancy

也可以使用同样的方法获取 infant mortality 的有关词语序列或典型搭配,如以下清单所示:

declining/high/low(er) + infant mortality

decline(s)/drop in + infant mortality

high/low level(s) of + infant mortality

overall/general levels of infant mortality

the rates of + infant mortality

overall + infant mortality

reduce + infant mortality

infant mortality + rates

infant mortality (rate) + is high(er)/low(er)

infant mortality + remain/fall/drop/rise/double/decrease

词语索引数据表明,尽管本族语者大量使用 average life expectancy,但没有使用 average infant mortality 这样的词语组合,而是使用了数量相当的 overall/general(level of) infant mortality;尽管 have/has/had + a ... life expectancy 高频出现,近 30 次,但 have + a ... infant mortality rate 却很少使用。这些微妙的差异体现了语言的规约性,对提高二语表达的地道性具有重要价值。

上述主题词检索方法有助于建构主题词词语搭配清单。在学习者执笔写作之前向他们介绍所需词语序列,能够帮助其有意识地在写作过程中调用相关词语序列进行表达,并更好地进行篇章结构组织,同时激发其写作兴趣。这些数据将驱动学习者去理解、体验和掌握相关词语序列或搭配的意义和用法。根据波利和西德尔(Pawley & Syder 1983:192),整体调用现成的词语序列不仅可以避免过多依靠常用词直译而产生异常表达、错误表达,还有助于学习者把更多注意力集中在句子结构、语篇衔接以及篇章结构组织等更大的语篇单位组织上(organize larger discourse units)。

2)基于词语搭配失误实例开展词语搭配显性教学

本研究结果显示,母语策略是二语交际中普遍采用的策略。由于母语知识特别是母语搭配知识以隐性知识为主(N. Ellis 1994, 2001; R. Ellis 2004),这就使得学习者难以意识到他们是在利用母语搭配知识进行二语表达。因此,即使他们掌握了大量地道的英语表达,也可能会因为(过度)依赖母语知识而产生二语搭配失误,至少不能很快或无意识地区分相关不地道搭配。根据施密特(Schmidt 1990),需要通过增强二语学习者的注意力促使他们注意和领会到二语表达中容易出现的搭配失误。表 10.6 列出了 50 行随机抽取的 V+NP 型搭配失误标注数据。其中,第 1 例标记出 learn a lot of knowledge* 为一种搭配失误(本族语中倾向于使用 acquire knowledge 之类的表达)。除了第 1 例外,第 11、第 27 和第 50 例也都是 LEARN + knowledge 搭配失误;第 4 例是 study knowledge*,也是可依靠汉语表达"学习知识"直译得到的。在整个 CLEC 语料库中,LEARN + knowledge 共出现 200 多次,STUDY+knowledge 出现 40 次左右。如此频繁使用的现象说明大部分学习者倾向于使用 LEARN/ STUDY knowledge* vs "学习知识"之类的对应关系进行二语表达;这种对应关系已经非常牢固,以至于学习者很可能并没有意识到其不适切、不地道的方面。再者,即使学习者知道 ACQUIRE knowledge vs "学习知识"的对应关系,也未必知道或能够意识到 LEARN knowledge* 为不地道表达,也就不能够避免 LEARN knowledge* 之类的表达频繁使用。因此,在二语教学中,特别是在书面和口头表达教学中,除了向学习者提供大量地道词语表达以外,还需要通过学习者的搭配失误实例增进他们的意识,帮助他们明白哪些词语序列虽与汉语表达对应但却不符合目标语习惯。例如,通过 get success*(例 3) vs achieve success、quicken its speed*(例 9) vs speed up、catch up its steps*(例 13) vs follow its steps、adjust the society*(例 16) vs get used to the society* 和 work a job*(例 35) vs do the same job 等词语序列的比较,有助于学习者意识到搭配失误和典型搭配之间的差异,提醒他们在写作中使用地道的表达方式。

表 10.6　CLEC 搭配失误示例

序号	搭配失误词语索引	来源
1	. From that job, I have **learn** [vp9,1 –] [cc3, –4] a lot of knowledge which we can'	ST3
2	make large progress [cc4,1 –] . It will wind [cc3, –3] all our country and take all the	ST3
3	another example, when you want to shoot [cc3, –1] arrow, you shot [cc3, –3] the same aim	ST3
4	. Do our best to **study more knowledge** [cc3, –] . But some students waste the time [wd4, –]	ST3
5	always say [vp3, –] that I can cut [cc3, –3] down my weight if there are games	ST3
6	end we can also get expectable success [cc3,2 –] . Good health means a lot to us	ST3
7	4, –] eager [wd2, –] my parents to constrain me [cc3, –] . I'm a missing home person [cc1, –] . <	ST3
8	that our department team will keep strong [cc3, –] in the following years. In my opinions [	ST3
9	should promote [cc3, –] my reading skill, quicken [cc3, –] its speed. Above all, it [pr1, –] is	ST3
10	friends; [sn9, s-] Third, we can learn [cc3, –3] many different cultures, etc. There are many	ST3
11	must study still harder and **learner** [**wd2, – 2**] [cc3, –2] **more knowledge** so that in the future	ST3
12	. As a college student, I should contribute [cc3, –4] my knowledge and energy to my Mother [	ST3
13	9, –] we should catch up [vp2, –] the steps [cc3, –] of the old man time [wd5, –] . When	ST3
14	no fresh water. This has held back [cc3,1 –4] our life and work. How [pr5, s-]	ST3
15	. Second, laws should be made to forbid [cc3, –] pollution. Finally, we can develop our technol	ST3
16	society. It can cause them to adjust [cc3, s-] society more earlier [aj3,1 –] after gratulati	ST3
17	going to obtain wide range of freedom [cc3, –] , so that we may feel that the	ST3
18	6,1 –] , etc. Second, we can take part in [cc3,2 – 3] some part-time job and learn through	ST3

（续表）

序号	搭配失误词语索引		来源
19	life, most of people know an idea [cc3,2 -] that [sn6,s-] is [wd5,-s] "Practice		ST3
20	. As a student, I plan to do [cc3, - 4] the following points. First, I will read		ST3
21	1] in Developing [fm3,1 - 1] countries are changed [cc3,6 -] . The life expectancy of the developing count		ST3
22	this way, we are bound to solve [cc3, - 5] the shortage of fresh water <ST 3> <SEX ? >		ST3
23	. There are many ways to realise [fm1,-] [cc3, - 2] the society. On [pp2,-2] one hand, we		ST3
24	sible [ad2,s-] . Second, industries should clean [cc3, - 3] the waste water to flow into rivers. [		ST3
25	level has take [vp9,1 -] a great improvement [cc3,4 -] . There is a charm [wd3,s-] for		ST3
26	8,s] . Perhaps. I spend my whole life [cc3,-] to do [vp4,-] something, but get nothing.		ST3
27	, we can use our **knowledge we learnt** [cc3,2 -] [wd4,s-] do a good deed for		ST3
28	loping countries have grown the medical standard [cc3,3 -] . With the growing medical standard, the infa		ST3
29	. The [wd5,-s] first, we ought to establish [cc3, - 2] a law to pretect [fm1,-] comsumer [fm1,-] and		ST4
30	graduate from university. How to choose my life [cc3,2 -] after graduating is very important to me. Som		ST4
31	t steadiness can enhance their chance of success [cc3, 4 -] and in this way, they can build up		ST4
32	caused by [wd5,s-] all kinds of reasons [cc3,5 -]. At first, with the advancing of madicines [f		ST4
33	can study fast, you will make the mark. [cc3,2 -] But not all things are so glad. [cc4,3-]		ST4
34	opping. The third, the government should conduct [cc3,-2e] the manufacturers frequently, make them conf		ST4
35	can become experienced when they work a job [cc3,2 -] for a long time. So that they can		ST4
36	unp [fm1,-] . Not only can fake commodities cause [cc3, - 2] harm to consumers , but also they affect the		ST4

（续表）

序号	搭配失误词语索引	来源
37	and she was still busy doing the dinner. [cc3,2-] If we want to finish a thing, I	ST4
38	lness and porety [fm1,-] made many people deaths [cc3,3-]in the many developing countries, [sn8,s-] the	ST4
39	Government [fm3,-] must teach people how to see [cc3,-1] laws to protect their own benefit. With the	ST4
40	as a result, Maybe [fm3,-] I will lose [cc3,-] my mind, at last. [sn8,s]I properbly [	ST4
41	ickly. However some people decrease the material [cc3,2-] or the content [cc3,s-] in order to	ST4
42	country [np6,1-] can be taken good care of [cc3,s-]. They [pr1,s-] can live a happier	ST4
43	rvous [wd2,1-], you can do anything but success [cc3,3-]. So we say "Haste makes waste". The examples	ST4
44	simple: the younger always polished his own tool [cc3,3-]. Some [wd3,-] it also applies to our study,	ST4
45	. By doing this, we can at least decrease [cc3,-2] the appearance of fake commodities. <score	ST4
46	use the fake commodities. But, how to extinguish [cc3,-3] the fake commodities? I think there are some	ST4
47	too fast. As for workers, if they proceed [cc3,-2] the production too fast, the production [wd2,	ST4
48	ure. Because of the nessiary [fm1,-] of learning [cc3,-2] the world. First, I must to study [vp9,2-]	ST4
49	they have many chances to show their ability [cc3,2-]. They also think that it is chaningable [fm1,	ST4
50	. For example, watching TV. [sn2,s-] We can **learn** [cc3,-4] **a lot of knowledge** out of [wd3,s-	ST4

第 11 章

基于语料库的写作教学与评估研究

11.1 引言

心理语言学研究指出,语言处理过程除了采用基于规则的分析路径(analytic, rule-based approach)以外,还会采用基于惯用语和范例的路径(formulaic, exemplar-based approach),后者主要通过整体调用记忆中储存的大量惯用语(Skehan 1998),而语法规则只是对所调用的惯用表达及其组合起次要修正作用。波利和西德尔(Pawley & Syder 1983)指出,母语者记忆了大量表示特定概念和言语行为的词语搭配或短语,在表达时会采用"小句链接"(clause-chaining)的策略,即大量使用一些流利的短语(fluent items)(超过其话语的50%)来建构句子,使得其有精力进行更大语篇单位的组织,大幅提高了其语言表达的准确性(native-like accuracy)和流利度(native-like fluency)。语料库语言学调查进一步证实,词语搭配普遍分布在语言中,任何自然语篇都无法避免(Sinclair 1991;Crowther 2001;Hoey 2005)。

随着语料库语言学的兴起,基于学习者语料库的二语搭配研究大量开展(Granger 1998;Nesselhauf 2003;Paquot 2013;陆军 2018 等)。相关调查基本都反映了二语学习者在词语搭配使用上偏离目标语的倾向(Paquot 2013;陆军 2018 等)。不过,对于如何进一步使用语料库开展写作教学和评估、纠正上述偏向却鲜有探究。与获得合适的写作素材或主题相关搭配相比(参见第十章),写作教学所面临的另一个难题就是如何快速、直观地评估学生作文。传统的写作评估无论是终结性评价(summative evaluation)还是过程性评价(process evaluation)或形成性评价(formative evaluation)都面临着评价工作量巨大等问题。受限于这些因素,传统的作文评估主要聚焦于个体作文的得分以及局部语篇信息,而对某(些)班级学生作文中的典型语言特征则很难总结概括。语料库研究在这些问题的解决上取得很大进展。例如,句法复杂度研究(syntactic complexity)似乎找到一些能够区分二语学习者水平高低的指标,根据这些指标可以快速区分作文水平的高低(参见 Lu 2010,2011;Kyle 2016,2018)。不过,这些指标几乎都是纯定量的数据,还不能够为写作教学和评估提供硬核的定性数据(参见 Paquot 2019)。鉴于此,本章首先对非英语专业学习者的 150 篇限时命题作文中的所有搭配进行提取、比较和分析,探讨词语搭配的使用情况以及其与写作水平的关系,然后在此基础上开发基于语料库的写作词语搭配调查与评价方法,力图为教学实践者和外语学习者提供直观的语言使用信息和评价手段。

11.2 研究设计

第二章的概念体系已经指出,自弗斯(Firth)提出"词语结伴使用"以来,语言学家从不同角度、按照不同标准对搭配进行界定,有广义的,也有狭义的。本章中,"搭配"的操作定义为:从学生作文中提取的所有 $Z \geq 2$(以英国国家语料库 BNC 为参照),且表达特定意义和功能的词语组合。

11.2.1 研究问题

本章试图回答:① 写作水平与词语搭配使用之间是否显著相关;② 高、低水平学生作文在词语搭配使用频率方面是否存在显著差异;③ 高、低水平学生作文的词语搭配如何分布。

11.2.2 研究对象

研究对象为某高校非英语专业二年级学生 150 人,其中男生 78 人,女生 72 人。他们根据给定提纲,在 30 分钟内完成一篇 120 字左右的作文,作文题目为:Is a Test of Spoken English Necessary?。(提纲为:① 很多人认为有必要举行英语口语考试,理由是……;② 也有人持不同的意见……;③ 我的看法和打算)。

11.2.3 研究工具

主要研究工具有语料库赋码软件(CLAWS)、检索软件(WordSmith Tools)、BNC 语料库,以及全国大学英语四级考试写作评分标准;此外,还使用了常用搭配分类表(见表 11.1,引自杨惠中 2002:102)。

表 11.1　常用的词语搭配类型

Types	Instances
名词型搭配 1. N+N	quality improvement, death toll, price cut, team work
2. ADJ+N	constructive criticism, statistical evidence, empirical study
3. N+PREP	argument against, awareness of, evidence for, paper on
4. N+PREP+N	issue in management, varieties of data, study of the process
动词型搭配 5. V + N	perform an operation, earn a degree, settle the dispute
6. V + ADV	judge harshly, refuse flatly, fight desperately, draw heavily
7. ADV + V	highly recommended, seriously affect, persuasively suggest
8. V + PREP	apply for, adhere to, alternate with, disassociate from
其他类型 9. ADV + ADJ	sparsely populated, utterly helpless, diametrically opposed
10. PREP + N	in question, in value, by weight, under discussion
11. N + V	heart ... sinks, data ... shows, tide ... recedes, water ... evaporates
12. phrasal verbs	take off, break down, point out, do away with

11.2.4　数据收集与整理

笔者将 150 篇作文输入计算机,并反复校对。作文随机排序打印 3 份,由 3 位受过专门阅卷训练的教师按照同一评分标准(全国大学英语四级考试写作评分标准)独立评分。评分分为两阶段:预评和正式评分。预评阶段抽取 10 份作文独立评分,然后对评分结果中不一致的部分进行讨论,达成一致后正式评分。评分结束后,计算出三位教师所给分的均分作为写作成绩。去除得分低于总分 1/3 的作文,共 20 篇(该方法用以减少极端数据对研究结果的影响),然后按成绩高低分为高分组(50 份)、中间组(30 份)和低分组(50 份),然后作进一步分析。

利用 CLAWS 软件对学生作文语料赋码(可用于赋码的软件很多,也可以使用在线赋码工具,如 http://ucrelapi. lancaster. ac. uk/claws/free. html),并按照常用搭配类型提取词语搭配,然后参照英国国家语料库(BNC)检验并计算出相应的 Z 值,接着人工过滤出表达特定意义和功能的搭配。列出每篇作文中的搭配、搭配失误、名词型搭配和动词型显著型搭配。

对上述数据进行分析处理,分 3 步进行:① 计算写作得分与搭配频数之间的相关系数;② 检验低、高分组在搭配频数和分布等方面的差异;③ 概括低、高分组高频词及其搭配词、搭配失误的分布特征。

11.3　分析与讨论

11.3.1　词语搭配频数与写作水平的相关性

根据作文得分、搭配频数以及搭配失误频数进行相关分析,结果见表 11.2。数据显示,写作得分与搭配频数显著正相关,与搭配失误频数有负相关倾向。

表 11.2　搭配频数与写作得分的相关性

项　目		作文得分	搭配失误频数	搭配频数
作文得分	R 值	1		
	P 值	.		
搭配失误频数	R 值	−0.24	1	
	P 值	0.308	.	
搭配频数	R 值	.58 **	−0.12	1
	P 值	0.008	0.614	.

注: * : $P \leqslant 0.05$; ** : $P \leqslant 0.01$; R 值为相关系数。

11.3.2　低、高分组作文搭配的差异

两组作文的数据都显示动词型搭配以 V+N 型为主,名词型搭配以 ADJ+N 型为主;V+ADV、V+PREP、N+N、N+PREP+N 等类型的搭配都较少(相比之下,高分组搭配类型比较丰富)。因此,下文主要针对总搭配频数、动词型搭配频数、名词型搭配频数和搭配密度(每句话中搭配的频数均值)进行高分组和低分组比较。结果见表 11.3。

表 11.3　高分组、低分组搭配频数、搭配密度 T 检验结果

	组别	平均值	标准差	df	T 值	P 值
搭配频数	低分组	19.85	4.49	98	−6.33	.000 **
	高分组	26.93	5.47			
动词型搭配频数	低分组	12.70	4.00	98	−5.05	.000 **
	高分组	16.98	3.57			
名词型搭配频数	低分组	4.58	2.48	98	−1.74	.086
	高分组	5.60	2.78			

（续表）

	组别	平均值	标准差	df	T 值	P 值
搭配密度	低分组	1.75	0.49	98	-2.64	.010**
	高分组	2.08	0.62			

　　表 11.2 数据显示,写作得分与搭配频数的相关系数为 0.58**（p≤0.001）,达到极显著水平,即写作水平与搭配频数极显著正相关。换言之,在其他条件相同的情况下,搭配频数越高,写作得分越高,即写作质量与搭配使用能力正相关。根据 Pawley & Syder（1983）,写作过程中直接调用储存在记忆中的搭配有助于快速、准确地表情达意。这一点可由表 11.3 数据进一步证实,不管是搭配总频数,还是每个句子所包含的搭配数量（即搭配密度）,高分组作文都显著高于低分组。高分组使用的搭配较多,意味着采用了较多的"惯用语和范例",有助于提高表达的流利度、准确度和地道性;相比之下,低分组作者则更倾向于以分析和规则为基础的在线组合（on-line assembly）,也就会"制造"较多不恰当的词语组合或搭配失误,结果影响了写作的流利度、准确性（前一章已有详细论述）。

　　表 11.2 还显示,写作得分与搭配失误频数呈负相关,但未达到显著水平。这种程度的负相关可说明搭配失误的出现对写作质量有负面影响,与意义表达受到妨碍有关;不过,这种负面影响未达到显著水平,即高分组作文的搭配失误未必少。这一点也可以通过表 11.3 数据进一步说明,低分组总体上不如高分组学生倾向于使用搭配,避免使用没有把握的搭配;相反,高分组学生调用现成的搭配较多,同时也存在使用没有把握的短语、"创造"出一些词语搭配的情况,因此搭配失误的频率也相对较高。所以,不能依靠写作中的失误频数尤其是搭配失误频数来评判写作水平高低。

　　根据表 11.3 的结果可以发现,两组作文在动词型搭配频数上差异最为显著,分别为 12.70 和 16.98（p=0.000**）。由此推断,与高分组学生相比,低分组学生的动词型搭配使用能力偏低,这是影响其写作水平的重要因素,所以低分组首先要特别重视动词型搭配的习得。该结果解释了吉萨基（Gitsaki 1996）的研究发现:"动词+宾语"型搭配是二语学习者最难掌握的。这与前一章的研究结果趋于一致,说明有必要加强动词型搭配教学。

　　表 11.3 数据还显示,与动词型搭配相比,两组写作中的名词型搭配频数都偏低,平均频数分别为 4.58 和 5.60（p=0.086）。有两方面的可能原因:其一是英语语言本身的因素,每一个完整的英文句子至少有一个谓语动词,且极容易与

其后的补足成分组成搭配,而单个名词、代词则常常独立构成句子成分(如主语、宾语等);另一方面,二语学习者的名词型搭配使用能力普遍偏低,因为他们倾向于频繁使用普通名词和代词(这一推测由下文 11.3.3.1 节(2)部分的数据所证实)(第十章有类似的论证),所以,低、高分组都需要提高名词型搭配的使用能力。

汤普森(Thompson 2000)指出,英文中其他类型搭配所表达的功能和意义可以通过名词型搭配来实现,如名词型搭配表示过程意义:

(1) a. These ideas have been subject to widespread criticism.

    b. These ideas have been widely criticized.

a 中的名词型搭配 widespread criticism 替代了 b 句中动词型搭配 be widely criticized,表示一个过程意义。名词型搭配还可以表示一个关系过程的属性意义:

(2) a. This ambivalence towards literacy seems to be a strong element in contemporary culture.

    b. That people are ambivalent towards literacy seems to be a strong element in contemporary culture.

a 中的名词性搭配 ambivalence towards literacy 实现了 b 句中关系型表达 That people are ambivalent towards literacy 的关系过程意义(ibid.:167)。相比而言,使用名词性搭配使以上两个例句更紧凑、简练,但搭配本身的结构比较复杂,即帕科(Paquot 2019)所说的搭配复杂度较高。需要指出的是,相关动词型搭配与相应的名词型表达在态度意义或交际功能上存在微妙差异,因此,不能不加区分地进行替代(参见 Tognini-Bonelli 2001 等)。

11.3.3　低、高分组作文搭配分布特征

低、高分组作文词语搭配分布描述主要包括主题词及其搭配词频数和搭配强度(Z 值)、不同类型搭配的比例以及搭配失误的分布等方面。

11.3.3.1　节点词及其搭配词的分布

利用检索软件提取出 test、people、have 和 think 4 个高频实词(名词和动词);它们在低、高分组作文中出现的频数分别为:229、157;128、110;129、89 和 88、78。然后分别以它们为节点词检索高频搭配词,跨距 S=4 内的主要搭配词分布信息见表 11.4。

表 11.4　Test、people、think 和 have 的主要搭配词分布信息

节点词	搭配词	低分组			高分组		
		搭配词频数	形符频数	搭配词占比	搭配词频数	形符频数	搭配词占比
test	necessary	83	128	65%	48	95	51%
	English	196	479	41%	125	418	30%
	is	112	277	40%	81	250	32%
	hold	15	23	65%	10	29	34%
people	some	43	58	74%	42	73	58%
	many	28	53	53%	23	43	53%
	think	43	129	33%	26	89	29%
	different	8	11	73%	14	19	74%
	argue	1	2	50%	14	16	88%
think	they	59	120	49%	37	97	38%
	necessary	55	128	43%	20	95	21%
	people	43	128	34%	27	110	25%
	I	34	66	52%	27	71	38%
have	test	21	229	9%	14	157	9%
	chance	6	7	86%	4	29	14%
	opinion	3	6	50%	5	11	45%
	view	2	4	50%	1	15	7%
	it	19	167	11%	14	173	8%

注:搭配词频数:搭配词与相应节点词共现的频数;形符频数:搭配词词形在样本语料中出现的总频数;搭配词占比=搭配词频数/形符频数,是搭配词频数占相应形符频数的比例;由于搭配词之间也可能高频共现(如 hold an English test 等),每一列搭配词的频数之和可能大于相关节点词的频数。

表 11.4 数据显示,低分组中 4 个节点词(test、people、have 和 think)与相关搭配词共现的频数均明显高于高分组;低分组的搭配词占比显著高于高分组(0.49 vs 0.36, p<0.01)。由此可以作以下分析:

(1)高分组作文中搭配的频数高于低分组,而低分组作文中高频词及其搭配词的频数明显高于高分组,且两组作文的长度相差不大,所以可以推测:低分组作文更倾向于采用根据汉语表达进行翻译的策略,如:I think、they think、people think、is necessary、many people、some people、have chance 等。与之相比,高分组作文则倾向于使用更加丰富的词语序列表达类似的意义。

（2）常用代词 I、they 和 it 以及名词 people 在低、高分组中分别出现 66、71；120、97；167、173 和 128、110 次，说明两组作文都倾向于使用常用代词和名词。因此，名词型搭配偏少、名词型搭配使用能力偏低是大学英语写作中普遍存在的问题。

（3）低分组的搭配词占比显著高于高分组，如 they think（49% vs 38%）、people think（34% vs 25%）和 I think（52% vs 38%）等。这说明，与高分组相比，低分组倾向于重复使用某些高频词和词语组合。由此可见，如果把语料库调查集中于某些高频词如 do、make、have、take、get、like 等词的搭配行为，其研究结果更偏向于反映低分组学生的词语搭配使用能力，而高分组学生群体则得不到充分体现。

11.3.3.2　搭配失误分析

对两组作文进行 there be 结构检索发现：低、高分组分别使用 33 和 23 次；该结构与其他词项搭配的失误分别为 11 次和 1 次。除了少数其他类型的失误以外，低分组的失误主要属 there are people think / have / hold / disagree . . . * 类型，在很大程度上是"有人想/有人有/有人同意/有人不同意……"等汉语表达逐词翻译的结果。另外，低分组还出现了 exercise to say English *、say English well *、on the world . . . * 等不符合英语习惯的表达，与汉语表达"练习说英语""说好英语""在世界上"的字面意思直译有直接关系。由此表明，与高分组相比，低分组词语搭配失误是由于他们更加倾向于按照字面意思直译而造成的。

11.4　结论与基于语料库的写作评估设计

11.4.1　结论

通过上文对两组写作中词语搭配的比较分析，可得出以下结论：①二语写作中的搭配使用能力与写作水平正相关。②低、高分组作文在搭配使用方面，特别是在动词型搭配频数上存在显著差异。③低分组更倾向于按照字面意思和语法规则直译进行在线组合，造成大量搭配失误；高分组则较多地使用现成的词语搭配构建句子。

根据上述发现可以得出以下启示：由于搭配使用对二语写作等表达活动具有重要影响，词语搭配使用自然成为二语写作教学中的重要内容，写作评估也不例外。根据本研究的发现，不仅低水平学习者容易出现搭配失误，高水平写作同样会出现失误，在数量上未必少于低水平学习者，因此，不能单纯依据搭配失误的数量评判写作质量。不过，不同水平的学习者所出现的搭配失误类型不同，所使用的正常搭配也存在差异，高频词的搭配行为可能更倾向于反映低水平学习者。因此,全面获取词语搭配和搭配失误数据更加有助于科学、客观地评估写作。本研究采用的全面提取词语序列的观察方法有助于写作教学与评估。

11.4.2　基于语料库的写作评估设计

如何系统分析多个班级的学生语言表达中的词语使用问题是作文批阅的难题,传统的作文评阅方法很难客观、系统地反馈学习者词语行为的共性问题。下文介绍如何使用语料库研究克服这一瓶颈。首先,建立学习者作文语料库。具体操作方法如图 11.1 所示:将学生作文保存为纯文本文件(. txt 格式),可把相同题目的作文存放在同一文件夹中(如以作文题目为文件夹名),就可建成特定班级的学习者写作语料库。

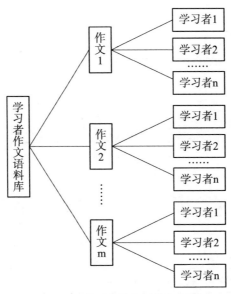

图 11.1　学习者作文语料库结构

11.4.2.1　作文词频分布和词汇密度统计分析

下文从中国学习者语料库(CLEC)ST3 和 ST4 子库中分别抽取同题作文 100 篇(题目为 Health Gains in Developing Countries),保存为 st3 health. txt 和 st4 health. txt 两个文件(具体调查第十章已有开展)。用这两个样本例子说明同一年级或班级中不同水平或不同年级作文之间比较。利用 WordSmith Tools 的 Wordlist 功能分别建立两组作文的词表。如图 11.2 所示,词表界面的下边框上有 5 个选项卡: frequency、alphabetical、statistics、filenames 和 notes, 分别表示频数、字母、词汇统计信息、词汇来源文件和备注信息等排序依据。例如,点击

frequency 选项卡,单词列表按照频率高低排列。可以看出,在上述学习者作文中,life、expectancy、infant、mortality、developing、countries 等与主题密切相关的词出现频率在 500 到 600 次左右;此外,is、people、it、was 等常用名词、代词、系动词也高频出现,比较直观地反映了学习者在作文表达中的词汇使用倾向(第四章介绍的 AntConc 软件也可以实现)。

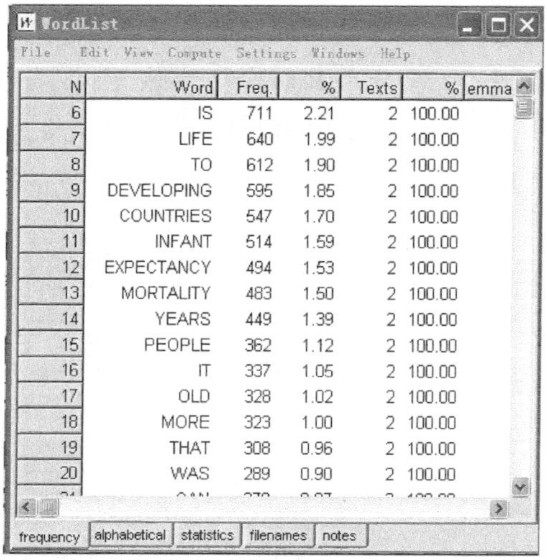

N	Word	Freq.	%	Texts	%	emma
6	IS	711	2.21	2	100.00	
7	LIFE	640	1.99	2	100.00	
8	TO	612	1.90	2	100.00	
9	DEVELOPING	595	1.85	2	100.00	
10	COUNTRIES	547	1.70	2	100.00	
11	INFANT	514	1.59	2	100.00	
12	EXPECTANCY	494	1.53	2	100.00	
13	MORTALITY	483	1.50	2	100.00	
14	YEARS	449	1.39	2	100.00	
15	PEOPLE	362	1.12	2	100.00	
16	IT	337	1.05	2	100.00	
17	OLD	328	1.02	2	100.00	
18	MORE	323	1.00	2	100.00	
19	THAT	308	0.96	2	100.00	
20	WAS	289	0.90	2	100.00	

图 11.2　词汇频数分布

单击单词列表界面下边框上的 statistics 选项卡,出现如图 11.3 所示的词汇统计数据界面。

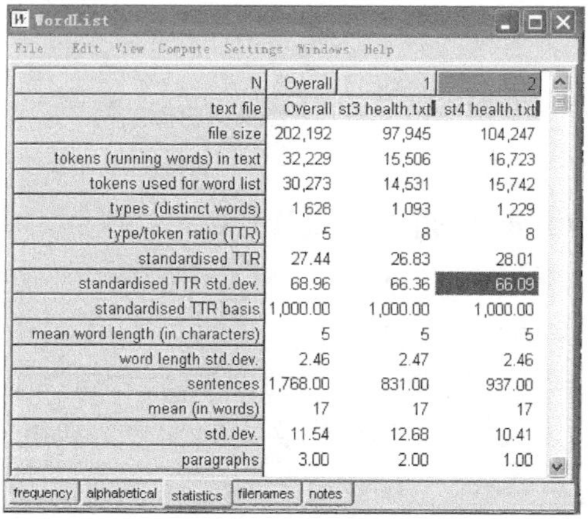

N	Overall	1	2
text file	Overall	st3 health.txt	st4 health.txt
file size	202,192	97,945	104,247
tokens (running words) in text	32,229	15,506	16,723
tokens used for word list	30,273	14,531	15,742
types (distinct words)	1,628	1,093	1,229
type/token ratio (TTR)	5	8	8
standardised TTR	27.44	26.83	28.01
standardised TTR std.dev.	68.96	66.36	66.09
standardised TTR basis	1,000.00	1,000.00	1,000.00
mean word length (in characters)	5	5	5
word length std.dev.	2.46	2.47	2.46
sentences	1,768.00	831.00	937.00
mean (in words)	17	17	17
std.dev.	11.54	12.68	10.41
paragraphs	3.00	2.00	1.00

图 11.3　词汇统计

该界面报告了 ST3 和 ST4 样本共 200 篇作文中的词汇统计信息：其中 ST3 和 ST4 组中形符（tokens）数分别为 14 531 和 15 742，类符（types）数分别为 1 093 和 1 229。前一组数据反映了两组作文的总长度（总词数），而后者则反映了两组作文的词汇量（不同单词的数量），即在 200 篇同题作文中，ST4 组的总长度比 ST3 组多 1 211 个词（超出约 8.33%），词汇量比 ST3 组作文大 136 个单词（超出约 12.44%）。TTR 表示类符/形符比，而 standardised TTR（STTR）则表示标准类符/形符比，两者都可以用于表示词汇丰富度的大小（严格意义的词汇丰富度是把功能词排除以后再计算类符/形符比。在文本长度很大的情况下，使用标准类符/形符比描述词汇密度更加准确。一般说来，类符/形符比越高，用词的变化性越大。尽管两组作文的 TTR 值都是 8，但标准类符/形符比不相等，分别为 26.83 和 28.01，即 ST4 组作文的词汇丰富度较大。此外，还可以使用文本的字节数、形符数、句子数、平均句长、句长标准差和平均词长等参数进一步进行统计分析，反映作文的特征。

11.4.2.2　词语搭配特征分析

根据词表提供的相关词频信息观察词语索引以进一步分析和发现高频词的具体使用特征。如图 11.2 所示，根据 frequency 选项标签排序，可以获得高频词信息。对高频词词语索引按照需要排序后观察学习者语言特征，用于课堂集中反馈。例如，old 共出现 328 次；以 old 为搜索词对上述 200 篇作文检索发现，学习者使用 life expectancy is/was（only）（about）… years old* 约 150 次，而使用 life expectancy + has risen/ increased/improve to … years old* 约 60 次（这部分数据在前一章也有所说明）。再如，mortality 出现 483 次，以之为节点词的词语索引表明：学习者使用 infant mortality + change* 超过 30 次。尽管这些表达的意思比较清晰，但其准确性和地道性需通过本族语语料库进行检验。通过 BNC 检索发现，本族语者频繁使用 life expectancy + is/was … years，但不用 life expectancy + is/was … years old*；本族语者频繁使用 infant mortality（rate）+ is low(er)/ high(er) 和 infant mortality + remain/fall/ drop/rise/double/decrease 来描述变化，而几乎不用 infant mortality + change*。这些比较使得学习者与本族语者在相关表达方面的差异一目了然，是学习者作文评估的重要依据。

词语索引界面上除了 Concordance 以外，还有 Tag、Word No、File 等字段名，分别表示标注码、单词序号（该词在文本中的位置）和词语索引来源文件（如学生姓名等）。这些都可以帮助教师开展评估活动，提供具体的反馈信息。可以通过单击 File 菜单中的 save 或 save as 来保存全部词语索引及相关信息。也可使用 Copy 功能获取部分词语索引信息。

利用上述方法可以批量发现和集中反馈学生作文中普遍存在的语言问题，

特别是词语行为或共选问题,同时还可以借助于本族语语料库开展诊断性评估,有助于大幅度提高反馈效率和效果。教师不但可以对词语索引中明显的语法错误和搭配失误进行纠正,还可以通过检索本族语语料库(方法同 11.4.2.1 部分)来提供参照词语索引,用真实语言数据驱动学习者吸收地道、准确的表达,从而避免教师主观判断所引起的一些不足。

11.4.2.3 词语组合的搭配强度分析

基于学习者语料库的很多研究表明,学习者英语作文中除了明显的言语失误以外,还普遍出现符合语法但不能为本族语者所接受的词语组合。可用共现频数、Z≥2 或 MI≥3 等统计指标作为定量判断依据(参见第四章)。

WordSmith Tools 的单词列表功能(Wordlist)能够对大容量语料快速统计上述指标。下面还以上述 200 篇作文(st3 health. txt 和 st4 health. txt 两个文件)为例简要说明:首先,建立索引(index)。利用单词列表功能中的 Make/Add to index 生成两个索引文件(St34health. type 和 St34health. token);其次,打开 St34health. token 文件后,单击 Compute 下拉菜单中的 Relation 即可计算出所有的 MI 值和 Z 值,如图 11.4 所示。

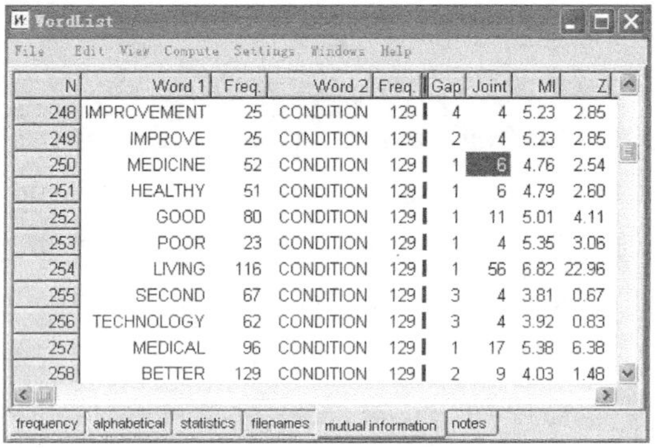

N	Word 1	Freq.	Word 2	Freq.	Gap	Joint	MI	Z
248	IMPROVEMENT	25	CONDITION	129	4	4	5.23	2.85
249	IMPROVE	25	CONDITION	129	2	4	5.23	2.85
250	MEDICINE	52	CONDITION	129	1	6	4.76	2.54
251	HEALTHY	51	CONDITION	129	1	6	4.79	2.60
252	GOOD	80	CONDITION	129	1	11	5.01	4.11
253	POOR	23	CONDITION	129	1	4	5.35	3.06
254	LIVING	116	CONDITION	129	1	56	6.82	22.96
255	SECOND	67	CONDITION	129	3	4	3.81	0.67
256	TECHNOLOGY	62	CONDITION	129	3	4	3.92	0.83
257	MEDICAL	96	CONDITION	129	1	17	5.38	6.38
258	BETTER	129	CONDITION	129	2	9	4.03	1.48

图 11.4 词语组合的搭配强度统计

MI 值和 Z 值的统计对分析学习者作文中的词语搭配趋势有重要意义。一方面,利用这些指标去发现和提取学习者语料中固化程度比较高的词语组合,可以快速分析学习者普遍存在的语言现象。图 11.4 数据表明,在学习者作文中经常与 condition 紧密相邻(Gap 为 1 表示两词间没有间隔)的词为 medicine、healthy、good、poor、living 和 medical,它们的 MI 值和 Z 值都比较大,其中 medical 与 condition 共现 17 次,MI 值和 Z 值分别为 5.38 和 6.38,medicine 与 condition 共现 6 次,MI 值和 Z 值分别为 4.76 和 2.54。考虑到像 life expectancy is (only) (about) ... years old* 这些非连续性的结构,可以重新设定选项卡上的跨距

（span）。统计发现，expectancy 与 old 同现 166 次，MI 值和 Z 值分别为 4.95 和 8.51，说明学习者将这两个词搭配起来使用的倾向非常强。

另一方面，也可以利用 MI 值和 Z 值鉴别词语组合的准确性和地道性。如何判断学习者作文中高频出现的词语组合是否典型？教师除了借助于自己的语言知识判断部分词语序列以外，还有很多词语组合需要参照本族语语料库进行判断。例如，利用本族语语料库（BNC）验证学习者作文中出现的 medical condition、medicine condition* 和 life expectancy is（only）（about）... years old*。结果发现，在 BNC 中 medical 与 condition 的 MI 值和 Z 值分别为 5.04 和 10.39，具有很高的搭配强度，但是 medicine 与 condition、expectancy 与 old 没有在设定跨距（+/-5）内共现。由此说明，medical condition 是典型的搭配，但本族语者基本不使用后两种表达。

11.4.2.4　写作言语失误分析

学习者书面表达中的言语失误也一直是影响写作质量的主要因素之一。桂诗春、杨惠中（2003）统计分析发现，CLEC 中言语失误频数高达语料库总词数的 6%，主要包括词形、词汇、句法、动词词组和名词词组等类型。利用语料库方法研究言语失误具有独特优点：能够进行失误数据存储和提取，便于定量统计分析和纵向研究、观察学习者语言发展变化。一方面，可利用 WordSmith Tools 检索经过言语失误标注的语料（如 CLEC 等），将不同类型的失误提取出来用于教学案例分析。另一方面，教师也可以对所教班级的学生作文在计算机辅助评阅过程中进行简单的失误标注，然后检索出相关失误用于课堂反馈。必要时，可以通过检索英语本族语语料来为纠正失误提供依据，这样能够有针对性地指出学习者语言表达中的问题，让他们通过失误分析实践来增进意识，避免在以后的表达中重复类似的言语失误。

11.4.2.5　英语写作形成性评估

把某一学习阶段的学习者作文按图 11.1 所示的结构存储，建立小型共时语料库；把不同阶段的作文按照时间段如月（考）、季度、学期或学年存放到不同文件夹中，构成历时语料库，便于对学生写作能力的发展情况进行纵向分析研究。借助于语料库技术对不同阶段的写作进行言语失误分析和词汇丰富度、搭配词分布以及词语搭配的典型性等方面的评估，则能够动态反映学习者书面表达的发展状况。

下文借助 Keywords 功能来比较学习者在不同学习阶段的语言特征差异。Keywords 是指频率显著高于或低于参照语料库中对应词频率的词汇。利用 WordSmith4.0 对 st3 health.txt 和 st4 health.txt 两个文件进行主题词统计，部分数据见表 11.5。

表 11.5　ST3 和 ST4 组高频 Keywords 对比

单词	st3 health		st4 health		主题性	卡方P值
	频数	%	频数	%		
is	399	2.57	312	1.87	18.67	0.000
so	90	0.58	65	0.39	6.19	0.013
people	194	1.25	168	1	4.4	0.036
but	86	0.55	66	0.39	4.39	0.036
change	59	0.38	42	0.25	4.32	0.038
are	138	0.89	115	0.69	4.23	0.040
which	18	0.12	35	0.21	−4.35	0.037
a	97	0.63	138	0.83	−4.46	0.035
that	129	0.83	179	1.07	−4.86	0.027
the	1084	6.99	1285	7.68	−5.68	0.017
their	65	0.42	103	0.62	−6.07	0.014
of	318	2.05	413	2.47	−6.39	0.011
about	46	0.3	82	0.49	−7.76	0.005
economic	15	0.1	39	0.23	−9.33	0.002

从表 11.5 可以发现,在相同题目和提纲的条件下,ST3 组作文更倾向于使用 is/are 来构建句子,比 ST4 组使用了更多的 people 和 change 这些表示泛指意义的名词,同时更多地利用 so 和 but 连接句子。相比之下,ST4 组学习者则更多地使用了 which 和 that 引导从句构成复合句,冠词 a 和 the 以及介词 of 和 about 的使用频率也明显超出 ST3 组学习者。这些数据都能够反映学习者的词语行为的发展规律。例如,介词的搭配行为是了解介词使用的一个途径,一个介词的搭配词越多,其应用范围越广,型/次比(类符/形符比)越大。

11.4.2.6　中低频节点词搭配行为分析

本研究的一个重要发现就是不仅要观察高频词的搭配行为,还要观察低频词的搭配行为,方可充分体现高分组学习者语言特征。上表显示,economic 属于中低频词。我们以之为节点词从 ST3 和 ST4 组样本中提取词语索引。表 11.6 的数据显示,economic 在 ST3 样本中仅出现 3 次,而在 ST4 样本中则高达 16 次。其中 economic level 出现 1 次,the development of economic* 出现 7 次,increasing economic* 出现 3 次,还有其他的用法失误,大都是 economic 与 economy 混淆所致。这进一步说明,尽管 ST4 组中出现了大量的失误,但是并不说明其水平低于

ST3 组。事实上,这些相对高频出现的失误恰恰是写作能力上升的一种特征。这种现象需要通过语料库得以体现,是写作评估需要考虑的新课题。

表 11.6　ST3 和 ST4 组样本中 economic 的词语索引

序号	词语索引		来源
1	and more contries［fm1,-］pay attention to	economic development instead of war.［sn7,s-］	ST3
2	concrete causes. First, in these 30 years, the	economic states are developing very fast, and the	ST3
3	developments of art［wd3,2-2］of medicine and	economic［wd2,4-］can make the health gains develop.	ST3
4	1,-s］this, in my opinion, is the	economic level.［sn8, s-］As the economic［wd2,-］	ST4
5	3,1-］. In recent years, with the development of	economic, more and more families can afford higher	ST4
6	With the development of	economic［wd2,2-］and the change of politics, the	ST4
7	it is mainly because of the increasing	economic［wd3,1-］. As a result, the medical machines	ST4
8	is increasing is the countries's［np4, -1］	economic［wd2,-］developed.［sn8, s-］With the scientist	ST4
9	the economic level.［sn8,s-］As the	economic［wd2,-］developing,［sn2, s］the countries have	ST4
10	we draw a consequence［wd3,1-］that only	economic［wd2,-］develops,［sn8, s-］which can bring	ST4
11	's living conditions. In the past days,	economic［wd2,-］in developing countries was lagged	ST4
12	With the development of	economic［wd2］in the developing countries, the standard	ST4
13	this we can see the development in	economic［wd2,-］is of great consequence［wd3,1-］to	ST4
14	developing countries, with the development of	economic［wd2,2-］, more and more people pay attention	ST4
15	the mainly［wd2,-1］aspect is that the	economic［wd2,-s］of the developing countries have	ST4

（续表）

序号	词语索引		来源
16	cause the result? With the development of	economic［wd2, s-］, people can live better. They	ST4
17	do our best to develop our country	economic［wd2,-］.	ST4
18	attach more importance to the development of	economic［wd2,2-］.	ST4
19	in the future because of the increasing	economic［wd3,1-］.	ST4

注:① 搜索词(search word)在某些词语索引分析软件中也称为关键词(keyword)与节点词(nodeword)。
② ST3 和 ST4 表示 CLEC 的两个子库,而本研究中的 St3 和 St4 分别指从两个子库中抽取的样本。

　　综上所述,基于语料库的词语共选研究不仅在近义词和语法词教学中具有很大的应用潜力,而且在写作教学等具体语言技能培养方面也具有重要应用潜势和发展前景。不过,语料库是海量数据,如果没有正确的理论指导,很容易在具体使用中迷失方向、被数据淹没,结果甚至会适得其反。因此,利用语料库开展教学活动首先需要进行科学论证和设计,然后才能有效应用于教学实践。为此,本研究提出了语料库驱动的教学设计研究理念,区别于以语料库参照为主的教学设计。研究显示,学习者主要在语言学习或使用的某些方面存在困难;无论是学习中存在的困难,还是在语言使用中所产生的失误,有很多是可以预测的、有规律可循的;这些困难与不同语言具有特定的搭配规约性密不可分,体现了跨语言之间的搭配行为不完全对等之特征。相应地,要有效开展基于语料库的教学设计,就必须对学习者的实际需求和面临的困难等问题进行系统评估(参见Kemp 1971)。开展语料库驱动的学习者词语共选特征研究是实现系统评估的可行路径。一言蔽之,语料库驱动的二语词语教学设计研究需要先开展基于语料库的词语共选研究,并在此基础上进行学习者需求和困难评估,最后再以评估结果为指导,利用语料库证据探讨教学设计。该研究思想有助于促进学习者语料库语言学研究的成果转化,打通语料库研究成果与教学实践相结合的最后一公里。

CLEC 中定冠词 THE 误用示例

1	neself. We listened carfulless [fm1,-], and wrote	the [wd5, 0－2] every word in the note-book. Today,	ST2
2	had a test of maths. Though we went over	the [wd5, 0－1] history, the eacher [fm1,-] said we didn	ST2
3	] us. When they were taking [wd3,3－1] lessons,	the [wd5, 0－2] some teachers of our school must listen	ST2
4	between the January and February. It is held in	the [wd5, 1－] all part [np3, 1－] of China. People often m	ST2
5	[fm1, -] those problems. Thus, he can do his work	the [wd5, －1] better and the [wd5, －1] better, if one do	ST4
6	-] life. Because thus [wd3, 1－] he can do his job	the [wd5, －1] better and the [wd5, －1] better. But anothe	ST4
7	, he can do his work the [wd5, －1] better and	the [wd5, －1] better, if one do [vp3, 1－] only one job,	ST4
8	3, 1－] he can do his job the [wd5, －1] better and	the [wd5, －1] better. But another like [vp3, 1－] ofen [fm	ST4
9	are a beautiful Show. [sn8,s] Every year, in	the [wd5, 1－] Guang Zhoy there had some show. It's	ST2
10	it may not satisfy you. Nowadays, we apply for	the [wd5, 1－] job by ourselves. The companies, factories	ST5
11	cc3, 1－] step by step. Then we will really master	the [wd5, －1] knowledge as long as we have the firm	ST4
12	. In the Mid-Autumn Festival, children often play	the [wd5, 1 －] Latern [fm1,-] [fm3, 1－]. They carry the la	ST5

13	np6, 1 -〕 well. Examples of "Haste makes waste" in	the 〔wd5, -1〕 life are unmeasureable 〔fm2,-〕. We must	ST4
14	it's also spicy because it's wrapped by	the 〔wd5, 1 -〕 lotus' leaves. We also hang some herbs on	ST5
15	in southern China. Many businesmen 〔fm1,-〕 from	the 〔wd5, 1 -〕 other provinces and foreign countries meet	ST6
16	. As to the job-hunting situation in China at	the 〔wd5, 1 -〕 present, I'm afraid it's no longer	ST5
17	Especially for those people who want to build up	the 〔wd5, -1〕 Rome in one day. It is the same	ST4
18	. "I want to know which is right and why?	The 〔wd5, 1 -〕 second, I want to know the words "further	ST2
19	8, 1 -〕 words on ordinary day, 〔sn8,s〕but he is	the 〔wd5, 1 -〕 different once he speaks. They are very hard	ST2
20	to find a satisfactory job. I will graduate in	the 〔wd5, 1 - 1〕 next two years. I feel optimistic about my	ST5
21	bad news came from Beijing in February 1997. Our	the 〔wd5, 1 - 2〕 greatest Leader, comrade Dun Xi Ping is	ST2
22	tall and powerful, also shows that he comes from	the 〔wd5, 1 - 2〕 North China. " He gets on well with other	ST2
23	em. The stuffing of the mooncakes are varies from	the 〔wd5, s-〕 each 〔wd3, 1 -〕 part of the China. In	ST5
24	honor the moon with all kinds of food, especially	the 〔wd5, s-〕 fruits and the 〔wd5,s-〕 moon cakes.	ST5
25	the table there are tea, moon-cake 〔np6, 1 -〕 and	the 〔wd5, s-〕 other food. We chat and chat and	ST5
26	must learn to form the habit to do 〔vp5,2 -〕	the 〔wd5,-〕 things like the native citizens. That can gr	ST5
27	With the development of the 〔wd5,-〕 industry and	the 〔wd5,-〕 agriculture, more and more waste things	ST3
28	〔fm1,-〕 were 〔vp6,-〕 popular with us as well as	the 〔wd5,-〕 beautiful rivers, mountains, plants and	ST3
29	〔fm1,-〕 thing on the whole. Cooperatition is one	the 〔wd5,-〕 contrary to competition, but we often find	ST3
30	spare time to help them with their lessons on	the 〔wd5,-〕 every weekend. She not only imparts knowledg	ST4

（续表）

31	these question [np3,-] is "Do you know how many	the [wd5,-] famous presses in the world?" I didn't	ST3
32	are three ways to kill [cc3,-1] it [pr1,s-].	The [wd5,-] first, factories can make something which is	ST4
33	about it. But the main reasons is: [sn9,s-]	the [wd5,-] first, people's life makes a great progress,	ST4
34	d perform it through [pp2,-2] several directions.	The [wd5,-] first, the government take [vp3,2-] the	ST4
35	student relationship [np5,-] is based on respect.	The [wd5,-] first, the teacher should respect the student	ST3
36	, our country make [vp6,-] great achievements. At	the [wd5,-] first, we have solved [cc3,5-] the hunger and	ST3
37	He should be close with the students. Only there,	the [wd5,-] good teacher-student relationship cold	ST3
38	2,s]. One day, he though [wd3,1-] a good idea.	The [wd5,-] he blew [wd3,1-] down help the crop grouth [	ST4
39	ect Our Earth> <Score 10> With the development of	the [wd5,-] industry and the [wd5,-] agriculture, more	ST3
40	beat [wd3,-] those who make fake commodities. And	the [wd5,-] last one [wd5,-], you'd better go to	ST4
41	or technologers [fm2,-]. Some have been [wd3,-]	the [wd5,-] leaders of offices. at all [pp2,-], almost [	ST3
42	the first computer's being invented [sn8,-], in	the [wd5,-] less than 50 years. [sn9,-] Computer [np6,-]	ST3
43	face of failure, we should think over and draw	the [wd5,-] lessons from it so that we will be	ST3
44	respect them. Then they will know how to give	the [wd5,-] love and respection [fm1,-] back to you. They	ST3
45	explain the reason with [pp1,-] maths, [sn1,-] In	the [wd5,-] Maths, If you get the glass balls from	ST3
46	tients recover, they will be very thankful to me.	The [wd5,-] meanwhile, I will feel very proud. I am	ST3
47	<SCORE 6> <ID 430407>It is commonly [wd2,s-] that	the [wd5,-] more haste makes the [wd5,-] more waste. When	ST4

（续表）

48	mmonly［wd2,s-］ that the［wd5,-］ more haste makes	the［wd5,-］ more waste. When we doing［vp4,s-］ something	ST4
49	go［vp2,-］ to work by cars or ［wd4,-］ buses,	the［wd5,-］ most［wd4,-］ by bikes few［np8,-］［wd4,-］ by	ST3
50	, there were nearly 100 deaths per 1 000 births at	the［wd5,-］ most. Why it has changed so obviously? In	ST4

（Be）+*V-ed* 使用失误实例
（从 CLEC 中提取）

1	［vp2,1－3］ a ［np7,0－2］ English song. It called ［	vp7, 1－2］ "here ［fm3,-］ waiting" ［fm3,-］. Miss,	ST2
2	d the whole country. So, no opposition should be ［	vp7, －1］ arouse on the legalization of it any more. E	ST6
3	liked. Nowaday ［fm2,-］, however, this policy has ［	vp7, －1］ be abolished. The government won't arrange a	ST5
4	then continued his studies at university. He has ［	vp7, 1－］ been lived in Germany, Belgium, France. In 1	ST2
5	n and fined $500. Although majority of persons ［	vp7, －1］ brought to trial for mercy killing, most peo	ST6
6	observing their Halloween ［fm1,-］. They are warn ［	vp7, 1－］ by all kinds of terrible stories and they wi	ST5
7	top him, because his choice is ［wd6, 1－］ protect ［	vp7, 1－］ by the laws. If euthanasia is legalized in	ST6
8	? 2 Mid-Autumn Festival Mid-Autumn Festival ［	vp7, －1］ celebrated on the night of the 15th of Augus	ST5
9	h two children to support, his family was really ［	vp7, － 1］ faced with financial problems. Mar 14. 1994. S	ST5
10	erminally ill patients is quietly being practise ［	vp7, 1－］ in ill ［wd7, 1－］ some urban areas of China.	ST6
11	More and more people of high quality are require ［	vp7, 1－］ in the job market. That's why the situation	ST5
12	［fm1,-］ or eat. On that day women will be ［	vp7, －1］ recieved ［fm1, -］ present by ［pp1, 1－］ their	ST2

13	e burden for hospitals and the state will surely [	vp7, − 1] reduce, and more other patients will have	ST6
14	. She was short but fat, her face was so [	vp7, − 1] rounded. Her eyes formed a line when she	ST6
15	in China gradually. Many factories and companies [	vp7, − 1] set up nowadays as China's economy is	ST5
16	e, including some foreign guests. All the people [	vp7, − 1] skruke [fm1,-] by the lovely monkeys. They	ST5
17	, if euthanasia becomes legal, the problems will [	vp7, − 1] solve. The grandmother will leave the world	ST6
18	windows where vegetable and meat are being serve [	vp7, 1 −] there are so many people that I am justled [	ST5
19	cken brother in his request. But he was sentence [	vp7, 1 −] to from three to six years [wd4, s] in	ST6
20	on [pp1, 1 −] the pocket and her face was closed [	vp7, 1 −] to the gate. The younger sister was sitting	ST6
21	m1,-] outside Europe, European languages began to [	vp7, − 1] used in other parts of the world. At first,	ST2
22	the like. So the money and labour should not [	vp7, − 1] waste on the hopeless patients. Furthermor	ST6
23	all look at the door. The door is wrap [	vp7, 1] with two coats of iron. The first one is	ST5
24	, <WAY 1>, <DIC 2>, <TYP ? >, "? oo Comparing [	vp7, 1 −]with your country, [sn4, s] the situation in	ST5
25	Festival is also over and another new year is [	vp7, 1 − 1] begun. <ST 5>, <SEX ? >, <Y ? >, <SCH	ST5
26	at [vp7, -s] borrow from Jeanne. So Mathilde was [	vp7, 1 − 1] bought a new diamond necklace and cost	ST2
27	fm1,-]from her frienn [fm1,-] Jeanne. Jeanne was [	vp7, 1 − 1] brought out all jewellery [fm1,-]and told h	ST2
28	ors [wd7, 1 −]. However, I believe situation will [	vp7, 1 − 1] changed. I wish your brother will find a go	ST5

（续表）

29	the men, wear the women's clothes or are [	vp7, 1 - 1] disguised [fm1,-] as the fat babies dancing	ST5
30	me a bit disapointed [fm1,-], for Leon Lai was [	vp7, 1 - 1] failed. Why do I love movies so much? Just	ST5
31	common this day as well as zongzi. It's [	vp7, 1-1] originated from that people raced the boat	ST5
32	1. Besides hanging the lanterns, some adults are [	vp7, 1 - 1] sometimes disguised as lions by wearing the	ST5
33	[wd3, 1-]. At the end, the oil room owner was [	vp7, 1-1] thanked Tom. and thanks to he telephone 119	ST2
34	or the sake of termially [fm1,-] ill patient who [	vp7, 1-1] tortured by agony and for the relief of pat	ST6
35	soon. At the end of this fire, nobody hurt [	vp7, 1 - 3] and nothing destroyed except the wall was	ST2
36	d2, 1-], thing was happened. [sn8,s]Mathilde was [	vp7, 1-4] lost the diamond necklace that [vp7, -s] bo	ST2
37	he principle. So it [pr2, -s] could be concluded [	vp7, 2 -] that [vp1, s-]. It isn't a good way	ST4
38	classroom, we would find the pen left [wd4, -2] [	vp7, 2-] the dormitory, or we would find we got the	ST4
39	ke challeng [fm1, -] and they will never satisfy [	vp7, - 2] the present, [wd4, 2 -] they hope to continuo	ST4
40	-]. There are many reasons that we can be found [	vp7, 3-] make out [wd3, s-]. First, if a unskilled [w	ST4
41	lding a bottle and smiling. The two pictures are [	vp7, 3 - 2] cutting carefully and crossing on the wall.	ST6
42	the boo [wd7, 1-1] first. Then the students will [	vp7, 3 - 2] devide [fm1, -] into different groups, usua	ST6
43	people are very pleased, the old year was passed [	vp7, 4-0], All the streets and shops and the parts [	ST2
44	,-3] an old bird. Now, as the science is devolop [	vp7, 4 - 0]. GuangZhou [fm2,-] is putting on a new sh	ST2
45	d4,3-2] very busy, because the art festival was [	vp7, 4 - 1] began, every class must be [wd5,3 - 5] get r	ST2
46	have been rapid [ad2,3-3] progressed [sn9,-] [	vp7, 6 - 2] Until [fm1,-] today, China has been [wd3,	ST2

（续表）

47	that he only walks very slowly and even helped [	vp7, 7 − 2] by others into the witness chair. So, his	ST5
48	tudents didn't have other choices. When a person [	vp7, -s] allocated a job, he or she must [vp6,	ST5
49	Although as the open policy the reforming policy [	vp7, s] are carrying out, which [vp3, − 1] have create	ST5
50	de was [vp7, 1 − 4] lost the diamond necklace that [	vp7, -s] borrow from Jeanne. So Mathilde was [vp7,	ST2

References

参考文献

[1] Adolphs, S. & Carter, R. Spoken Corpus Linguistics: From Monomodal to Multimodal [M]. London: Routledge, 2013.

[2] Adolphs, S. Introducing Electronic Text Analysis [M]. London and New York: Routledge, 2006.

[3] Adolphs, S. & Carter, R. Points of view and semantic prosodies in Virginia Woolf's To the Lighthouse [J]. Poetica, 2002, 58: 7 – 20.

[4] Altenberg, B. Adverbial connectors in English and Swedish: Semantic and lexical correspondences [G]//Hasselgård, H. & Oksefjell, S. (eds.). Out of Corpora: Studies in Honour of Stig Johansson. Amsterdam and Atlanta: Rodopi, 1999: 249 – 268.

[5] Bahns, J. Lexical collocations: a contrastive view [J]. ELT Journal, 1993, 47: 56 – 63.

[6] Baker, M. Corpus linguistics and translation studies. Implications and applications [M]// Baker, M., Francis, G. & Tognini-Bonelli, E. (eds.). Text and Technology in Honour of John Sinclair. Philadelphia: John Benjamins, 1993.

[7] Becker J D. The phrasal lexicon [M]//Schank, R. & Nash-Webber, B. (eds.). Theoretical Issues in Natural Language Processing. Cambridge, MA: Bolt Beranek and Newman, 1975: 60 – 63.

[8] Becker, A. L. Toward a post-structuralist view of language learning: A short essay [J]. Language Learning, 1983, 33: 217 – 220.

[9] Bednarek, M. Semantic preference and semantic prosody re-examined. Corpus Linguistics and Linguistic Theory, 2008 S, 4/2: 119 – 139.

[10] Berber-Sardinha, T. Semantic prosodies in English and Portuguese: A Contrastive Study [J]. Cuadernos de Filologia Inglesa, 2000, 9(1): 93 – 110.

[11] Berry, D. Implicit and explicit learning of complex tasks [M]//Ellis, N. (eds.). Implicit and Explicit Learning of Languages. London: London Academic Press, 1994.

[12] Berry, R. The seven sins of pedagogic grammar [M]//Berry, R., et al. (eds.). Language Analysis, Description and Pedagogy. Hong Kong: Language Centre, The Hong Kong University of Science and Technology, 1999: 29 – 40.

[13] Bialystok, E. A theoretical model of second language learning [J]. Language Learning, 1978, 28(1): 69 – 84.

[14] Biber, D., Johansson, S., Leech, G., Conrad, S. & Finegan, E. Longman Grammar of Spoken and Written English [M]. London: Longman, 1999:360 – 373.

[15] Bickerton, D. Roots of Language[M]. Ann Arbor, MA: Karoma Publishers, 1981.

［16］ Bloomfield, L. Language［M］. Chicago: University of Chicago Press, 1933.

［17］ Borin, L. & Prutz, K. New wine in old skins? A corpus investigation of L1 syntactic transfer in learner language［M］//Aston, G. , Bernardini, S. & Stewart, D. (eds.). Corpora and language learners. Amsterdam: John Benjamins, 2004: 67 - 87.

［18］ Bowles, M. A. Measuring implicit and explicit linguistic knowledge: What can heritage language learners contribute?［J］. Studies in Second Language Acquisition, 2011, 33(2): 247 - 271.

［19］ Bublitz, W. Semantic prosody and cohesive company: somewhat predictable ［J］. Leuvense Bijdraden: Tijdschrift voor Germaanse Filologie, 1996, 85/1 - 2: 1 - 32.

［20］ Bybee, J. L. Morphology: A Study of the Relation Between Meaning and Form ［M］. Amsterdam: John Benjamins Publishing Company, 1985.

［21］ Bybee, J. Language, Usage and Cognition［M］. Cambridge: Cambridge University Press, 2010.

［22］ Callies, M. Integrating corpus literacy into language teacher education: The case of learner corpora ［M］//Götz, S. & Mukherjee, J. (eds.). Learner corpora and language teaching. Amsterdam: John Benjamins, 2019: 245 - 264.

［23］ Carter, R. Vocabulary［M］. London: Allen & Unwin, 1987.

［24］ Cheng, W. Describing the extended meanings of lexical cohesion in a corpus of SARS spoken discourse ［J］. International journal of corpus linguistics, 2006, 12 (3): 325 - 344.

［25］ Chung, Y. E. A contrastive analysis of articles and demonstratives in English and modern standard Chinese［D］. California: California State University, 2000.

［26］ Cohen, A. , Ivry, R. I. & Keele, S. W. Attention and structure in sequence learning ［J］. Journal of Experimental Psychology: Learning, Memory and Cognition, 1990, 16: 17 - 30.

［27］ Conzett, J. Integrating collocation into a reading and writing course ［M］//Coady, J. & Huckin, T. (eds.). Second Language Vocabulary Acquisition. Cambridge: Cambridge University Press, 1997.

［28］ Corder, S. P. Error Analysis and Interlanguage ［M］. Oxford: OUP, 1981.

［29］ Cowie, A. P. (ed.). Phraseology: Theory, analysis, and applications ［C］. Oxford: Oxford University Press, 1998.

［30］ Cronbach, L. J. An analysis of techniques for diagnostic vocabulary testing ［J］. Journal of Educational Research, 1942, 1 (36): 206 - 217.

［31］ Crowther, J. , et al. Oxford Collocations, Dictionary for Students of English ［M］. Oxford: Oxford University Press, 2001: vi.

［32］ Dagut, M. & Laufer, B. Avoidance of phrasal verbs—a case for contrastive analysis ［J］. Studies in Second Language Acquisition, 1985, 7: 73 - 80.

［33］ Dam-Jensen, H. & Zethsen, K. K. Translator awareness of semantic prosodies ［J］. Target, 2008, 20(2): 203 - 221.

［34］ Darwin, C. & Gray, L. Going After the Phrasal Verb: An Alternative Approach to Classification［J］. TESOL Quarterly, 1999.

［35］ Dąbrowska, E. Implicit lexical knowledge ［J］. Linguistics, 2014, 52 (1): 205 - 223.

［36］ Dam-Jensen, H. & Zethsen, K. Translator awareness of semantic prosodies ［J］. Target, 2008, 20(2): 203 - 231.

［37］ de Graaff, R. The eXperanto experiments: Effects of explicit instruction on second language acquisition ［J］. Studies in Second Language Acquisition, 1997, 19: 249 - 276.

[38] DeKeyser, R. Beyond focus on form: Cognitive perspectives on learning and practicing second language grammar [M]//Doughty, C. & Williams, J. (eds.). Focus on Form in Second Language Acquisition. Cambridge: Cambridge University Press, 1998: 42 - 63.

[39] DeKeyser, R. Implicit and explicit learning [M]//Doughty, C. & Long, M. (eds.). The Handbook of Second Language Acquisition. Oxford: Blackwell, 2003: 313 - 49.

[40] Dienes, Z. Conscious versus unconscious learning of structure [M]//Rebuschat, P. & Williams, J. (eds.). Statistical Learning and Language Acquisition. Berlin: Mouton de Gruyter Publishers, 2012: 337 - 364.

[41] Ellis, N. & Wulff, S. Second language acquisition [M]//Dabrowska, E. & Divjak, D. (eds.). Handbook of Cognitive Linguistics. Berlin/Boston: DeGruyter Mouton, 2015: 409 - 431.

[42] Ellis, N. & Frey, E. The Psycholinguistic Reality of Collocation and Semantic Prosody: Affective Priming [M]//Corrigan, R. Moravcsik, E. Ouali, H. & Wheatley, K. (eds.). Formulaic Language: Typological Studies in Language. Amsterdam: John Benjamins, 2009(2): 473 - 497.

[43] Ellis, N. Consciousness in second language learning: Psychological perspectives on the role of conscious processes in vocabulary acquisition [J]. AILA Review, 1994, 11: 37 - 56.

[44] Ellis, N. Frequency effects in language acquisition: A review with implications for theories of implicit and explicit language acquisition [J]. SSLA, 2002, 24: 143 - 188.

[45] Ellis, N. Implicit and explicit SLA and their interface [M]//Sanz, C. & Leow, R. P. (eds.). Implicit and Explicit Language Learning: Conditions, Processes, and Knowledge in SLA & Biliguilism. Washington, DC: Georgetown University Press, 2011: 35 - 47.

[46] Ellis, N., Simpson-Vlach, R., & Maynard, C. Formulaic language in native and second language speakers: psycholinguistics, corpus linguistics, and TESOL [J]. TESOL Quarterly, 2008, 42 (3): 375 - 396.

[47] Ellis, N. Vocabulary acquisition: word structure, collocation, word-class and meaning [M]//Schmitt, N. & McCarthy, M. (eds.). Vocabulary: Description, Acquisition and Pedagogy. Cambridge: CUP, 1997: 133 - 135.

[48] Ellis, N., Frey, E., & Jalkanen, I. The psycholinguistic reality of collocation and semantic prosody (1): lexical access [M]//Römer, U. & Schulze, R. (eds.). Exploring the Lexis-Grammar Interface: Studies in Corpus Linguistics. Amsterdam: John Benjamins, 2009: 89 - 114.

[49] Ellis, N. Sequencing in SLA: Phonological memory, chunking, and points of order [J]. Studies in Second Language Acquisition, 1996, 18(1): 91 - 126.

[50] Ellis, N. Implicit and explicit knowledge about language [M]//Cenoz, J. & Hornberger, N. H. (eds.). Encyclopedia of Language and Education (Vol. 6: Knowledge about Language). New York: Springer, 2007: 119 - 132.

[51] Ellis, R. Does form-focused instruction affect the acquisition of implicit knowledge? A review of the research [J]. Studies in Second Language Acquisition, 2002, 24(2): 223 - 36.

[52] Ellis, R. Current issues in the teaching of grammar: An SLA perspective [J]. TESOL Quarterly, 2006, 40 (1): 83 - 107.

[53] Ellis, R. Implicit/explicit knowledge and language pedagogy [J]. TESOL Quarterly, 1994, 28(1): 166 - 172.

[54] Ellis, R. The definition and measurement of L2 explicit knowledge [J]. Language

Learning, 2004, 54 (2): 227 - 275.

[55] Ellis, R. Measuring implicit and explicit knowledge of a second language: A psychometric study [J]. Studies in Second Language Acquisition, 2005, 27 (2): 141 - 72.

[56] Ellis, R., et al. Implicit and Explicit Knowledge in Second Language Learning, Testing and Teaching [M]. Bristol: Multilingual Matters, 2009.

[57] Erlam, R. Elicited imitation as a measure of L2 implicit knowledge: An empirical validation study [J]. Applied Linguistics, 2006, 27(3): 464 - 491.

[58] Erman, B. & Warren, B. The idiom principle and the open choice principle [J]. Text, 2000, 20: 29 - 62.

[59] Fillmore, L. & Wong. The second time around: cognitive and social strategies in second language acquisition [D]. Stanford: Stanford University, 1976.

[60] Firth, J. Papers in linguistics [M]. Oxford: Oxford University Press, 1957.

[61] Foster, P. Rules and Routines: A Consideration of their Role in the Task-based Language Production of Native and non-Native Speakers [M]//Bygate, M., Skehan, P. & Swain, M. (eds.). Researching Pedagogic Tasks: Second Language Learning, Teaching and Testing. Harlow etc.: Longman, 2001:75 - 93.

[62] Gass, S. Second language vocabulary acquisition [J]. Annual Review of Applied Linguistics, 1988, 9: 92 - 106.

[63] Gilquin, G. & Gries, S. Corpora and experimental methods: A state-of-the-art review [J]. Corpus Linguistics and Linguistic Theory, 2009, 5 (1):1 - 26.

[64] Gitsaki, C. Second Language Collocational Acquisition Research [D]. Brisbane: Queensland University, 1996.

[65] Goldberg, A. E. Constructions: A Construction Grammar Approach to Argument Structure [M]. Chicago, IL: Chicago University Press, 1995.

[66] Goldberg, A. E. Constructions: A New Theoretical Approach to Language [J]. Trends in Cognitive Sciences, 2003,7(5): 219 - 24.

[67] Goldberg, A. E. Constructions at Work: The Nature of Generalization in Language [M]. Oxford: Oxford University Press, 2006.

[68] Goldberg, A. E. Explain me This: Creativity, Competition, and the Partial Productivity of Constructions [M]. Princeton, NJ: Princeton University Press, 2019.

[69] Granger, S. The Be + Past participle Construction in Spoken English [M]. Amsterdam: North-Holland, 1983.

[70] Granger, S. Learner English around the world [M]//Sidney Greenbaum (ed.). Comparing English Worldwide: The International Corpus of English. Oxford: Clarendon, 1996:13 - 24.

[71] Granger, S. The computer learner corpus: A versatile new source of data for SLA research [M]//Granger, S. (ed.). Learner English on Computer. London and New York: Longman, 1998a: 3 - 18.

[72] Granger, S. (ed.). Learner English on Computer [M]. London: Addison Wesley Longman, 1998b.

[73] Granger, S. & Paquot, M. Disentangling the phraseological web [M]//Granger, S. & Meunier, F. (eds.). Phraseology: An Interdisciplinary Perspective. Amsterdam and Philadelphia: John Benjamins Publishing Company, 2008: 145 - 160.

[74] Greenbaum, S. Some verb-intensifier collocations in American and British English [J]. American Speech, 1974,49:79 - 89.

[75] Gundel, J. K., Hedberg, N. & Zacharski, R. Cognitive status and the form of referring

expressions in discourse[J]. Language, 1993, 69(2): 274 - 307.

[76] Guo, X., Zheng, L., Zhu, L., Yang, Z., Chen, C., Zhang, L., Mac, W. & Dienes, Z. Acquisition of conscious and unconscious knowledge of semantic prosody [J]. Consciousness and Cognition, 2011, 20(2): 417 - 425.

[77] Halliday, M. Lexical Relations [M]//Kress, C. (ed). System and Function in Language. Oxford: Oxford University Press, 1976.

[78] Halliday, M. Corpus Studies and Probabilisitc Grammar [G]//Karin Aijmer & Bengt Alternberg (eds.). English Corpus Linguistics: Studies in Honour of Jan Svartvik. London: Longman, 1991:30 - 43.

[79] Halliday, M. Quantitative studies and probabilities in grammar [M]//Hoey, M. (ed.). Data, description, discourse. London: Harper Collins, 1993: 1 - 25.

[80] Hamrick, P. & Rebuschat, P. Frequency effects, learning conditions, and the development of implicit and explicit lexical knowledge [M]//Connor-Linton, J. & Amoroso, L. (eds.). Measured language: Quantitative approaches to acquisition, assessment, processing, and variation. Washington, DC: Georgetown University Press, 2014: 125 - 139.

[81] Hanks, P. Definitions and Explanations[M]//Sinclair, J. (ed.). Looking Up. London: Collins COBUILD, 1998: 116 - 136.

[82] Hauser, D. J. & Schwarz, N. Semantic prosody and judgment [J]. Journal of Experimental Psychology General, 2016,145(7): 882 - 895.

[83] Hauser, D. J. & Schwarz, N. How seemingly innocuous words can bias judgment: Semantic prosody and impression formation [J]. Journal of Experimental Social Psychology, 2018,75(1): 11 - 18.

[84] Heather, J. & Helt, M. Evaluating corpus literacy training for pre-service language teachers: six case studies[J]. Journal of Technology & Teacher Education, 2012,20(4): 415 - 440.

[85] Hoey, M. Patterns of lexis in text [M]. Oxford: Oxford University Press, 1991.

[86] Hoey, M. Lexical priming: A new theory of words and language [M]. London: Routledge, 2005.

[87] Hornby, A. S. A Guide to Patterns and Usage in English [M]. Oxford: Oxford University Press, 1954.

[88] Howarth, P. Phraseology and Second Language Proficiency [J]. Applied Linguistics, 1998,19(1): 22 - 44.

[89] Howarth, P. The phraseology of learners' academic writing and second language proficiency [C]//Cowie, A. P. (ed.). Phraseology: Theory, analysis, and applications. Oxford: Oxford University Press, 1998:161 - 186.

[90] Hulstijn, J. H. Psycholinguistic perspectives on language and its acquisition [M]// Cummins, J. & Davison, C. (eds.). The International Handbook of English Language Teaching. Norwell, MA: Springer, 2007:783 - 796.

[91] Hulstijn, J. H. & de Graaff, R. Under what conditions does explicit knowledge of a second language facilitate the acquisition of implicit knowledge? [J]. AILA Review, 1994,11: 97 - 112.

[92] Hundt, M., Sand, A. & Siemund, R. Manual of Information to Accompany the Freiburg-LOB Corpus of British English [M]. Freiburg: University of Freiburg, 1998.

[93] Hundt, M., Sand, A. & Skandera, P. Manual of Information to Accompany the Freiburg-Brown Corpus of American English [M]. Freiburg: University of Freiburg, 1999.

[94] Hunston, S. & Francis, G. Pattern Grammar: A corpus-driven approach to the lexical grammar of English [M]. Amsterdam and Philadelphia: John Benjamins, 2000.

[95] Hunston, S. Colligation, lexis, pattern and text [G]//Thompson, G. & Scott, M. (eds.). Patterns of Text: In Honour of Michael Hoey. Amsterdam: John Benjamins, 2001.

[96] Hunston, S. Corpora in Applied Linguistics [M]. Cambridge: Cambridge University Press, 2002.

[97] Hunston, S. Semantic prosody revisited [J]. International Journal of Corpus Linguistics, 2007, 12 (2): 249 – 68.

[98] Hyland, K. Hedging in Scientific Research Articles [M]. Amsterdam and Philadelphia: John Benjamins Publishing Company, 1998.

[99] Hyland, K. Disciplinary discourses: Social interactions in academic writing [M]. London: Longman, 2000.

[100] Hyland, K. Disciplinary interactions: Metadiscourse in L2 postgraduate writing [J]. Journal of Second Language Writing, 2004, 13(2): 133 – 151.

[101] Hyland, K. Metadiscourse: Exploring Interaction in Writing [M]. London: Continuum, 2005a.

[102] Hyland, K. Stance and engagement: A model of interaction in academic discourse [J]. Discourse Studies, 2005b,7(2): 173 – 192.

[103] Hyland, K. Metadiscourse: Mapping interactions in academic writing [J]. Nordic Journal of English Studies, 2010, 9(2): 125 – 143.

[104] James, C. Errors in Language Learning and Use: Exploring Error Analysis [M]. Beijing: Foreign Language Teaching and Research Press, 2001.

[105] Jarvis, S. & Pavlenko, A. Cross-linguistic Influence in Language and Cognition [M]. New York: Routledge, 2008.

[106] Kemp, J. E. Instructional Design: A Plan for Unit and Course Development [M]. Belmont, CA: Fearon, 1971.

[107] Kjellmer, G. Aspects of English collocations [M]//Meijs, W. (ed.). Corpus Linguistics and Beyond. Amsterdam: Rodopi, 1987:133 – 140.

[108] Kjellmer, G. A mint of phrases [G]//Aijmer, K. & Altenberg, B. (eds.). English Corpus Linguistics: Studies in Honour of Jan Svartvik. London: Longman, 1991: 111 – 127.

[109] Krashen, S. Second Language Acquisition and Second Language Learning [M]. Oxford: Pergamon, 1981.

[110] Krashen, S. Principles and practice in second language acquisition [M]. New York: Pergamon Press, 1982.

[111] Krishnamurthy, R. Collocation: From silly ass to lexical sets [G]//Heffer, C. Sauntson, H. & Fox, G. (eds.). Words in context: A tribute to John Sinclair on his retirement. Birmingham: University of Birmingham, 2000.

[112] Kroll, J. & Stewart, E. Category interference in translation and picture naming: Evidence for asymmetric connections between bilingual memory representations [J]. Journal of Memory and Language, 1994,33(2): 149 – 174.

[113] Kyle, K. Measuring syntactic development in L2 writing: Fine grained indices of syntactic complexity and usage-based indices of syntactic sophistication [D]. Atlanta: Georgia State University, 2016.

[114] Kyle, K. & Crossley, S. A. Measuring Syntactic Complexity in L2 Writing Using Fine-

Grained Clausal and Phrasal Indices [J]. The Modern Language Journal, 2018,102(2):
333 – 349.

[115] Lakoff, G. Women, Fire and Dangerous Things [M]. Chicago: The University of Chicago Press, 1987.

[116] Langacker, R. Foundations of Cognitive Grammar: Vol. 1: Theoretical Prerequisites [M]. Stanford: Stanford University Press, 1987.

[117] Lei, L. & Sheng, Y. Readability and citations in information science: evidence from abstracts and articles of four journals (2003 – 2012) [J]. Scientometrics, 2016, 108(3): 1155 – 1169.

[118] Lei, L. When science meets cluttered writing: Adjectives and adverbs in academia revisited [J]. Scientometrics, 2016, 107(3): 1361 – 1372.

[119] Lei, L. & Liu, D. L. A new medical academic word list: A corpus-based study with enhanced methodology [J]. Journal of English for Academic Purposes, 2016, 22: 42 – 53.

[120] Lei, L. Linking adverbials in academic writing on applied linguistics by Chinese doctoral students [J]. Journal of English for Academic Purposes, 2012, 11(3): 267 – 275.

[121] Louw, B. Irony in the text or insincerity in the writer? The diagnostic potential of semantic prosodies [M]//Baker, M. , Francis, G. & Tognini-Bonelli, E. (eds.). Text and Technology: In Honour of John Sinclair. Amsterdam: John Benjamins, 1993:157 – 176.

[122] Louw, B. Contextual prosodic theory: Bringing semantic prosodies to life [G]//Heffer, C. , et al. (eds.). Words in Context: A Tribute to John Sinclair on his Retirement. Birmingham: University of Birmingham, 2000.

[123] Lu, X. Automatic analysis of syntactic complexity in second language writing [J]. International Journal of Corpus Linguistics, 2010,15(4): 474 – 496.

[124] Lu, X. A corpus-based evaluation of syntactic complexity measures as indices of college-level ESL writers' language development [J]. TESOL Quarterly,2011,45:36 – 42.

[125] Master, P. Teaching the English articles as a binary system [J]. TESOL Quarterly, 1990, 24(2): 461 – 478.

[126] Master, P. Pedagogical frameworks for learning the English article system [J]. Applied Linguistics Forum News, 2003, 24(1): 1 – 5.

[127] McEnery, T. & Hardie, A. Corpus linguistics: method, theory and practice [M]. Cambridge: CUP, 2012.

[128] McIntosh, A. Patterns and Range [G]//McIntosh, A. and Halliday, M. A. K. (eds.). Patterns of Language: Papers in General, Descriptive and Applied Linguistics. Bloomington and London: Indiana University Press, 1967: 181 – 199.

[129] Mihailovic, L. Passive and Pseudopassive Verbal Groups in English [J]. English Studies, 1967, 48: 316 – 326.

[130] Mokhtar, A. A. , Rawian, R. M. , Yahaya, M. F. , Abdullah, A. , Mansor, M. , Osman, M. I. , et al. Vocabulary knowledge of adult ESL learners [J]. English Language Teaching, 2010, 3(1):71 – 80.

[131] Morley, J. & Partington, A. A few frequently asked questions about semantic—or evaluative—prosody [J]. International Journal of Corpus Linguistics, 2009, 14(2): 139 – 158.

[132] Nation, I. S. P. Teaching and learning vocabulary [M]. New York: Newbury House, 1990.

[133] Nattinger, J. R. & DeCarrico, J. S. Lexical Phrases and Language Learning [M].

Oxford: Oxford University Press, 1992.

[134] Nattinger, J. R. A lexical phrase grammar for ESL [J]. TESOL Quarterly, 1980, 14: 337 – 344.

[135] Nelson, M. Semantic associations in business English: a corpus-based analysis [J]. English for Specific Purposes, 2006, 25: 217 – 234.

[136] Nesselhauf, N. The Use of Collocations by Advanced Learners of English and Some Implications for Teaching [J]. Applied Linguistics, 2003, 24(2):223 – 242.

[137] Nesselhauf, N. Collocations in a Learner Corpus [M]. Amsterdam: John Benjamins, 2005.

[138] Newmark, L. How not to interfere with language teaching [J]. International Review of American Linguistics, 1966,40: 77 – 83.

[139] Nissen, M. Attentional requirements of learning: Evidence from performance measures [J]. Cognitive Psychology, 1987, 19(1):1 – 32.

[140] O'Halloran, K. Corpus-assisted literary evaluation [J]. Corpora, 2007, 2(1): 33 – 63.

[141] Omidian, T. & Siyanova—Chanturia, A. Semantic prosody revisited: implications for language learning [J]. TESOL Quarterly,2020,54(2):512 – 524.

[142] Onion, C. T. Modern English Syntax [M]. London: Routledge and Kegan Paul, 1971.

[143] Ostman, J. Construction discourse[M]//Ostman, J. & Fried, M. (eds.). Construction Grammar: Cognitive Grounding and Theoretical Expressions. Amsterdam and Benjamins: John Benjamins Publishing Company, 2005: 121 – 144.

[144] Palmer, H. Second Interim Report on English Collocations [R]. Tokyo: Kaitakusha, 1933.

[145] Paquot, M. The phraseological dimension in interlanguage complexity research [J]. Second Language Research, 2019, 35 (1):121 – 145.

[146] Paquot, M. Exemplification in learner writing: A cross-linguistic perspective [M]// Meunier, F. & Granger, S. (eds.). Phraseology in Foreign Language Learning and Teaching. Amsterdam: Benjamins, 2008: 101 – 119.

[147] Paquot, M. Lexical bundles and L1 transfer effects [J]. International Journal of Corpus Linguistics, 2013, 18 (3): 391 – 417.

[148] Partington, A. Patterns and Meanings: Using Corpora for English Language Research and Teaching [M]. Amsterdam: John Benjamins, 1998.

[149] Partington, A. "Utterly content in each other's company": semantic prosody and eamntic preference [J]. International Journal of Corpus Linguistics, 2004, 9(1): 131 – 156.

[150] Partington, A. Patterns and meanings in discourse: Theory and practice in Corpus-Assisted Discourse Studies (CADS) [M]. Amsterdam and Philadelphia: John Benjamins Publishing Company, 2013.

[151] Pawley, A. & Syder, F. H. Two puzzles for linguistic theory: Nativelike selection and nativelike fluency [M]//Richards, J. C. & Schmidt, R. W. (eds.). Language and Communication. London: Longman, 1983:191 – 225.

[152] Poutsma, H. A Grammar of Late Modern English [M]. Groningen: P. Noordhoff, 1929.

[153] Quirk, R., Greenbaum, S., Leech, G. & Svartvik, J. A Comprehensive Grammar of the English Language [M]. London & New York: Longman Group Limited, 1985.

[154] Richards, J. The role of vocabulary teaching [J]. TESOL Quarterly, 1976, 10:77 – 89.

[155] Rieder, A. Implicit and explicit learning in incidental vocabulary acquisition [J]. Views, 2003, 12(2): 24 – 39.

[156] Renouf, A. & Sinclair, J. Collocational frameworks in English [G]//Aijmer, K. & Altenberg, B. (eds.). English Corpus Linguistics: Studies in Honour of Jan Svartvik. London and New York: Longman, 1991:128 – 143.

[157] Rosenthal, D. M. Consciousness and mind [M]. Oxford: Clarendon Press, 2005.

[158] Rudzka, B. J., et al. More words you need [M]. London: Macmillan, 1981.

[159] Scheurweghs, G. Present-Day English syntax [M]. London: Longman, 1961.

[160] Schmidt, R. The role of consciousness in second language learning [J]. Applied Linguistics, 1990, 11: 129 – 158.

[161] Schmidt, R. Implicit learning and the cognitive unconscious: Of artificial grammar and SLA [M]//Ellis, N. (ed.). Implicit and Explicit Learning of Language. London: Academic Press, 1994:165 – 209.

[162] Schmitt, N. & Carter, R. Formulaic sequences in action: An introduction [M]//Schmitt, N. (ed.). Formulaic Sequences. Amsterdam: John Benjamins, 2004:1 – 22.

[163] Schmitt, N. & Meara, P. Researching vocabulary through a word knowledge framework: Word associations and verbal suffixes [J]. Studies in Second Language Acquisition, 1997, 19: 17 – 36.

[164] Schmidt, R. Attention [M]//Robinson, P. (ed.). Cognition and second language instruction. New York: Cambridge University Press, 2001:3 – 32.

[165] Segler, T., Pain, H. & Sorace, A. Second language vocabulary acquisition and learning Strategies in ICALL environments [J]. Computer Assisted Language Learning, 2002, 15: 409 – 422.

[166] Sinclair, J. Beginning the study of lexis [G]//Bazell, C. E., Catford, J. C. & Halliday, M. A. K. (eds.). In Memory of J. R. Firth. London: Longman, 1966: 410 – 430.

[167] Sinclair, J. The search for units of meaning [J]. Textus, 1996, IX: 75 – 106.

[168] Sinclair, J. Looking Up [M]. London and Glasgow: Collins, 1987.

[169] Sinclair, J. Collocation, Concordance, Corpus [M]. Oxford: Oxford University Press, 1991.

[170] Sinclair, J. & Renouf, A. (eds.). A lexical syllabus for language learning [M]// Carter, R. & McCarthy, M. (eds.). Vocabulary and language teaching. Harlow: Longman, 1988: 140 – 158.

[171] Sinclair, J. Reading Concordances: An Introduction [M]. London: Longman, 2003.

[172] Sinclair, J. Trust the Text: Lexis, Corpus, Discourse [M]. London: Routledge, 2004a.

[173] Sinclair, J. How To Use Corpora in Language Teaching [M]. Amsterdam and Philadelphia: John Benjamins Publishing Company, 2004b.

[174] Sinclair, J. The phrase, the whole phrase and nothing but the phrase [M]//Granger, S. & Meunier, F. (eds.). Phraseology: An Interdisciplinary Perspective. Amsterdam: John Benjamins Publishing Company, 2008.

[175] Sinclair, J. Collocation reviewed (manuscript). Italy: Tuscan Word Centre, 2007.

[176] Sinclair, J. & Renouf, A. A lexical syllabus for language learning [M]//Carter & McCarthy (eds.). Vocabulary and Language Teaching. London and New York: Routledge, 1988: 140 – 160.

[177] Skehan, P. A Cognitive Approach to Language Learning [M]. Oxford: Oxford University Press, 1998.

[178] Sonbul, S. & Schmitt, N. Explicit and implicit lexical knowledge: Acquisition of

collocations under different input conditions [J]. Language Learning, 2013, 63(1): 121 – 159.

[179] Stewart, D. The corpus of revelation. The BNC, semantic prosodies and syntactic shells [C]//Lewandowska-Tomaszczyk, B. (ed.). PALC 2001: Practical Applications in Language Corpora. Frankfurt: Peter Lang, 2003: 329 – 341.

[180] Stewart, D. Semantic Prosody: A Critical Evaluation [M]. London and New York: Routledge, 2010.

[181] Stubbs, M. Collocations and semantic profiles: On the cause of the trouble with quantitative studies [J]. Functions of Language, 1995, 2(1): 23 – 55.

[182] Stubbs, M. Text and Corpus Analysis [M]. Oxford: Blackwell Publishers Ltd., 1996.

[183] Stubbs, M. On inference theories and code theories: Corpus evidence for semantic schemas [J]. Text, 2001a, 21(3): 437 – 65.

[184] Stubbs, M. Two quantitative methods of studying phraseology in English [J]. International Journal of Corpus Linguistics, 2002, 7(2): 215 – 244.

[185] Stubbs, M. Conrad in the computer: examples of quantitative stylistic methods [J]. Language and Literature, 2005, 14(1): 5 – 24.

[186] Stubbs, M. The search for units of meaning: Sinclair on empirical semantics [J]. Applied Linguistics, 2009, 30(1): 115 – 137.

[187] Stubbs, M. Sequence and order: The Neo-Firthian tradition of corpus semantics [M]// Hasselgard, H., Ebeling, J. & Ebeling, S. O. (eds.). Corpus Perspectives on Patterns of Lexis. Amsterdam: Benjamins Publishing Company, 2013: 13 – 33.

[188] Thompson, G. Introducing Functional Grammar [M]. Beijing: Beijing Foreign Language Teaching and Research Press, 2000: 167.

[189] Thráinsson, H., Angantysson, Á., Svavarsdóttir, Á., Eythórsson, T. & Jónsson, J. G. The Icelandic (pilot) project in ScanDiaSyn [J]. Nordlyd, 2007, 34 (1): 87 – 124.

[190] Tognini-Bonelli, E. Corpus Linguistics at Work [M]. Amsterdam and Philadelphia: John Benjamins Publishing Company, 2001.

[191] Tomasello, M. Child language acquisition: A usage-based approach [M]. Cambridge, MA: Harvard University Press, 2003.

[192] Tomasello, M. Origins of Human Communication [M]. Cambridge, MA: MIT Press, 2008.

[193] Tono, Y. Multiple comparisons of IL, L1 and TL corpora: The case of L2 acquisition of verb subcategorization patterns by Japanese learners of English [M]//Aston, G., Bernardini, S. & Stewart, D. (eds.). Corpora and Language Learners. Amsterdam and Philadelphia: Benjamins, 2004: 45 – 66.

[194] Tribble, C. Genres, keywords, teaching: towards a pedagogic account of the language of project proposals [C]//Burnard, L. & McEnery, A. (eds.). Rethinking Language Pedagogy from a Corpus Perspective: Papers from the third international conference on Teaching and Language Corpora. Frankfurth: Peter Lang, 2000: 75 – 90.

[195] Ullman, M. T. The neural basis of lexicon and grammar in first and second language: The declarative/procedural model [J]. Bilingualism: Language and Cognition, 2001, 4(2): 105 – 122.

[196] Wei, N. X. & Li, X. H. Exploring semantic preference and semantic prosody across English and Chinese: Their roles for cross-linguistic equivalence [J]. Corpus Linguistics and Linguistic Theory, 2013, 9: 1 – 36.

［197］ Whitsitt, S. A critique of the concept of semantic prosody［J］. International Journal of Corpus Linguistics, 2005, 10(3): 283－305.

［198］ Wiktorsson, M. Learning Idiomaticity: A corpus-based study of idiomatic expressions in learners' written production ［M］. Stockholm: Department of English, Lund University, 2003.

［199］ Wilkins, D. A. Linguistics in Language Teaching［M］. Cambridge, Massachusetts: The MIT Press, 1972.

［200］ Xiao, R. & McEnery, T. Collocation, semantic prosody, and near synonymy: A cross-linguistic perspective［J］. Applied Linguistics, 2006, 27(1): 103－129.

［201］ Xiao, R. What can SLA learn from contrastive corpus linguistics? The case of passive constructions in Chinese learner English［J］. Indonesian Journal of English Language Teaching, 2007, 3(2): 1－19.

［202］ Xiao, R., McEnery, T. & Qian, Y. Passive constructions in English and Chinese: A corpus-based contrastive study［J］. Languages in Contrast, 2006, 6 (1): 109－149.

［203］ Yamashita, J. & Jiang, N. L1 influence on the acquisition of L2 collocations: Japanese ESL users and EFL learners acquiring English collocations［J］. TESOL Quarterly, 2010, 44 (4): 647－668.

［204］ 戴曼纯. 二语习得的"显性"与"隐性"问题探讨［J］. 外国语言文学, 2005(2): 101－111.

［205］ 顾琦一. 隐性知识、显性知识及其接口之争［J］. 外语教学, 2005(6): 45－50.

［206］ 桂诗春. 以语料库为基础的中国学习者英语失误分析的认知模型［J］. 现代外语, 2004 (2): 129－139.

［207］ 桂诗春, 杨惠中. 中国学习者英语语料库［M］. 上海: 上海外语教育出版社, 2003.

［208］ 何安平. 语料库语言学与英语教学［M］. 北京: 外语教学与研究出版社, 2004.

［209］ 何安平. 语料库视角下的高中英语教材与教法研究［M］. 北京: 人民教育出版社, 2009.

［210］ 胡开宝. 语料库翻译学: 内涵与意义［J］. 外国语(上海外国语大学学报), 2012(5): 59－70.

［211］ 黄立波, 王克非. 语料库翻译学: 课题与进展［J］. 外语教学与研究, 2011(6): 911－923.

［212］ 黄瑞红. 中国英语学习者形容词增强语的语义韵研究［J］. 外语教学, 2007(4): 57－60.

［213］ 李晶洁, 卫乃兴. 学术英语文本中连续短语单位的提取方法［J］. 解放军外国语学院学报, 2010, 33(02): 45－49.

［214］ 李晶洁. 平行语料库的设计原则与对齐方案［M］//卫乃兴, 陆军. 对比短语学探索. 北京: 外语教学与研究出版社, 2014: 52－70.

［215］ 李文中. 基于 COLEC 的中间语搭配及学习者策略分析［M］//杨惠中, 等(编). 基于 CLEC 语料库的中国学习者英语分析. 上海: 上海外语教育出版社, 2005: 355－368.

［216］ 李文中. 局部语义韵与话语管理［J］. 外国语, 2019(4): 81－91.

［217］ 李晓红, 卫乃兴. 汉英对应词语单位的语义趋向及语义韵对比研究［J］. 外语教学与研究, 2012a(1): 20－33.

［218］ 李晓红, 卫乃兴. 双语视角下词语内涵义与语义韵探究［J］. 现代外语, 2012b(1): 30－38.

［219］ 林承璋, 刘世平. 英语词汇学引论［M］. 武汉: 武汉大学出版社, 2005.

［220］ 刘剑. 国外多模态语料库建设及相关研究述评［J］. 外语教学, 2017, 38(4): 40－45.

［221］ 娄宝翠. 英语常用词搭配使用的对比: 以 health 为例［J］. 外语与外语教学, 2004(7): 56－58.

［222］ 陆军. 基于语料库的学习者英语近义词搭配行为与语义韵研究［J］. 现代外语, 2010 (3): 276－286.

[223] 陆军.共选理论视角下的学习者英语型式构成特征研究[J].现代外语,2012(1): 70－78.

[224] 陆军.语义韵研究的理论、方法与应用[J].语料库语言学,2014(1):58－68.

[225] 陆军.中国学习者英语构型研究:来自语料库证据的多重比较[M].上海:上海交通大学出版社,2018.

[226] 陆军.母语影响下的二语语义趋向知识隐性、显性学习研究[J].外语界,2019(6): 80－88.

[227] 陆军,卫乃兴.扩展意义单位模型下的英汉翻译对等型式构成研究[J].外语教学与研究,2012(3):424－436.

[228] 陆军,卫乃兴.共选视阈下的二语知识研究[J].外语界,2013(3):2－11.

[229] 陆军,卫乃兴.短语学视角下的二语词语知识研究[J].外语教学与研究,2014,46(6): 865－878.

[230] 陆军,卫乃兴.二语搭配隐性、显性知识接口关系研究——基于语料库的心理语言实验研究范式探索[J].外语教学与研究,2018,50(6):885－897.

[231] 陆军,吴茜.短语单位移变研究——汉英流行词语序列证据分析[J].现代外语,2019, 42(5):595－609.

[232] 濮建忠.学习者动词行为:类联接、搭配及词块[M].开封:河南大学出版社,2003.

[233] 任培红.近义词的教与学:以 Common 和 Ordinary 为例[J].解放军外国语学院学报, 2008(4):57－60.

[234] 吴庄,邵士洋.双语(方言)经历对汉语儿童习得名词短语指称对象的影响[J].现代外语,2019(3):374－384.

[235] 孙海燕.基于语料库的学生英语形容词搭配语义特征探究[J].现代外语,2004(4): 410－419.

[236] 孙海燕.中国 EFL 学习者搭配能力的发展特征探析[J].外语研究,2008(2):56－61.

[237] 王春艳.基于语料库的中国学习者英语近义词区分探讨[J].外语与外语教学,2009 (6):27－31.

[238] 王海华,王同顺.CAUSE 语义韵的对比研究[J].现代外语,2005(3):297－307.

[239] 王克非.语料库翻译学探索[M].上海:上海交通大学出版社,2012.

[240] 王克非.语料库翻译学——新研究范式[J].中国外语,2006(03):8－9.

[241] 王丽娜.英汉指示词对比研究与翻译[D].上海:上海海事大学,2007.

[242] 卫乃兴.词语搭配的界定与研究体系[M].上海:上海交通大学出版社,2002a.

[243] 卫乃兴.语义韵研究的一般方法[J].外语教学与研究,2002b(4):300－307.

[244] 卫乃兴.语料库驱动的专业文本语义韵研究[J].现代外语,2002c(2):165－175.

[245] 卫乃兴.基于语料库学生英语中的语义韵对比研究[J].外语学刊,2006(5):50－55.

[246] 卫乃兴.词语学要义[M].上海:上海外语教育出版社,2011a.

[247] 卫乃兴.基于语料库的对比短语学研究[J].外国语,2011b(4):32－42.

[248] 卫乃兴.学术英语再思考:理论、路径与方法[J].现代外语,2016,39(2):267－277.

[249] 卫乃兴.John Sinclair 的语言学遗产——其思想与方法评述[J].外国语,2007(3): 14－19.

[250] 卫乃兴.语料库语言学的弗斯学说基础[J].外国语,2008(2):23－32.

[251] 卫乃兴,陆军.对比短语学探索[M].北京:外语教学与研究出版社,2014.

[252] 卫乃兴,陆军.基于语料库的二语学习研究述评:范式变化与挑战[J].外语教学,2018 (5):49－55.

[253] 卫乃兴,陆军.李晶洁.学习者语料库研究 100 核心概念与关键术语[M].北京:清华大学出版社,2022.

[254] 文秋芳,梁茂成,晏小琴.中国学生英语口笔语语料库[M].北京:外语教学与研究出版

社,2008.

[255] 文秋芳,梁茂成,晏小琴.中国学生英语笔语语料库[M].北京:外语教学与研究出版社,2008.

[256] 肖忠华,戴光荣.语料库在语言教学中的运用——中国英语学习者被动句式习得个案研究[J].浙江大学学报(人文社会科学版),2010(04):190－200.

[257] 杨惠中.语料库语言学导论[M].上海:上海外语教育出版社,2002:82－130.

[258] 杨惠中,卫乃兴.中国学习者英语口语语料库建设与研究[M].上海:上海外语教育出版社,2005.

[259] 翟红华,方红秀.国内语义韵研究综述[J].山东外语教学,2009(2):8－11.

[260] 张道真.张道真实用英语语法(最新版)[M].北京:外语教学与研究出版社,2002.

[261] 张东波,赵守辉.隐性及显性语法知识与第二语言阅读[J].外语教学与研究,2011(4):387－399.

[262] 张继东,刘萍.动词 happen、occur 和"发生"的语言差异性探究———一项基于英汉语料库的调查与对比分析[J].外语研究,2006(5):19－22.

[263] 张军,李文中.COLEC 中动名搭配模式及失误分析[J].外语教学,2004(4):30－32.

[264] 朱叶秋.大学生英语冠词掌握情况调查[J].外语教学与研究,2003,35(3):206－209.

索　引